에듀윌과 함께 시작하면,
당신도 합격할 수 있습니다!

오랜 직장 생활을 마감하며 찾아온 앞날에 대한 막연한 두려움
에듀윌만 믿고 공부해 합격의 길에 올라선 50대 은퇴자

출산한지 얼마 안돼 독박 육아를 하며 시작한 도전!
새벽 2~3시까지 공부해 8개월 만에 동차 합격한 아기엄마

만년 가구기사 보조로 5년 넘게 일하다, 달리는 차 안에서도
포기하지 않고 공부해 이제는 새로운 일을 찾게 된 합격생

누구나 합격할 수 있습니다.
시작하겠다는 '다짐' 하나면 충분합니다.

마지막 페이지를 덮으면,

에듀윌과 함께
공인중개사 합격이 시작됩니다.

13년간 베스트셀러 1위
에듀윌 공인중개사 교재

기초부터 확실하게 기초/기본 이론

기초입문서(2종)

기본서(6종)

출제경향 파악 기출문제집

단원별 기출문제집(3종)

다양한 출제 유형 대비 문제집

기출응용 예상문제집(6종)

<이론/기출문제>를 단기에 단권으로 단단

단단(6종)

합격을 위한 비법 대공개 합격서

이영방 합격서
부동산학개론

심정욱 합격서
민법 및 민사특별법

임선정 합격서
공인중개사법령 및 중개실무

김민석 합격서
부동산공시법

한영규 합격서
부동산세법

오시훈 합격서
부동산공법

신대운 합격서
쉬운 민법체계도

* 2023 대한민국 브랜드만족도 공인중개사 교육 1위 (한경비즈니스)
* YES24 수험서 자격증 공인중개사 베스트셀러 1위 (2011년 12월, 2012년 1월, 12월, 2013년 1월~5월, 8월~12월, 2014년 1월~5월, 7월~8월, 12월, 2015년 2월~4월, 2016년 2월, 4월, 6월, 12월, 2017년 1월~12월, 2018년 1월~12월, 2019년 1월~12월, 2020년 1월~12월, 2021년 1월~12월, 2022년 1월~12월, 2023년 1월~11월 월별 베스트, 매월 1위 교재는 다름)
* YES24 국내도서 해당분야 월별, 주별 베스트 기준

부족한 부분을 빠르게 보강하는 요약서/실전대비 교재

1차 핵심요약집+기출팩(1종)

임선정 그림 암기법(공인중개사법령 및 중개실무)(1종)

오시훈 키워드 암기장(부동산공법)(1종)

심정욱 합격패스 암기노트(민법 및 민사특별법)(1종)

7일끝장 회차별 기출문제집(2종)

실전모의고사 완성판(2종)

합격을 결정하는 파이널 교재

이영방 필살키

심정욱 필살키

임선정 필살키

오시훈 필살키

김민석 필살키

한영규 필살키

더 많은
공인중개사 교재

* 해당 교재의 이미지는 변경될 수 있습니다.

공인중개사, 에듀윌을 선택해야 하는 이유

8년간 아무도 깨지 못한 기록

합격자 수 1위

합격을 위한 최강 라인업

1타 교수진

공인중개사

합격만 해도 연 최대 300만원 지급

에듀윌 앰배서더

업계 최대 규모의 전국구 네트워크

동문회

* 2023 대한민국 브랜드만족도 공인중개사 교육 1위 (한경비즈니스)
* KRI 한국기록원 2016, 2017, 2019년 공인중개사 최다 합격자 배출 공식 인증 (2024년 현재까지 업계 최고 기록) * 에듀윌 공인중개사 과목별 온라인 주간반 강사별 수강점유율 기준 (2022년 11월)
* 앰배서더 가입은 에듀윌 공인중개사 수강 후 공인중개사 최종 합격자이면서, 에듀윌 공인중개사 동문회 정회원만 가능합니다. (상세 내용 홈페이지 유의사항 확인 필수)
* 에듀윌 공인중개사 동문회 정회원 가입 시, 가입 비용이 발생할 수 있습니다. * 앰배서더 서비스는 당사 사정 또는 금융당국의 지도 및 권고에 의해 사전 고지 없이 조기종료될 수 있습니다.

합격자 수 1위 에듀윌
6만 건이 넘는 후기

고○희 합격생

부알못, 육아맘도 딱 1년 만에 합격했어요.

저는 부동산에 관심이 전혀 없는 '부알못'이었는데, 부동산에 관심이 많은 남편의 권유로 공부를 시작했습니다. 남편 지인들이 에듀윌을 통해 많이 합격했고, '합격자 수 1위'라는 광고가 좋아 에듀윌을 선택하게 되었습니다. 교수님들이 커리큘럼대로만 하면 된다고 해서 믿고 따라갔는데 정말 반복 학습이 되더라고요. 아이 둘을 키우다 보니 낮에는 시간을 낼 수 없어서 밤에만 공부하는 게 쉽지 않아 포기하고 싶을 때도 있었지만 '에듀윌 지식인'을 통해 합격하신 선배님들과 함께 공부하는 동기들의 위로가 큰 힘이 되었습니다.

이○용 합격생

군복무 중에 에듀윌 커리큘럼만 믿고 공부해 합격

에듀윌이 합격자가 많기도 하고, 교수님이 많아 제가 원하는 강의를 고를 수 있는 점이 좋았습니다. 또, 커리큘럼이 잘 짜여 있어서 잘 따라만 가면 공부를 잘 할 수 있을 것 같아 에듀윌을 선택했습니다. 에듀윌의 커리큘럼대로 꾸준히 따라갔던 게 저만의 합격 비결인 것 같습니다.

안○원 합격생

5개월 만에 동차 합격, 낸 돈 그대로 돌려받았죠!

저는 야쿠르트 프레시매니저를 하다 60세에 도전하여 합격했습니다. 심화 과정부터 시작하다 보니 기본이 부족했는데, 교수님들이 하라는 대로 기본 과정과 책을 더 보면서 정리하며 따라갔던 게 주효했던 것 같습니다. 합격 후 100만 원 가까이 되는 큰 돈을 환급받아 남편이 주택관리사 공부를 한다고 해서 뒷받침해 줄 생각입니다. 저는 소공(소속 공인중개사)으로 활동을 하고 싶은 포부가 있어 최대 규모의 에듀윌 동문회 활동도 기대가 됩니다.

다음 합격의 주인공은 당신입니다!

더 많은
합격 비법

* 에듀윌 홈페이지 게시 건수 기준 (2023년 11월 기준)
* 2023 대한민국 브랜드만족도 공인중개사 교육 1위 (한경비즈니스)

세상을 움직이려면

먼저 나 자신을 움직여야 한다.

– 소크라테스(Socrates)

2024

에듀윌 공인중개사

단단 2차

부동산세법

공인중개사 시험을 준비해야 하는 이유

BEST 5

정년이 없어요

평생 일할 수 있어요!
갱신이 없는 자격증이에요.

전망이 좋아요

국가전문자격시험 중 접수인원 무려 1위!*
일자리전망, 발전가능성, 고용평등성 높은 직업!**

* 한국산업인력공단, 2021
** 커리어넷, 2021

누구나 도전할 수 있어요

나이, 성별, 경력, 학력 등 아무것도 필요 없어요!
응시 자격이 없는 열린 시험이에요.

학습부담이 적어요

평균 60점 이상이면 합격하는 절대평가 시험!
경쟁자 걱정 없는 시험이에요.

자격증 자체가 스펙이에요

부동산 관련 기업에 취업할 수 있고 창업도 할 수 있어요. 각종 공기업 취업 시에 가산점도 있어요.
정년퇴직 후 전문직으로 제2의 인생 시작도 가능하죠.
경매, 공매 행위까지 대행가능한 넓어진 업무영역은 보너스!

이렇게 좋은 공인중개사!
에듀윌과 함께라면 단기간에 합격할 수 있어요.

미리 알고 준비해야죠!

공인중개사 시험정보

시험일정

시험		2024년 제35회 제1·2차 시험(동시접수 · 시행)
접수기간	정기	매년 8월 2번째 월요일부터 금요일까지
	빈자리	매년 10월 2번째 목요일부터 금요일까지
시험일정		매년 10월 마지막 주 토요일

※ 정확한 시험일정은 큐넷 홈페이지(www.Q-Net.or.kr)에서 확인 가능합니다.

시험과목 및 방법

제1차 및 제2차 시험을 모두 객관식 5지 선택형으로 출제(매 과목당 40문항)하고, 같은 날[제1차 시험 100분, 제2차 시험 150분(100분, 50분 분리시행)]에 구분하여 시행합니다.

구분	시험과목	문항 수	시험시간
제1차 시험 1교시 (2과목)	1. 부동산학개론(부동산감정평가론 포함) 2. 민법 및 민사특별법 중 부동산 중개에 관련되는 규정	과목당 40문항	100분 (09:30~11:10)
제2차 시험 1교시 (2과목)	1. 공인중개사의 업무 및 부동산 거래신고 등에 관한 법령 및 중개실무 2. 부동산공법 중 부동산 중개에 관련되는 규정	과목당 40문항	100분 (13:00~14:40)
제2차 시험 2교시 (1과목)	부동산공시에 관한 법령(부동산등기법, 공간정보의 구축 및 관리 등에 관한 법률) 및 부동산 관련 세법	40문항	50분 (15:30~16:20)

※ 답안은 시험시행일에 시행되고 있는 법령을 기준으로 작성하여야 합니다.

합격 기준

구분	합격결정 기준
제1차 시험	매 과목 100점을 만점으로 하여 매 과목 40점 이상, 전 과목 평균 60점 이상 득점한 자
제2차 시험	매 과목 100점을 만점으로 하여 매 과목 40점 이상, 전 과목 평균 60점 이상 득점한 자

※ 1차 · 2차 시험은 동시 응시가 가능하나, 1차 시험에 불합격하고 2차만 합격한 경우 2차 성적은 무효로 합니다.

부동산세법 완전정복!

시험분석 및 합격전략

☑ 2023년 제34회 시험분석

• PART별 출제비중 및 출제경향

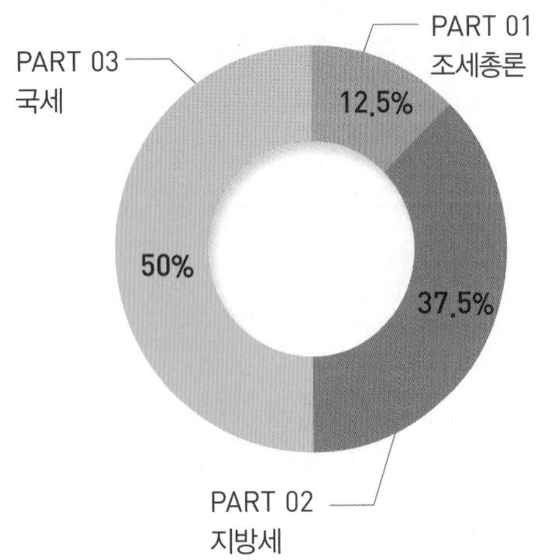

제34회 기출문제는 제33회에 이어 조세총론 파트가 상당히 어렵게 출제가 되었으며 계산문제도 2문제가 출제되었습니다. 그 외에는 제33회에 비해 평이하게 출제되었으며 조세총론, 취득세, 등록면허세, 재산세, 종합부동산세 부분에서 각 2문제씩, 종합소득세 1문제, 양도소득세 5문제 출제되었습니다. 최근 들어 취득세, 재산세 부분의 출제비중은 낮아지고 있으며 등록면허세, 종합부동산세 부분의 출제비중이 높아지고 있습니다. 또한 3~4년에 한 번씩 출제되던 종합소득세 부분도 2년 연속 출제되었습니다.

• PART별 출제 키워드

PART	출제 키워드 및 연계 THEME
PART 01	• 부과제척기간(01) • 연대납세의무(01)
PART 02	• 취득시기(03) • 등록면허세 비과세(06) • 등록면허세 종합(06) • 납세의무자(07) • 재산세 세율(08) • 재산세 부과 · 징수(09)
PART 03	• 주택분 종합소득세 과세표준(10) • 종합부동산세 부과 · 징수(10) • 주택임대에 따른 종합소득세(11) • 양도소득세 과세대상(12) • 양도 또는 취득시기(13) • 양도소득세 비과세(14) • 양도소득세 세율(15) • 양도소득 과세표준의 계산(15)

*괄호 안 숫자는 해당 키워드의 연계 THEME입니다.

2024년 제35회 합격전략

• 부동산세법 과목의 특징

1. '공시법'과 '세법' 2과목이 하나로 묶여 출제됩니다.
2. 세법은 약 16문제가 출제됩니다.
3. 납세자의 입장이 아닌, 과세 관청의 입장에서 이해하고 판단해야 합니다.

• 우리는 이렇게 대비하도록 해요!

기본에 충실하게!

제34회 출제경향에 따르면 세법을 단순 암기식으로 얕게 공부하면 좋은 점수를 받기가 어려울 것입니다. 다만, 대체로 평이한 난도의 문제가 출제되는 경향이 두드러지고 있기 때문에 지엽적인 내용보다는 전체적인 흐름, 기본적인 내용에 중점을 두고 학습에 매진한다면 충분히 합격할 수 있을 것입니다.

문제풀이 연습으로 문제해결능력을 배양하는 것도 필수!

세법에 대한 전체적인 내용과 양도소득세, 취득세, 재산세, 종합부동산세를 중심으로 자주 출제되는 문제 및 내용들을 정확하게 숙지하여야 합니다. 또한 단편적으로 어느 하나의 세금에 대한 문제가 아니라 취득하고, 보유하고, 양도까지 입체적으로 묻는 종합문제가 다수 출제될 것으로 예상되므로, 단단을 통해 세법 이론과 기출문제를 함께 학습하면 충분히 합격 점수에 도달할 수 있습니다.

단기에 단권으로!

단단의 구성과 특징

대표기출로 유형 익히기

기본으로 알아야 하는 대표기출

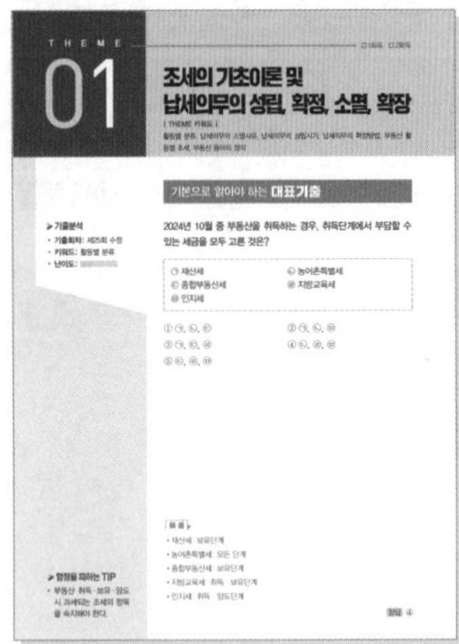

- 테마를 대표하는 엄선된 기출문제 수록
- 깊이 있는 학습을 위한 상세한 해설, 키워드, 함정을 피하는 TIP 수록

핵심이론 단단하게 정리하기

단단하게 정리하는 **핵심이론**

1 유상승계취득의 경우 과세표준

① 부동산등을 유상거래로 승계취득하는 경우 취득당시가액은 취득시기 이전에 해당 물건을 취득하기 위하여 거래 상대방이나 제3자에게 지급하였거나 지급하여야 할 일체의 비용으로서 **사실상의 취득가격**으로 한다.

② 지방자치단체의 장은 특수관계인 간의 거래로 그 취득에 대한 조세부담을 부당하게 감소시키는 … 되는 경우(부당행위계산)에는 위 ①에도 불구하고 **시가인정액(매**… 을 취득당시가액으로 결정할 수 있다.

❶ 사례가액, 감정가액,

③ 부당행위계산은 특수관계인으로부터 시가인정액보다 낮은 가격으로 부동산을 취득한 경우로서 시가인정액과 사실상 취득가격의 차액이 3억원 이상이거나 시가인정액의 100분의 5에 상당하는 금액 이상인 경우로 한다.

2 무상취득의 경우 과세표준

(1) 부동산등을 무상취득하는 경우 취득당시의 가액은 취득시기 현재 불특정 다수인 사이에 자유롭게 거래가 이루어지는 경우 통상적으로 성립된다고 인정되는 가액(**시가인정액**)으로 한다.

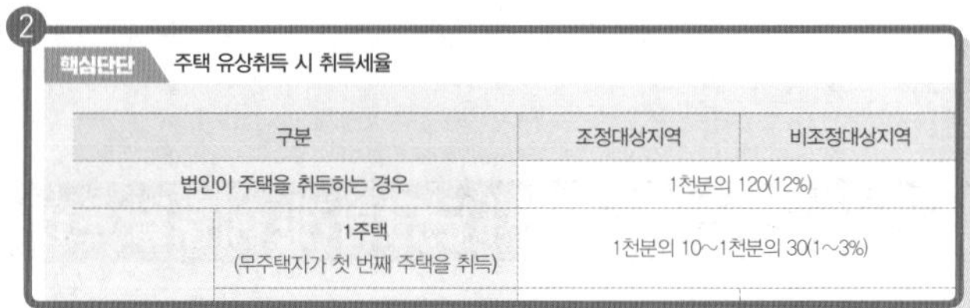

❷ 핵심단단 주택 유상취득 시 취득세율

구분		조정대상지역	비조정대상지역
법인이 주택을 취득하는 경우		1천분의 120(12%)	
	1주택 (무주택자가 첫 번째 주택을 취득)	1천분의 10~1천분의 30(1~3%)	

(2) 다음의 경우는 해당 가액을 취득당시가액으로 한다.

① **상속에 따른 무상취득** … ❸ 토지는 개별공시지가, 주택은 개별주택가격 또는 공동주택 가격을 말함
② 취득당시 취득물건에 … 시가인정액과 시가표준액 중 납세자가 정하는 가액
③ **위 ①, ②에 해당하지 아니하는 경우**: 시가인정액으로 하되, 시가인정액을 산정하기 어려운 경우에는 시가표준액

(3) 증여자의 채무를 인수하는 부담부증여의 경우 유상으로 취득한 것으로 보는 채무액에 상당하는 부분(채무부담액)에 대해서는 유상승계취득에서의 과세표준을 적용하고, 취득물건의 시가인정액에서 채무부담액을 뺀 잔액에 대해서는 무상취득에서의 과세표준을 적용한다.

단단하게 정리하는 핵심이론

❶ 출제 가능성이 높은 이론만을 요약 · 정리

❷ 암기가 필요한 주요 내용은 '핵심단단'으로 수록

❸ 완벽한 이해를 돕는 다양한 학습요소 제공

기본기출&완성기출로 단단하게 문제풀기

기본문제와 완성문제로 **단단기출**

❶

01 원칙적으로 과세관청의 결정에 의하여 납세의무가 확정되는 지방세를 모두 고른 것은? 제24회

기본 기출

㉠ 취득세	㉡ 종합부동산세
㉢ 재산세	㉣ 양도소득세

① ㉠ ② ㉡
③ ㉢ ④ ㉡, ㉢
⑤ ㉢, ㉣

키워드 납세의무의 확정방법

난이도

해설 재산세: 보통징수방식의 지방세

보충 ㉠ 취득세: 신고납부방식의 지방세
㉡ 종합부동산세: 정부부과방식의 국세
㉣ 양도소득세: 신고납부방식의 국세

❷

제30회 수정

02 국내 소재 부동산의 보유단계에서 부담할 수 있는 세목은 모두 몇 개인가?

완성 기출

• 농어촌특별세	• 지방교육세
• 개인지방소득세	• 소방분 지역자원시설세

① 0개 ② 1개
③ 2개 ④ 3개
⑤ 4개

키워드 부동산 활동별 조세

난이도

해설 • 농어촌특별세: 모든 단계
• 지방교육세: 취득·보유단계
• 개인지방소득세: 보유·양도단계
• 소방분 지역자원시설세: 보유단계

정답 01 ③ 02 ⑤

기본문제와 완성문제로 단단기출

❶ 기본기 점검을 위한 기본기출 수록

❷ 문제해결능력 향상을 위한 완성기출 수록

➕ 상세한 해설, 키워드, 난이도 등 제공

최신 출제경향 확인하기

2023년 제34회 최신 기출문제

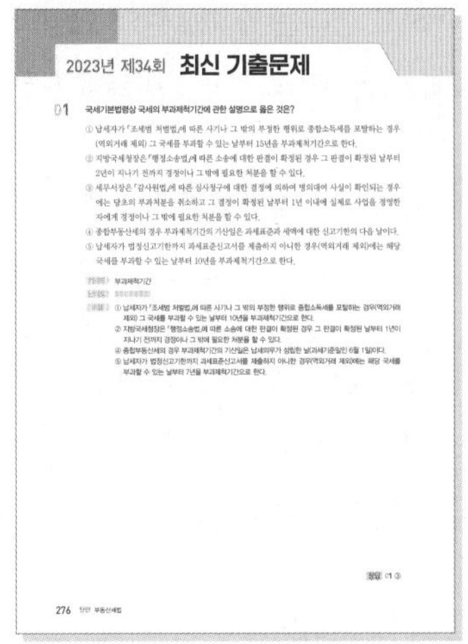

제34회 최신 기출문제를 상세한 해설, 키워드, 난이도와 함께 제공

머리말

최근 공인중개사시험은 넓은 범위에서 종합적인 이해도를 묻는 문제, 지엽적인 내용보다는 사례형 문제, 한 세목에서도 특정 부분이 아닌 전반적인 내용을 묻는 문제가 출제되고 있습니다.

아직까지는 절대평가로 시행되는 시험에 있어 최소한의 시간으로 고득점은 아니더라도 합격점수 이상을 획득하고 싶다는 수험생들의 요청이 많았던 바, 공부할 양은 많고 시간은 없는 수험생들에게 보다 효율적인 교재를 출간하고자 하는 마음에 〈2024 에듀윌 공인중개사 단단 2차 부동산세법〉을 출간하게 되었습니다.

핵심내용에 대한 설명과 최신기출문제를 법령에 맞게 수정하여 수록하였으므로 본 교재를 여러 번 숙독한다면 세법으로 인해 곤란한 상황은 겪지 않을 것입니다.

수험생활은 마라톤과 같아서 긴 안목으로 시험일에 최고의 실력을 발휘할 수 있도록 차근차근 준비하는 것이 제일 중요합니다. 질리지 않는 교재, 여러 번 읽고 싶은 교재를 만들고자 했습니다. 많은 교재를 보는 것보다는 이 한 권을 수차례 반복하여 학습한다면 합격점수는 이미 여러분의 것이라 확신합니다.

진정한 노력은 배신하지 않는다는 말이 있습니다. 시험일까지만 인내의 시간을 보내십시오. 여러분 앞에 합격의 영광이 놓여 있을 것입니다. 감사합니다.

저자 한영규

약력

- 現 에듀윌 부동산세법 전임 교수
- 現 세무법인 세익 원당지점 대표 세무사
- 現 동고양세무서 납세자보호위원
- 前 동고양세무서 국세심사위원
- 前 내국소비세법 및 회계학개론 강의

저서

에듀윌 공인중개사 부동산세법 기초입문서,
기본서, 단단, 합격서, 단원별/회차별 기출문제집,
기출응용 예상문제집, 실전모의고사, 필살키 등 집필

차례

PART 01 조세총론

THEME 01 조세의 기초이론 및 납세의무의 성립, 확정, 소멸, 확장 14

THEME 02 조세우선권 및 불복절차 31

PART 02 지방세

THEME 03 취득세 과세대상, 취득시기, 납세의무자 48

THEME 04 취득세 과세표준과 세율 66

THEME 05 취득세 비과세 및 납세절차 84

THEME 06 등록면허세 98

THEME 07 재산세 특징, 과세대상, 납세의무자 113

THEME 08 재산세 과세표준 및 세율, 비과세 123

THEME 09 재산세 납세절차 및 토지의 분류 135

PART 03 국세

THEME 10 종합부동산세 156

THEME 11 종합소득세 180

THEME 12 양도소득세 과세대상 및 양도의 개념 195

THEME 13 양도 및 취득시기 204

THEME 14 비과세 양도소득 210

THEME 15 양도소득세 과세표준과 세율 224

THEME 16 미등기양도 및 납세절차, 국외자산 양도소득 249

2023년 제34회 최신 기출문제

268

PART 01

조세총론

최근 5개년 출제비중 및 학습전략

PART 01 10%

제34회 기출문제 중 조세총론에서 출제된 2문제는 전년도 시험에 이어 기존에 출제되지 않았던 난도가 상당히 높은 문제였습니다. 2023년에 법령 개정이 있었던 조세우선권 파트 및 불복절차 부분을 집중하여 공부할 필요가 있습니다.

단단 부동산세법

THEME 01 조세의 기초이론 및 납세의무의 성립, 확정, 소멸, 확장

THEME 02 조세우선권 및 불복절차

THEME ☐1회독 ☐2회독

01 조세의 기초이론 및 납세의무의 성립, 확정, 소멸, 확장

| THEME 키워드 |

조세의 용어 정리, 부동산 활동별 조세, 납세의무의 성립시기, 납세의무의 확정방법, 납세의무의 소멸사유

기본으로 알아야 하는 대표기출

➤ 기출분석

- **기출회차:** 제25회 수정
- **키워드:** 부동산 활동별 조세
- **난이도:**

2024년 10월 중 부동산을 취득하는 경우, 취득단계에서 부담할 수 있는 세금을 모두 고른 것은?

ㄱ 재산세
ㄴ 농어촌특별세
ㄷ 종합부동산세
ㄹ 지방교육세
ㅁ 인지세

① ㄱ, ㄴ, ㄷ
② ㄱ, ㄴ, ㅁ
③ ㄱ, ㄷ, ㄹ
④ ㄴ, ㄹ, ㅁ
⑤ ㄷ, ㄹ, ㅁ

해 설

ㄴ 농어촌특별세: 모든 단계
ㄹ 지방교육세: 취득 · 보유단계
ㅁ 인지세: 취득 · 양도단계
ㄱ 재산세: 보유단계
ㄷ 종합부동산세: 보유단계

정답 ④

➤ 함정을 피하는 TIP

- 부동산 취득·보유·양도 시 과세되는 조세의 항목을 숙지해야 한다.

01 조세의 개념과 분류

1 조세의 정의

조세란 국가 또는 지방자치단체가 그의 경비충당을 위한 재정수입을 조달할 목적으로 법률에 규정된 과세요건을 충족한 모든 자에게 직접적 반대급부 없이 부과하는 금전급부라고 정의한다.

└ 납세의무자, 과세대상, 과세표준, 세율

2 조세의 분류

(1) 과세권자에 따른 분류

① **국세**: 국가가 부과·징수하는 조세로, 법인세, 소득세, 부가가치세, 상속세 및 증여세, 종합부동산세, 인지세, 농어촌특별세 등의 조세가 해당한다.

② **지방세**: 지방자치단체가 부과·징수하는 조세로, 취득세, 등록면허세, 재산세, 지역자원시설세, 지방교육세, 지방소득세, 주민세 등의 조세가 해당한다.

참 고

구분	과세권자
취득세	특, 광, 도
등록면허세	도, 구
재산세	시, 군, 구

(2) 조세의 사용용도가 특정되었는지에 따른 분류

① **보통세**: 세수의 용도를 특정하지 아니하고 징수하는 조세로, 취득세, 등록면허세, 재산세, 종합부동산세, 양도소득세 등 대부분의 조세를 말한다.

② **목적세**: 세수의 용도를 특정하여 징수하는 조세로, 농어촌특별세, 지방교육세, 지역자원시설세 등을 말한다.

(3) 조세부담 전가 여부에 따른 분류

① **직접세**: 납세의무자와 담세자가 일치하는 조세로, 취득세, 등록면허세, 재산세, 종합부동산세, 양도소득세 등 대부분의 조세가 이에 해당한다.

② **간접세**: 납세의무자와 담세자가 일치하지 않는 조세로, 부가가치세, 지방소비세, 인지세 등의 조세가 이에 해당한다.

(4) 인적 귀속 여부에 따른 분류

① 인세: 납세의무자를 중심으로 그 인적 측면에 주안점을 두어 부과되는 조세로, 통상 합산과세하며, 종합부동산세, 양도소득세, 재산세 중 토지가 이에 해당한다.

② 물세: 과세물건을 중심으로 그 물적 측면에 주안점을 두어 부과되는 조세로, 취득세, 등록면허세, 재산세(합산과세대상 토지 제외)가 이에 해당한다.

핵심단단

취득세	물세
등록면허세	물세
재산세	물세(합산과세대상 토지는 인세)
종합부동산세	인세
양도소득세	인세

(5) 과세표준에 따른 분류

① 종가세: 과세물건을 화폐단위로 측정하는 조세로, 과세표준이 금액이나 가액으로 표시되며, 취득세, 등록면허세, 재산세, 종합부동산세, 양도소득세 등 대부분의 조세가 이에 해당한다.

② 종량세: 과세물건을 화폐 이외의 단위로 측정하는 조세로, 과세표준이 수량, 면적, 건수 등으로 표시되며, 등록면허세 중 말소등기, 변경등기 등이 이에 해당한다.

(6) 독립된 세원 여부에 따른 분류

① 독립세: 독립된 세원에 대하여 부과하는 조세로, 취득세, 등록면허세, 재산세, 종합부동산세, 양도소득세 등 대부분의 조세가 이에 해당한다.

② 부가세: 다른 조세에 부가되는 조세로, 농어촌특별세, 지방교육세 등이 이에 해당한다.

참 고

부가세

구분	납부 시 부가세	감면 시 부가세
취득세	농어촌특별세, 지방교육세	농어촌특별세
등록면허세	지방교육세	농어촌특별세
재산세	지방교육세	–
종합부동산세	농어촌특별세	–
양도소득세	–	농어촌특별세

* 양도소득세 납부 시에는 부가세가 부과되지 않지만, 지방소득세를 별도로 신고납부하여야 한다.

02 조세의 기본원칙

1 조세부과의 원칙

(1) 실질과세의 원칙

과세를 함에 있어 형식과 실질이 다른 경우 실질에 따라 과세하여야 한다.

(2) 신의성실의 원칙

납세자와 세무공무원은 신의에 따라 성실하게 그 의무를 이행하거나 직무를 수행하여야 한다.

(3) 근거과세의 원칙

① 납세의무자가 장부를 갖추어 기록하고 있을 때에는 해당 조세의 과세표준 조사 및 결정은 기록한 장부와 이에 관계되는 증거자료에 따라야 한다.

② 조세를 조사·결정할 때 기록 내용이 사실과 다르거나 누락된 것이 있을 때에는 그 부분에 대해서만 조사한 사실에 따라 결정할 수 있다.

(4) 조세감면의 사후관리

① 정부는 국세를 감면한 경우에 그 감면의 취지를 성취하거나 국가정책을 수행하기 위하여 필요하다고 인정하면 세법에서 정하는 바에 따라 감면한 세액에 상당하는 자금 또는 자산의 운용 범위를 정할 수 있다.

② 위 ①에 따른 운용 범위를 벗어난 자금 또는 자산에 상당하는 감면세액은 세법에서 정하는 바에 따라 감면을 취소하고 징수할 수 있다.

2 세법적용의 원칙

(1) 세법해석의 기준

세법을 해석·적용할 때에는 과세의 형평과 해당 조항의 목적에 비추어 납세자의 재산권이 부당하게 침해되지 아니하도록 하여야 한다.

(2) 소급과세의 금지

① 조세를 납부할 의무가 성립된 소득·수익·재산·행위 또는 거래에 대해서는 의무 성립 후의 새로운 법에 따라 소급하여 과세하지 아니한다.

② 세법의 해석 또는 조세행정의 관행이 일반적으로 납세자에게 받아들여진 후에는 그 해석 또는 관행에 따른 행위나 계산은 정당한 것으로 보며 새로운 해석 또는 관행에 따라 소급하여 과세되지 아니한다.

(3) 세무공무원의 재량의 한계

세무공무원이 재량으로 직무를 수행할 때에는 과세의 형평과 해당 세법의 목적에 비추어 일반적으로 적당하다고 인정되는 한계를 엄수하여야 한다.

(4) 기업회계의 존중

세무공무원이 조세의 과세표준과 세액을 조사·결정할 때에는 해당 납세의무자가 계속하여 적용하고 있는 기업회계의 기준 또는 관행이 일반적으로 공정하고 타당하다고 인정되는 것이면 존중하여야 한다. 다만, 세법에서 다른 규정을 두고 있는 경우에는 그 법에서 정하는 바에 따른다.

참 고

암기팁

1. 조세부과의 원칙: 실신근조

2. 세법적용의 원칙: 부침(부당한 재산권침해의 금지) 소금(소급과세의 금지) 세기

03 조세의 용어정리

용어	내용
과세표준	직접적으로 세액산출의 기초가 되는 과세물건의 수량·면적 또는 가액(價額) 등을 말한다.
표준세율	지방자치단체가 지방세를 부과할 경우에 통상 적용하여야 할 세율로서 재정상의 사유 또는 그 밖의 특별한 사유가 있는 경우에는 이에 따르지 아니할 수 있는 세율을 말한다. ⚠ 취득세, 등록면허세, 재산세, 지방소득세, 지역자원시설세 등은 50% 범위에서 가감조정할 수 있다. 단, 재산세는 해당 연도에 한한다.
세무공무원	지방자치단체의 장 또는 지방세의 부과·징수 등에 관한 사무를 위임받은 공무원을 말한다.
납세의무자	「지방세법」에 따라 지방세를 납부할 의무(지방세를 특별징수하여 납부할 의무는 제외한다)가 있는 자를 말한다.
납세자	납세의무자(연대납세의무자와 제2차 납세의무자 및 보증인을 포함한다)와 특별징수의무자를 말한다.
신고납부	납세의무자가 그 납부할 지방세의 과세표준과 세액을 신고하고, 신고한 세금을 납부하는 것을 말한다.
부과	지방자치단체의 장이 「지방세기본법」 또는 지방세관계법에 따라 납세의무자에게 지방세를 부담하게 하는 것을 말한다.
징수	지방자치단체의 장이 「지방세기본법」 또는 지방세관계법에 따라 납세자로부터 지방자치단체의 징수금을 거두어들이는 것을 말한다.
보통징수	세무공무원이 납세고지서를 납세자에게 발급하여 지방세를 징수하는 것을 말한다.

특별징수	지방세를 징수할 때 편의상 징수할 여건이 좋은 자로 하여금 징수하게 하고 그 징수한 세금을 납부하게 하는 것을 말한다. ⚠ 원천징수(源泉徵收)란 세법에 따라 원천징수의무자가 국세(이와 관계되는 가산세는 제외한다)를 징수하는 것을 말한다.
지방자치단체의 징수금	지방세와 가산금 및 체납처분비를 말한다.
면세점	과세표준금액이 일정 금액 이하에 대해 과세하지 않는다고 정할 때 그 금액을 말한다. 예 취득세에서 취득가액 50만원 이하인 경우 과세하지 않는다.
소액징수면제	징수할 세액이 일정 금액에 미달할 경우에는 이를 징수하지 아니하는 것을 말한다. 예 재산세 고지서 1장당 2천원 미만의 경우 징수하지 아니한다.

핵심단단

취득세	신고납부
등록면허세	신고납부
재산세	보통징수
종합부동산세	정부부과의 원칙(신고납부 선택)
양도소득세	신고납부

* 신고납부세목은 무신고 시 과세관청에서 보통징수(고지징수)방식으로 징수한다.

04 부동산 활동별 관련 조세

부동산을 취득하여 보유하다가 양도하는 경우 관련된 조세는 여러 가지가 있다. 단계별로 과세될 수 있는 조세는 다음과 같다.

취득단계	보유단계	양도단계
① 취득세 ② 등록면허세 ③ 상속세 및 증여세 ④ 농어촌특별세 ⑤ 지방교육세 ⑥ 부가가치세 ⑦ 지방소비세 ⑧ 인지세 등	① 재산세 ② 소방분지역자원시설세 ③ 종합부동산세 ④ 종합소득세(임대업 등) ⑤ 지방소득세 ⑥ 농어촌특별세 ⑦ 지방교육세 ⑧ 부가가치세 ⑨ 지방소비세	① 양도소득세 ② 종합소득세(부동산매매업 등) ③ 지방소득세 ④ 농어촌특별세 ⑤ 부가가치세 ⑥ 지방소비세 ⑦ 인지세 등

핵심단단 활동별 조세의 유의사항

> ❶ 모든 단계에서 과세될 수 있는 조세: 부가가치세, 지방소비세, 농어촌특별세
> ❷ 취득단계와 보유단계에서만 과세될 수 있는 조세: 지방교육세
> ❸ 보유단계와 양도단계에서만 과세될 수 있는 조세: 종합소득세, 지방소득세

05 서류의 송달

1 의의

서류의 송달이란 과세관청의 행정처분의 내용 및 이에 관련되는 사항을 당사자 또는 이해관계인에게 문서로써 알리는 절차를 말한다.

2 송달방법

(1) 원칙

① 교부, 우편 또는 전자송달의 방법으로 한다.

② 송달할 장소에서 서류를 송달받아야 할 자를 만나지 못하였을 때에는 그 사용인이나 그 밖의 종업원 또는 동거인으로서 사리를 판별할 수 있는 사람에게 서류를 송달할 수 있으며, 서류를 송달받아야 할 자 또는 그 사용인이나 그 밖의 종업원 또는 동거인으로서 사리를 판별할 수 있는 사람이 정당한 사유 없이 서류 수령을 거부할 때에는 송달할 장소에 서류를 둘 수 있다.

(2) 예외 – 공시송달

① 다음 사유가 있는 경우에 공시송달할 수 있다.

> ㉠ 주소 또는 영업소가 국외에 있고 송달하기 곤란한 경우
> ㉡ 주소 또는 영업소가 분명하지 아니한 경우
> ㉢ 서류를 등기우편으로 송달하였으나 수취인이 부재중(不在中)인 것으로 확인되어 반송됨으로써 납부기한 내에 송달이 곤란하다고 인정되는 경우
> ㉣ 세무공무원이 2회 이상 납세자를 방문[처음 방문한 날과 마지막 방문한 날 사이의 기간이 3일(기간을 계산할 때 공휴일 및 토요일은 산입하지 않는다) 이상이어야 한다]해 서류를 교부하려고 하였으나 수취인이 부재중인 것으로 확인되어 납부기한까지 송달이 곤란하다고 인정되는 경우

② 송달의 효력발생

㉠ 송달하는 서류는 송달받아야 할 자에게 도달한 때부터 효력이 발생한다. 다만, 전자송달의 경우에는 송달받을 자가 지정한 전자우편주소에 입력된 때(국세정보통신망에 저장하는 경우에는 저장된 때)에 그 송달을 받아야 할 자에게 도달한 것으로 본다.

㉡ 공시송달의 경우는 서류의 주요 내용을 공고한 날부터 14일이 지나면 서류의 송달이 된 것으로 본다.

06 납세의무의 성립시기

납세의무의 성립이란 법에서 정한 과세요건을 충족함으로써 추상적인 납세의무가 발생한 상태를 말한다. 따라서 아직 구체적으로 납부할 세액이 확정되지 아니한 상태이다.

1 지방세의 납세의무 성립시기

① **취득세**: 과세물건을 취득하는 때
② **등록에 대한 등록면허세**: 재산권과 그 밖의 권리를 등기하거나 등록하는 때
③ **지방소비세**: 「국세기본법」에 따른 부가가치세의 납세의무가 성립하는 때
④ **개인분 및 사업소분 주민세**: 과세기준일(7월 1일)
⑤ **지방소득세**: 과세표준이 되는 소득에 대하여 소득세·법인세의 납세의무가 성립하는 때
⑥ **재산세**: 과세기준일(6월 1일)
⑦ **소방분**(건축물 및 선박) **지역자원시설세**: 과세기준일(6월 1일)
⑧ **지방교육세**: 과세표준이 되는 세목의 납세의무가 성립하는 때
⑨ **수시로 부과하여 징수하는 지방세**: 수시부과할 사유가 발생하는 때

2 국세의 납세의무 성립시기

과세대상물건 양도 시가 아니라 과세기간이 끝나는 때 납세의무가 성립한다.

① **소득세·법인세**: 과세기간이 끝나는 때
② **상속세**: 상속이 개시되는 때
③ **증여세**: 증여에 의하여 재산을 취득하는 때
④ **인지세**: 과세문서를 작성한 때
⑤ **농어촌특별세**: 본세의 납세의무가 성립하는 때
⑥ **종합부동산세**: 과세기준일(6월 1일)
⑦ **중간예납하는 소득세·법인세 또는 예정신고기간·예정부과기간에 대한 부가가치세**: 중간예납기간 또는 예정신고기간·예정부과기간이 끝나는 때
⑧ **수시부과(隨時賦課)하여 징수하는 국세**: 수시부과할 사유가 발생한 때

07 납세의무의 확정시기

납세의무의 확정이란 추상적으로 성립된 납세의무를 납세의무자의 신고 또는 과세관청의 결정에 의해 구체적으로 납부할 세액을 확정하는 것을 말한다.

1 신고납부방법

(1) 납세의무자가 해당 과세관청에 신고서를 제출하는 때를 확정시기로 본다.

(2) 해당 세목

① **국세**: 법인세, 소득세(양도소득세 포함), 종합부동산세(신고납부선택 시), 부가가치세 등

② **지방세**: 취득세, 등록면허세, 지방소득세 등

참 고

신고의무를 이행하지 아니한 경우

신고불성실 가산세(무신고 및 과소신고가산세), 납부지연가산세를 더해 과세관청이 결정한 세액을 보통징수(고지징수)방법에 의해 징수한다.

2 부과과세방법(지방세는 보통징수, 국세는 정부부과)

(1) 과세관청이 결정하는 때를 확정시기로 본다.

(2) 해당 세목

① **국세**: 종합부동산세, 상속세 및 증여세 등

② **지방세**: 재산세, 소방분지역자원시설세 등

⚠ 농어촌특별세, 지방교육세 등 부가세는 본세의 확정방법에 따라 확정된다.

3 납세의무 성립 시 확정

(1) 납세의무가 성립하는 때 특별한 절차 없이 확정된다.

(2) 해당 세목

① **국세**: 인지세, 원천징수하는 소득세 또는 법인세

② **지방세**: 특별징수하는 지방소득세, 납부지연가산세, 특별징수 납부지연가산세

핵심단단 납세의무의 성립 및 확정시기

<table>
<tr><th>구분</th><th>성립시기</th><th>확정시기</th></tr>
<tr><td>취득세</td><td>취득하는 때</td><td>신고서 제출 시</td></tr>
<tr><td>등록면허세</td><td>등기·등록하는 때</td><td>신고서 제출 시</td></tr>
<tr><td>재산세</td><td>과세기준일(6월 1일)</td><td>과세관청의 결정 시</td></tr>
<tr><td>종합부동산세</td><td>과세기준일(6월 1일)</td><td>과세관청의 결정 시
(신고납부방법 선택 시 신고서 제출 시)</td></tr>
<tr><td rowspan="2">양도소득세</td><td>예정신고: 과세표준이 되는 금액이 발생한 달의 말일</td><td rowspan="2">신고서 제출 시</td></tr>
<tr><td>확정신고: 과세기간이 끝나는 때</td></tr>
</table>

4 가산세

(1) 가산세는 해당 의무가 규정된 세법의 해당 세목으로 하며 조세를 감면하는 경우에 가산세는 감면대상에 포함시키지 아니한다.

(2) 신고 및 납부 관련 가산세

<table>
<tr><th>신고납부(국세·지방세 공통)</th><th colspan="2">보통(고지)징수(신고 관련 가산세 없음)</th></tr>
<tr><td rowspan="2">신고불성실 가산세
① 무신고 100분의 20(부정 40)
② 과소신고 100분의 10(부정 40)</td><td>국세(종합부동산세 등)</td><td>지방세(재산세 등)</td></tr>
<tr><td colspan="2">납세고지서에 따른 납부기한까지 납부하지 아니한 세액 또는 과소납부분 세액: 100분의 3</td></tr>
<tr><td>납부지연 가산세: 1일당 22/100,000</td><td>고지에 따른 납부지연가산세
① 1일당 22/100,000
② 5년간 적용
③ 세액이 150만원 미만 시 적용하지 아니함</td><td>고지에 따른 납부지연가산세
① 1개월당 75/10,000
② 60개월간 적용
③ 세액이 30만원 미만 시 적용하지 아니함</td></tr>
</table>

5 기한 후 신고

(1) 기한 후 신고대상

법정신고기한까지 과세표준 신고서를 제출하지 아니한 자는 과세관청에서 결정하여 통지하기 전에는 기한 후 신고서를 제출할 수 있다.

(2) 가산세의 감면

기한 후 신고 시 다음과 같이 무신고가산세의 일부를 감면한다. 단, 과세관청이 결정할 것을 미리 알고 기한 후 신고를 한 경우는 제외한다.

① **법정신고기한이 지난 후 1개월 이내에 기한 후 신고를 한 경우**: 무신고가산세액의 100분의 50에 상당하는 금액
② **법정신고기한이 지난 후 1개월 초과 3개월 이내에 기한 후 신고를 한 경우**: 무신고가산세액의 100분의 30에 상당하는 금액
③ **법정신고기한이 지난 후 3개월 초과 6개월 이내에 기한 후 신고를 한 경우**: 무신고가산세액의 100분의 20에 상당하는 금액

6 수정신고

(1) 수정신고대상

과세표준 신고서에 기재된 과세표준 및 세액이 신고하여야 할 과세표준 및 세액보다 적을 때, 과세관청에서 과세표준과 세액을 결정하거나 경정하여 통지하기 전까지는 과세표준 수정신고서를 제출할 수 있다.

(2) 가산세 감면

수정신고 시 다음과 같이 과소신고가산세를 감면한다. 단, 과세관청이 경정할 것을 미리 알고 수정신고한 경우는 제외한다.

① **법정신고기한이 지난 후 1개월 이내에 수정신고한 경우**: 과소신고가산세액의 100분의 90에 상당하는 금액
② **법정신고기한이 지난 후 1개월 초과 3개월 이내에 수정신고한 경우**: 과소신고가산세액의 100분의 75에 상당하는 금액
③ **법정신고기한이 지난 후 3개월 초과 6개월 이내에 수정신고한 경우**: 과소신고가산세액의 100분의 50에 상당하는 금액
④ **법정신고기한이 지난 후 6개월 초과 1년 이내에 수정신고한 경우**: 과소신고가산세액의 100분의 30에 상당하는 금액
⑤ **법정신고기한이 지난 후 1년 초과 1년 6개월 이내에 수정신고한 경우**: 과소신고가산세액의 100분의 20에 상당하는 금액
⑥ **법정신고기한이 지난 후 1년 6개월 초과 2년 이내에 수정신고한 경우**: 과소신고가산세액의 100분의 10에 상당하는 금액

08 납세의무의 소멸

1 소멸사유

① 납세의무의 실현으로 소멸되는 경우: 납부, 충당

② 납세의무가 미실현된 상태에서 소멸하는 경우: 부과의 취소, 부과 제척기간의 만료, 징수 소멸시효의 완성

③ 납세의무 소멸사유에 해당하지 아니하는 경우: 납세의무자의 사망, 법인의 합병, 정리보류(결손처분)

2 부과제척기간의 만료

구분		내용	제척기간
국세	상속세 및 증여세	① 사기나 그 밖의 부정한 행위로 국세를 포탈하거나 환급·공제를 받은 경우, 무신고, 거짓신고 또는 누락신고를 한 경우	15년
		② 위 ① 이외의 경우	10년
	상속세 및 증여세 이외의 국세	① 사기나 그 밖의 부정한 행위로 국세를 포탈하거나 환급·공제를 받은 경우	10년
		② 법정신고기한까지 과세표준신고서를 제출하지 아니한 경우	7년
		③ 위 ①, ② 이외의 경우	5년
지방세	모든 지방세	① 사기나 그 밖의 부정한 행위로 지방세를 포탈하거나 환급·공제 또는 감면받은 경우	10년
		② 법정신고기한까지 과세표준 신고서를 제출하지 아니한 경우	7년
		③ 위 ①, ② 이외의 경우	5년

(1) 부담부증여 시 양도소득세는 증여세의 부과제척기간을 준용한다.

(2) 취득 관련 지방세를 무신고한 경우로 다음의 경우는 10년의 부과제척기간을 적용한다.

① 상속 또는 증여(부담부증여 포함)를 원인으로 취득

② 명의신탁 약정으로 실권리자가 사실상 취득한 경우

③ 타인의 명의로 법인의 주식 또는 지분을 취득하였지만 해당 주식 또는 지분의 실권리자인 자가 과점주주가 되어 해당 법인의 부동산 등을 취득한 것으로 보는 경우 과점주주의 간주취득

3 징수 소멸시효의 완성

구분	소멸시효
국세 5억원 이상, 지방세 5천만원 이상(가산세 제외)	10년
국세 5억원 미만, 지방세 5천만원 미만(가산세 제외)	5년

⚠ 소멸시효와 달리 제척기간에는 중단과 정지제도가 없다.

참 고

시효의 중단과 정지(지방세기본법 제40조, 국세기본법 제28조)

1. 지방세 징수권의 시효는 다음의 사유로 중단된다.
   └ 과세관청의 징수활동이 있으면 중단된다.
   ① 납세고지
   ② 독촉 또는 납부최고
   ③ 교부청구
   ④ 압류
2. 위 1.에 따라 중단된 시효는 다음의 기간이 지난 때부터 새로 진행한다.
   ① 고지한 납부기간
   ② 독촉 또는 납부최고에 따른 납부기간
   ③ 교부청구 중의 기간
   ④ 압류해제까지의 기간
3. 소멸시효는 다음의 어느 하나에 해당하는 기간에는 진행되지 아니한다(시효의 정지).
   ① 분할납부기간
   ② 연부(年賦)기간
   ③ 징수유예기간
   ④ 체납처분유예기간
   ⑤ 사해행위(詐害行爲) 취소의 소송을 제기하여 그 소송이 진행 중인 기간
   ⑥ 「민법」에 따른 채권자대위 소송을 제기하여 그 소송이 진행 중인 기간
   ⑦ 체납자가 국외에 6개월 이상 계속하여 체류하는 경우 해당 국외 체류기간

09 납세의무의 확장

1 납세의무의 승계

(1) 법인의 합병

(2) 상속

피상속인에게 부과되거나 피상속인이 납부할 국세 및 강제징수비, 지방자치단체의 징수금을 상속으로 얻은 재산의 한도 내에서 납부할 의무를 진다.

2 연대납세의무

연대납세의무란 수인의 납세의무자가 동일한 납세의무에 대하여 각각 독립하여 납세의무 전부를 각자 이행할 의무가 있고, 1인이 납세의무를 이행하면 다른 연대납세의무도 소멸한다.

① 공유물(공동주택 제외), 공동사업에 관한 연대납세의무
② 법인의 분할, 합병에 대한 연대납세의무

3 제2차 납세의무

주된 납세자가 납세의무를 이행할 수 없을 때 그 부족분에 대하여 보충적으로 부담하는 것을 말한다.

(1) 청산인 등의 제2차 납세의무

(2) 출자자의 제2차 납세의무

① 법인의 재산으로 그 법인에 부과되거나 그 법인이 납부할 국세 및 강제징수비, 지방자치단체의 징수금에 충당하여도 부족한 경우에는 그 지방자치단체의 징수금의 과세기준일 또는 납세의무 성립일 현재 다음의 어느 하나에 해당하는 자는 그 부족한 금액에 대하여 제2차 납세의무를 진다.

② 다만, ㉡에 따른 과점주주의 경우에는 그 부족한 금액을 그 법인의 발행주식 총수(의결권이 없는 주식은 제외한다) 또는 출자총액으로 나눈 금액에 해당 과점주주가 실질적으로 권리를 행사하는 주식 수(의결권이 없는 주식은 제외한다) 또는 출자액을 곱하여 산출한 금액을 한도로 한다.

㉠ 무한책임사원
㉡ 주주 또는 유한책임사원 1명과 그의 특수관계인 중 대통령령으로 정하는 자로서 그들의 소유주식의 합계 또는 출자액의 합계가 해당 법인의 발행주식 총수 또는 출자총액의 100분의 50을 초과하면서 그에 관한 권리를 실질적으로 행사하는 자들(과점주주)

(3) 사업양수인의 제2차 납세의무

사업의 양도·양수가 있는 경우 그 사업에 관하여 양도일 이전에 양도인의 납세의무가 확정된 국세 및 강제징수비, 지방자치단체의 징수금을 양도인의 재산으로 충당하여도 부족할 때에는 양수인은 그 부족한 금액에 대하여 양수한 재산의 가액 한도 내에서 제2차 납세의무를 진다.

기본문제와 완성문제로 **단단기출**

01 기본 기출

「지방세기본법」상 지방자치단체의 징수금을 납부할 의무가 소멸되는 것은 모두 몇 개인가? 제28회

> ㉠ 납부·충당되었을 때
> ㉡ 지방세 징수권의 소멸시효가 완성되었을 때
> ㉢ 법인이 합병한 때
> ㉣ 지방세 부과의 제척기간이 만료되었을 때
> ㉤ 납세의무자의 사망으로 상속이 개시된 때

① 1개
② 2개
③ 3개
④ 4개
⑤ 5개

키워드 〉 납세의무의 소멸사유

난이도 〉

해설 〉 법인의 합병과 납세의무자의 사망은 납세의무의 승계사유이다.

02 기본 기출

국세 및 지방세의 납세의무 성립시기에 관한 내용으로 옳은 것은? (단, 특별징수 및 수시부과와 무관함) 제29회 수정

① 사업소분 주민세: 매년 7월 1일
② 거주자의 양도소득에 대한 지방소득세: 매년 3월 31일
③ 재산세에 부가되는 지방교육세: 매년 8월 1일
④ 중간예납하는 소득세: 매년 12월 31일
⑤ 자동차 소유에 대한 자동차세: 납기가 있는 달의 10일

키워드 〉 납세의무의 성립시기

난이도 〉

해설 〉 ② 거주자의 양도소득에 대한 지방소득세: 과세기간이 끝나는 때
③ 재산세에 부가되는 지방교육세: 매년 6월 1일
④ 중간예납하는 소득세: 중간예납기간(1/1～6/30)이 끝나는 때(6/30)
⑤ 자동차 소유에 대한 자동차세: 납기가 있는 달의 1일

정답 01 ③ 02 ①

03 원칙적으로 과세관청의 결정에 의하여 납세의무가 확정되는 지방세를 모두 고른 것은? 제24회

기본 기출

㉠ 취득세	㉡ 종합부동산세
㉢ 재산세	㉣ 양도소득세

① ㉠
② ㉡
③ ㉢
④ ㉡, ㉢
⑤ ㉢, ㉣

키워드 납세의무의 확정방법

난이도

해설 ㉢ 재산세: 보통징수방식의 지방세
㉠ 취득세: 신고납부방식의 지방세
㉡ 종합부동산세: 정부부과방식의 국세
㉣ 양도소득세: 신고납부방식의 국세

04 국내 소재 부동산의 보유단계에서 부담할 수 있는 세목은 모두 몇 개인가? 제30회 수정

완성 기출

• 농어촌특별세	• 지방교육세
• 개인지방소득세	• 소방분 지역자원시설세

① 0개
② 1개
③ 2개
④ 3개
⑤ 4개

키워드 부동산 활동별 조세

난이도

해설 • 농어촌특별세: 모든 단계
• 지방교육세: 취득 · 보유단계
• 개인지방소득세: 보유 · 양도단계
• 소방분 지역자원시설세: 보유단계

정답 03 ③ 04 ⑤

05 「지방세기본법」 및 「지방세법」상 용어의 정의에 관한 설명으로 틀린 것은? 제31회 수정

완성 기출

① '보통징수'란 지방세를 징수할 때 편의상 징수할 여건이 좋은 자로 하여금 징수하게 하고 그 징수한 세금을 납부하게 하는 것을 말한다.

② 취득세에서 사용하는 용어 중 '부동산'이란 토지 및 건축물을 말한다.

③ '세무공무원'이란 지방자치단체의 장 또는 지방세의 부과·징수 등에 관한 사무를 위임받은 공무원을 말한다.

④ '납세자'란 납세의무자(연대납세의무자와 제2차 납세의무자 및 보증인 포함)와 특별징수의무자를 말한다.

⑤ '지방자치단체의 징수금'이란 지방세와 가산금, 체납처분비를 말한다.

키워드 조세의 용어 정리

난이도

해설 '보통징수'란 세무공무원이 납세고지서를 납세자에게 발급하여 지방세를 징수하는 것을 말한다. 지방세를 징수할 때 편의상 징수할 여건이 좋은 자로 하여금 징수하게 하고 그 징수한 세금을 납부하게 하는 것은 '특별징수'이다.

정답 05 ①

THEME

□1회독 □2회독

02 조세우선권 및 불복절차

| THEME 키워드 |

징수금 징수 순위, 조세채권 간 우선순위, 당해세, 지방세 불복절차

기본으로 알아야 하는 대표기출

> 기출분석

- **기출회차:** 제30회 수정
- **키워드:** 당해세
- **난이도:**

법정기일 전에 저당권의 설정을 등기한 사실이 등기사항증명서(부동산등기부 등본)에 따라 증명되는 재산을 매각하여 그 매각금액에서 국세 또는 지방세를 징수하는 경우, 그 재산에 대하여 부과되는 다음의 국세 또는 지방세 중 저당권에 따라 담보된 채권에 우선하여 징수하는 것은 모두 몇 개인가? (단, 가산금은 고려하지 않음)

- 종합부동산세
- 취득세에 부가되는 지방교육세
- 등록면허세
- 부동산임대에 따른 종합소득세
- 소방분 지역자원시설세

① 1개 ② 2개
③ 3개 ④ 4개
⑤ 5개

> 함정을 피하는 TIP

- 당해세의 종류를 숙지해야 한다.

해설

당해세(해당 재산에 부과된 조세)에 관한 문제로, 종합부동산세, 소방분 지역자원시설세가 이에 해당한다.

정답 ②

단단하게 정리하는 핵심이론

01 조세의 우선권

1 조세의 우선징수

국세 및 강제징수비, 지방단치단체의 징수금은 다른 공과금과 그 밖의 채권에 우선하여 징수한다.

2 체납액 및 징수금 징수 순위

① **국세**: 강제징수비 ⇨ 국세(가산세 제외) ⇨ 가산세
② **지방세**: 체납처분비 ⇨ 지방세(가산세 제외) ⇨ 가산금

3 압류에 의한 우선

① 지방자치단체의 징수금의 체납처분(또는 국세의 강제징수)에 의하여 납세자의 재산을 압류한 후 다른 지방자치단체의 징수금 또는 국세의 교부청구가 있으면 압류에 관계되는 지방자치단체의 징수금(또는 국세 및 강제징수비)은 교부청구한 다른 지방자치단체의 징수금 또는 국세에 우선하여 징수한다.
② 다른 지방자치단체의 징수금 또는 국세의 체납처분에 의하여 납세자의 재산을 압류한 후 지방자치단체의 징수금 교부청구가 있으면 교부청구한 지방자치단체의 징수금은 압류에 관계되는 지방자치단체의 징수금 또는 국세의 다음으로 징수한다.

4 담보가 있는 조세의 우선

납세담보물을 매각하였을 때에는 위 3에도 불구하고 그 국세 및 강제징수비, 지방자치단체의 징수금은 매각대금 중에서 다른 국세 및 강제징수비와 지방세에 우선하여 징수한다.

핵심단단 **조세채권 간 우선순위**

납세담보된 조세 ⇨ 압류한 조세 ⇨ 교부청구한 조세

02 조세우선권의 예외

1 공익비용 우선

다음은 조세채권보다 우선하여 징수한다.

① 지방세나 공과금의 체납처분 또는 강제징수를 할 때 그 체납처분 또는 강제징수 금액 중에서 국세 및 강제징수비를 징수하는 경우의 그 지방세나 공과금의 체납처분비 또는 강제징수비
② 강제집행·경매 또는 파산 절차에 따라 재산을 매각할 때 그 매각금액 중에서 국세 및 강제징수비를 징수하는 경우의 그 강제집행, 경매 또는 파산 절차에 든 비용

2 법정기일 전에 설정된 채권의 우선

(1) 조세채권이라 하더라도 법정기일 전에 전세권·질권·저당권의 설정을 등기·등록한 사실 또는 「주택임대차보호법」 및 「상가건물 임대차보호법」에 따른 대항요건과 임대차계약증서상의 확정일자를 갖춘 사실이 증명되는 재산을 매각하여 그 매각금액에서 조세채권(그 재산에 대하여 부과된 조세 등은 제외한다)을 징수하는 경우의 그 전세권·질권·저당권에 따라 담보된 채권, 등기 또는 확정일자를 갖춘 임대차계약증서상의 보증금에는 우선하지 못한다.

참고

법정기일

1. 과세표준과 세액의 신고에 의하여 납세의무가 확정되는 지방세의 경우 신고한 해당 세액에 대해서는 그 신고일
2. 과세표준과 세액을 지방자치단체가 결정·경정 또는 수시부과결정하는 경우에 고지한 해당 세액에 대해서는 납세고지서의 발송일

취득세, 종합소득세 등은 당해세에 해당하지 않는다.

(2) 당해세 우선

매각되는 그 재산에 대하여 부과된 다음의 조세(당해세)는 법정기일 전에 설정된 전세권(주택은 제외한다), 질권, 또는 저당권에 의하여 담보된 채권보다 우선한다.

① 국세: 상속세 및 증여세, 종합부동산세(부가되는 농어촌특별세 및 가산세를 포함한다)
② 지방세: 재산세(부가되는 지방교육세 및 가산금을 포함한다)·자동차세(자동차 소유에 대한 자동차세만 해당한다)·소방분 지역자원시설세 및 지방교육세(재산세와 자동차세에 부가되는 지방교육세만 해당한다)

핵심단단 **조세채권과 담보된 채권의 관계**(배당순서)

0순위	공익비용(강제집행 · 경매 · 파산절차에 소요된 비용), 강제징수비(체납처분비)
1순위	소액보증금, 최종 3개월분 임금, 3년간 퇴직금, 재해보상금
2순위 (당해세)	상속세 및 증여세, 재산세, 종합부동산세, 소방분 지역자원시설세 이에 부가되는 부가세, 가산세, 가산금 등
3순위	설정일과 법정기일이 빠른 순

참 고

주택보증금의 전세권설정일 또는 확정일자보다 당해세의 법정기일이 늦은 경우

「주택임대차보호법」 제3조의2 제2항에 따라 대항요건과 확정일자를 갖춘 임차권에 의하여 담보된 보증금반환채권 또는 같은 법 제2조에 따른 주거용 건물에 설정된 전세권에 의하여 담보된 채권(임대차보증금반환채권 등)은 해당 임차권 또는 전세권이 설정된 재산이 체납처분 또는 경매 · 공매절차를 통하여 매각되어 그 매각금액에서 조세를 징수하는 경우 그 확정일자 또는 설정일보다 법정기일이 늦은 해당 재산에 대하여 부과된 당해세(상속세 및 증여세, 종합부동산세, 재산세 등)의 우선 징수순서에 대신하여 변제될 수 있다. 이 경우 대신 변제되는 금액은 우선 징수할 수 있었던 해당 재산에 대하여 부과된 당해세의 징수액에 한정하며, 임대차보증금반환채권 등보다 우선 변제되는 저당권 등의 변제액과 해당 재산에 대하여 부과된 당해세를 우선 징수하는 경우에 배분받을 수 있었던 임대차보증금반환채권 등의 변제액에는 영향을 미치지 아니한다.

03 국세의 불복

1 대상

「국세기본법」 또는 세법에 따른 처분으로서 위법 또는 부당한 처분을 받거나 필요한 처분을 받지 못함으로 인하여 권리나 이익을 침해당한 자는 이 장의 규정에 따라 그 처분의 취소 또는 변경을 청구하거나 필요한 처분을 청구할 수 있다.

참 고

국세불복 제외대상

1. 「조세범 처벌절차법」에 따른 통고처분
2. 「감사원법」에 따라 심사청구를 한 처분이나 그 심사청구에 대한 처분
3. 「국세기본법」 및 세법에 따른 과태료 부과처분

2 국세 불복절차

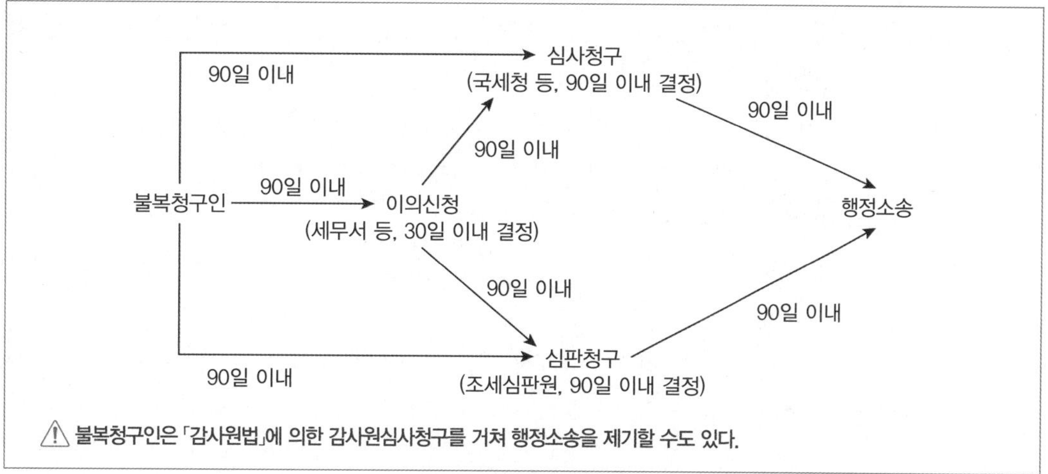

불복청구는 원칙적으로 1심급이지만, 이의신청을 거치는 경우에는 예외적으로 2심급이 된다. 따라서 동일한 처분에 대해서는 심사청구와 심판청구를 중복하여 제기할 수 없다. 또한 행정소송은 「국세기본법」에 따른 심사청구 또는 심판청구와 그에 대한 결정을 거치지 아니하면 제기할 수 없다.

(1) 이의신청

① **청구기간 및 절차**: 이의신청은 불복의 사유를 갖추어 해당 처분을 하였거나 하였어야 할 세무서장에게 하거나 세무서장을 거쳐 관할 지방국세청장에게 그 처분이 있은 것을 안 날(처분의 통지를 받은 때에는 그 받은 날)부터 90일 이내에 하여야 한다.

② 결정

㉠ 이의신청을 받은 세무서장과 지방국세청장은 각각 국세심사위원회의 심의를 거쳐 30일 이내에 결정하여야 한다.

㉡ 다만, 이의신청인이 송부받은 의견서에 대하여 결정기간 내에 항변하는 경우에는 이의신청을 받은 날부터 60일 이내에 하여야 한다.

③ 이의신청은 임의절차로서 반드시 거쳐야 하는 것은 아니다.

참고

결정의 종류

모든 불복절차는 다음의 결정을 내린다.

1. **기각**: 불복청구의 이유가 없다고 하여 배척하는 판결 또는 결정
2. **각하**: 불복청구의 절차적 요건을 구비하지 못했을 경우에 본안 심리에 나아가지 아니한 채 신청 자체를 배척하는 결정
3. **인용**: 불복청구의 이유가 있다고 내리는 판결 또는 결정

(2) 심사청구

① 청구기간

㉠ 심사청구는 해당 처분이 있음을 안 날(처분의 통지를 받은 때에는 그 받은 날)부터 90일 이내에 제기하여야 한다.

㉡ 이의신청을 거친 후 심사청구를 하려면 이의신청에 대한 결정의 통지를 받은 날부터 90일 이내에 제기하여야 한다. 다만, 결정기간 내에 결정의 통지를 받지 못한 경우에는 결정의 그 결정기간이 지난 날부터 90일 이내에 심사청구를 할 수 있다.

② **청구절차**: 심사청구는 불복의 사유를 갖추어 해당 처분을 하였거나 하였어야 할 세무서장을 거쳐 국세청장에게 하여야 한다.

③ **결정**: 국세청장은 심사청구를 받으면 국세심사위원회의 의결에 따라 그 청구를 받은 날부터 90일 이내에 결정을 하여야 한다.

(3) 심판청구

① 청구기간

㉠ 심판청구는 해당 처분이 있음을 안 날(처분의 통지를 받은 때에는 그 받은 날)부터 90일 이내에 제기하여야 한다.

㉡ 이의신청을 거친 후 심판청구를 하려면 이의신청에 대한 결정의 통지를 받은 날부터 90일 이내에 제기하여야 한다. 다만, 결정기간 내에 결정의 통지를 받지 못한 경우에는 그 결정기간이 지난 날부터 90일 이내에 심판청구를 할 수 있다.

② **청구절차**: 심판청구를 하려는 자는 불복의 사유 등이 기재된 심판청구서를 그 처분을 하였거나 하였어야 할 세무서장이나 조세심판원장에게 제출하여야 한다. 이 경우 심판청구서를 받은 세무서장은 이를 지체 없이 조세심판원장에게 송부하여야 한다.

③ **결정**: 조세심판원장이 심판청구를 받았을 때에는 조세심판관회의가 심리를 거쳐 청구를 받은 날부터 90일 이내에 결정한다.

참고

청구기한의 연장

이의신청, 심사청구, 심판청구인이 다음의 사유로 법에서 정한 기간에 이의신청, 심사청구, 심판청구를 할 수 없을 때에는 그 사유가 소멸한 날부터 14일 이내에 할 수 있다.

1. 납세자가 화재, 전화(戰禍), 그 밖의 재해를 입거나 도난을 당한 경우
2. 납세자 또는 그 동거가족이 질병이나 중상해로 6개월 이상의 치료가 필요하거나 사망하여 상중(喪中)인 경우
3. 정전, 프로그램의 오류나 그 밖의 부득이한 사유로 한국은행(그 대리점을 포함한다) 및 체신관서의 정보통신망의 정상적인 가동이 불가능한 경우
4. 금융회사 등(한국은행 국고대리점 및 국고수납대리점인 금융회사 등만 해당한다) 또는 체신관서의 휴무나 그 밖의 부득이한 사유로 정상적인 세금납부가 곤란하다고 국세청장이 인정하는 경우
5. 권한 있는 기관에 장부나 서류가 압수 또는 영치된 경우
6. 「세무사법」 제2조 제3호에 따라 납세자의 장부 작성을 대행하는 세무사(같은 법 제16조의4에 따라 등록한 세무법인을 포함한다) 또는 같은 법 제20조의2에 따른 공인회계사(공인회계사법 제24조에 따라 등록한 회계법인을 포함한다)가 화재, 전화, 그 밖의 재해를 입거나 도난을 당한 경우
7. 그 밖에 위 1., 2. 또는 5.에 준하는 사유가 있는 경우

(4) 심사청구 등이 집행에 미치는 효력

① 이의신청, 심사청구 또는 심판청구는 세법에 특별한 규정이 있는 것을 제외하고는 해당 처분의 집행에 효력을 미치지 아니한다. 다만, 해당 재결청(裁決廳)이 처분의 집행 또는 절차의 속행 때문에 이의신청인, 심사청구인 또는 심판청구인에게 중대한 손해가 생기는 것을 예방할 필요성이 긴급하다고 인정할 때에는 처분의 집행 또는 절차 속행의 전부 또는 일부의 정지(집행정지)를 결정할 수 있다.

② 재결청은 집행정지 또는 집행정지의 취소에 관하여 심리·결정하면 지체 없이 당사자에게 통지하여야 한다.

참고

대리인

1. 이의신청인, 심사청구인 또는 심판청구인과 처분청은 변호사, 세무사 또는 「세무사법」에 따른 세무사등록부 또는 공인회계사 세무대리업무등록부에 등록한 공인회계사를 대리인으로 선임할 수 있다.
2. 이의신청인, 심사청구인 또는 심판청구인은 신청 또는 청구의 대상이 소액(국세 5천만원 미만, 지방세 2천만원 미만)인 경우에는 그 배우자, 4촌 이내의 혈족 또는 그 배우자의 4촌 이내의 혈족을 대리인으로 선임할 수 있다.

04 지방세의 불복

1 대상

「지방세기본법」 또는 지방세관계법에 따른 처분으로서 위법·부당한 처분을 받았거나 필요한 처분을 받지 못하여 권리 또는 이익을 침해당한 자는 이 장에 따른 이의신청 또는 심판청구를 할 수 있다(지방세는 심사청구제도가 없다).

참고

지방세 불복 제외대상

1. 이의신청 또는 심판청구에 대한 처분(다만, 이의신청에 대한 처분에 대하여 심판청구를 하는 경우는 제외한다)
2. 「지방세기본법」에 따른 통고처분
3. 「감사원법」에 따라 심사청구를 한 처분이나 그 심사청구에 대한 처분
4. 과세전적부심사의 청구에 대한 처분
5. 「지방세기본법」에 따른 과태료의 부과

2 지방세 불복절차

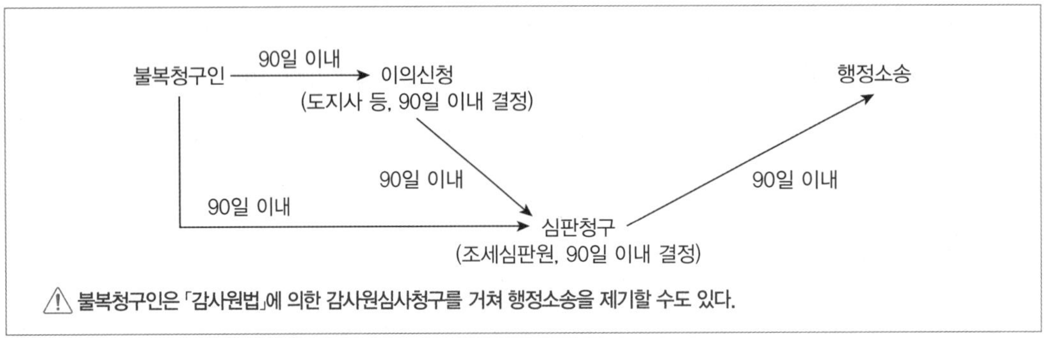

행정소송은 「지방세기본법」에 따른 심판청구와 그에 대한 결정을 거치지 아니하면 제기할 수 없다.

(1) 이의신청

① **청구절차**: 이의신청은 불복의 사유를 적어 해당 처분을 하였거나 하였어야 할 다음의 해당 지방자치단체장에게 하여야 한다.

> ㉠ **특별시세·광역시세·도세의 경우**: 시·도지사
> ㉡ **특별자치시세·특별자치도세의 경우**: 특별자치시장·특별자치도지사
> ㉢ **시·군·구세의 경우**: 시장·군수·구청장

② **청구기간**: 그 처분이 있은 것을 안 날(처분의 통지를 받았을 때에는 그 통지를 받은 날)부터 90일 이내에 이의신청을 하여야 한다.

③ **결정**: 이의신청을 받은 지방자치단체의 장은 신청을 받은 날부터 90일 이내에 지방세심의위원회의 의결에 따라 다음의 구분에 따른 결정을 하고 신청인에게 이유를 함께 기재한 결정서를 송달하여야 한다. 다만, 이의신청 기간이 지난 후에 제기된 이의신청 등 대통령령으로 정하는 사유에 해당하는 경우에는 지방세심의위원회의 의결을 거치지 아니하고 결정할 수 있다.

④ 이의신청은 임의절차로서 반드시 거쳐야 하는 것은 아니다.

(2) 심판청구

① 청구기간 및 절차

㉠ 이의신청을 거친 후에 심판청구를 할 때에는 이의신청에 대한 결정의 통지를 받은 날부터 90일 이내에 조세심판원장에게 심판청구를 하여야 한다.

㉡ 결정기간에 이의신청에 대한 결정의 통지를 받지 못한 경우에는 위 ㉠에도 불구하고 그 결정기간이 지난 날부터 90일 이내에 심판청구를 할 수 있다.

㉢ 이의신청을 거치지 아니하고 바로 심판청구를 할 때에는 그 처분이 있은 것을 안 날(처분의 통지를 받았을 때에는 통지받은 날)부터 90일 이내에 조세심판원장에게 심판청구를 하여야 한다.

참 고

청구기한의 연장 등

이의신청인 또는 심판청구인이 천재지변, 사변(事變), 화재(火災), 그 밖의 사유(신고·신청·청구 및 그 밖의 서류의 제출·통지에 관한 기한연장사유로 한정한다)로 인하여 이의신청 또는 심판청구기간에 이의신청 또는 심판청구를 할 수 없을 때에는 그 사유가 소멸한 날부터 14일 이내에 이의신청 또는 심판청구를 할 수 있다.

② **결정**: 조세심판원장이 심판청구를 받았을 때에는 조세심판관회의의 심리를 거쳐 청구를 받은 날부터 90일 이내에 결정한다.

③ **심판청구 등이 집행에 미치는 효력**: 이의신청 또는 심판청구는 그 처분의 집행에 효력이 미치지 아니한다. 다만, 압류한 재산에 대해서는 이의신청 또는 심판청구의 결정이 있는 날부터 30일까지 그 공매처분을 보류할 수 있다.

기본문제와 완성문제로 **단단기출**

01 기본 기출

법정기일 전에 저당권 설정이 등기된 재산의 매각에 있어 그 저당권에 의하여 담보된 채권은 국세 또는 지방세에 우선한다. 다만, 그 재산에 대하여 부과된 국세 또는 지방세에는 우선하지 못한다. 그에 해당하는 세목은? 제19회 수정

① 양도소득세
② 종합소득세
③ 종합부동산세
④ 취득세
⑤ 등록면허세

키워드 당해세

난이도

해설 종합부동산세, 재산세, 상속세 및 증여세, 소방분 지역자원시설세 등은 해당 재산에 대하여 부과되는 조세(부가세 등 포함)에 속한다.

정답 01 ③

02 「지방세기본법」상 이의신청 · 심판청구에 관한 설명으로 틀린 것은? 제30회 수정

① 「지방세기본법」에 따른 과태료의 부과처분을 받은 자는 이의신청 또는 심판청구를 할 수 없다.

② 심판청구는 그 처분의 집행에 효력이 미치지 아니하지만 압류한 재산에 대하여는 심판청구의 결정이 있는 날부터 30일까지 그 공매처분을 보류할 수 있다.

③ 지방세에 관한 불복 시 불복청구인은 이의신청을 거친 후에만 심판청구를 하여야 한다.

④ 이의신청인은 신청금액이 2천만원 미만인 경우에는 그의 배우자, 4촌 이내의 혈족 또는 그의 배우자의 4촌 이내의 혈족을 대리인으로 선임할 수 있다.

⑤ 심사청구가 이유 없다고 인정될 때에는 청구를 기각하는 결정을 한다.

키워드 지방세 불복절차

난이도

해설 이의신청은 임의절차로서 반드시 거쳐야 하는 절차는 아니다.

정답 02 ③

03 「국세기본법」 및 「지방세기본법」상 조세채권과 일반채권의 관계에 관한 설명으로 틀린 것은?

완성 기출

제29회 수정

① 납세담보물 매각 시 압류에 관계되는 조세채권은 담보 있는 조세채권보다 우선한다.

② 재산의 매각대금 배분 시 당해 재산에 부과된 종합부동산세는 당해 재산에 설정된 저당권에 따라 담보된 채권보다 우선한다.

③ 취득세 신고서를 납세지 관할 지방자치단체장에게 제출한 날 전에 저당권 설정 등기 사실이 증명되는 재산을 매각하여 그 매각금액에서 취득세를 징수하는 경우, 저당권에 따라 담보된 채권은 취득세에 우선한다.

④ 강제집행으로 부동산을 매각할 때 그 매각금액 중에 국세를 징수하는 경우, 강제집행 비용은 국세에 우선한다.

⑤ 재산의 매각대금 배분 시 당해 재산에 부과된 재산세는 당해 재산에 설정된 저당권에 따라 담보된 채권보다 우선한다.

키워드 조세채권 간 우선순위

난이도

해설 담보 있는 조세채권이 압류에 관계되는 조세채권보다 우선한다.

정답 03 ①

04 「지방세기본법」상 이의신청 또는 심판청구에 관한 설명으로 틀린 것은? 제23회 수정

① 이의신청은 처분이 있은 것을 안 날(처분의 통지를 받았을 때에는 그 통지를 받은 날)부터 90일 이내에 하여야 한다.

② 이의신청을 거친 후에 심판청구를 할 때에는 이의신청에 대한 결정통지를 받은 날부터 90일 이내에 심판청구를 하여야 한다.

③ 이의신청에 따른 결정기간 내에 이의신청에 대한 결정통지를 받지 못한 경우에는 그 결정기간이 지난 날부터 90일 이내에 심판청구를 할 수 있다.

④ 이의신청, 심판청구는 그 처분의 집행에 효력을 미치지 아니한다. 다만, 압류한 재산에 대해서는 이의신청, 심판청구의 결정처분이 있는 날부터 60일까지 공매처분을 보류할 수 있다.

⑤ 이의신청인이 재해 등을 입어 이의신청기간 내에 이의신청을 할 수 없을 때에는 그 사유가 소멸한 날부터 14일 이내에 이의신청을 할 수 있다.

키워드 지방세 불복절차

난이도

해설 이의신청, 심판청구는 그 처분의 집행에 효력을 미치지 아니한다. 다만, 압류한 재산에 대해서는 이의신청, 심판청구의 결정처분이 있는 날부터 30일까지 공매처분을 보류할 수 있다.

정답 04 ④

05 「지방세기본법」상 부과 및 징수, 불복에 관한 설명으로 옳은 것은?

제26회 수정

① 납세자가 법정신고기한까지 소득세의 과세표준신고서를 제출하지 아니하여 해당 지방소득세를 부과할 수 없는 경우에 지방세 부과제척기간은 5년이다.

② 지방세에 관한 불복 시 불복청구인은 이의신청을 거치지 않고 심판청구를 제기할 수 없다.

③ 취득세는 원칙적으로 보통징수방법에 의한다.

④ 납세의무자가 지방세관계법에 의하여 신고에 따른 납부기한까지 지방세를 납부하지 않은 경우 산출세액의 100분의 20을 가산세로 부과한다.

⑤ 지방자치단체 징수금의 징수 순위는 체납처분비, 지방세, 가산금의 순서로 한다.

키워드 징수금 징수순위

난이도 

해설

① 납세자가 법정신고기한까지 소득세의 과세표준신고서를 제출하지 아니하여 해당 지방소득세를 부과할 수 없는 경우에 지방세 부과제척기간은 7년이다.

② 지방세에 관한 불복 시 불복청구인은 이의신청을 거치지 않고 심판청구를 제기할 수 있다. 이의신청은 임의절차이다.

③ 취득세는 원칙적으로 신고납부방법에 의한다.

④ 납세의무자가 지방세관계법에 의하여 신고에 따른 납부기한까지 지방세를 납부하지 않은 경우 미납부세액 또는 과소납부세액의 1일에 10만분의 22씩 납부지연가산세가 부과된다.

정답 05 ⑤

06 완성 기출

「지방세기본법」상 이의신청과 심판청구에 관한 설명으로 옳은 것을 모두 고른 것은? 제33회

> ㉠ 통고처분은 이의신청 또는 심판청구의 대상이 되는 처분에 포함된다.
> ㉡ 이의신청인은 신청 또는 청구 금액이 8백만원인 경우에는 그의 배우자를 대리인으로 선임할 수 있다.
> ㉢ 보정기간은 결정기간에 포함하지 아니한다.
> ㉣ 이의신청을 거치지 아니하고 바로 심판청구를 할 수는 없다.

① ㉠
② ㉡
③ ㉠, ㉣
④ ㉡, ㉢
⑤ ㉢, ㉣

키워드 지방세 불복절차

난이도

해설 ㉡ 이의신청인은 신청 또는 청구 금액이 2천만원 미만인 경우에는 그의 배우자, 4촌 이내의 혈족 또는 그의 배우자의 4촌 이내 혈족을 대리인으로 선임할 수 있다(지방세기본법 제93조 제2항).
㉢ 보정기간은 결정기간에 포함하지 아니한다(지방세기본법 제95조 제3항).
㉠ 통고처분은 이의신청 또는 심판청구의 대상이 되는 처분에 포함되지 아니한다(지방세기본법 제89조).
㉣ 이의신청을 거치지 아니하고 바로 심판청구를 할 수 있다(지방세기본법 제91조).

정답 06 ④

PART 02

지방세

최근 5개년 출제비중 및 학습전략

PART 02 40%

구체적인 세율 등을 묻는 문제보다는 종합형 문제들로 출제되고 있습니다.
지엽적인 내용보다는 전반적인 흐름에 중점을 두어 공부할 필요가 있습니다.

단단 부동산세법

THEME 03 취득세 과세대상, 취득시기, 납세의무자

THEME 04 취득세 과세표준과 세율

THEME 05 취득세 비과세 및 납세절차

THEME 06 등록면허세

THEME 07 재산세 특징, 과세대상, 납세의무자

THEME 08 재산세 과세표준 및 세율, 비과세

THEME 09 재산세 납세절차 및 토지의 분류

THEME

□1회독 □2회독

03 취득세 과세대상, 취득시기, 납세의무자

| THEME 키워드 |

납세의무자, 연대납세의무, 취득시기, 과점주주의 간주취득

기본으로 알아야 하는 대표기출

> 기출분석

- **기출회차:** 제27회
- **키워드:** 납세의무자
- **난이도:**

「지방세법」상 취득세의 납세의무에 관한 설명으로 틀린 것은?

① 부동산의 취득은 「민법」 등 관계 법령에 따른 등기를 하지 아니한 경우라도 사실상 취득하면 취득한 것으로 본다.

② 「주택법」에 따른 주택조합이 해당 조합원용으로 취득하는 조합주택용 부동산(조합원에게 귀속되지 아니하는 부동산은 제외)은 그 조합원이 취득한 것으로 본다.

③ 직계비속이 직계존속의 부동산을 매매로 취득하는 때에 해당 직계비속의 다른 재산으로 그 대가를 지급한 사실이 입증되는 경우 유상으로 취득한 것으로 본다.

④ 직계비속이 권리의 이전에 등기가 필요한 직계존속의 부동산을 서로 교환한 경우 무상으로 취득한 것으로 본다.

⑤ 직계비속이 공매를 통하여 직계존속의 부동산을 취득하는 경우 유상으로 취득한 것으로 본다.

해 설

배우자 또는 직계존비속의 부동산 등을 취득하는 경우에는 증여로 취득한 것으로 본다. 다만, 다음 어느 하나에 해당하는 경우에는 유상으로 취득한 것으로 본다.

- 공매(경매 포함)를 통하여 부동산 등을 취득한 경우
- 파산선고로 인하여 처분되는 부동산 등을 취득한 경우
- 권리의 이전이나 행사에 등기 또는 등록이 필요한 부동산 등을 서로 교환한 경우
- 해당 부동산 등의 취득을 위하여 그 대가를 지급한 사실이 증명되는 경우

정답 ④

> 함정을 피하는 TIP

- 직계존비속 및 배우자와의 거래에서 유상으로 보는 경우를 숙지해야 한다.

단단하게 정리하는 **핵심이론**

01 취득세의 특징과 과세대상

1 특징

구분	내용
지방세	특별시, 광역시, 도세, 특별자치시, 특별자치도세이다.
물세	물건별로 과세한다.
유통세, 행위세	소유권이전 단계마다 과세하며 취득이라는 행위에 대해 과세하는 행위세이다.
사실과세	등기·등록 여부와 관계없이 사실상 취득 시 과세한다.
신고주의	납세의무자가 취득하는 때 성립하고, 신고하는 때 확정된다.
현황부과 원칙	부동산 등은 특별한 규정이 있는 경우를 제외하고는 해당 물건을 취득하였을 때에 사실상 현황에 따라 부과한다. 다만, 취득하였을 때의 사실상 현황이 분명하지 아니한 경우에는 공부상의 등재 현황에 따라 부과한다.

2 과세대상

취득세는 부동산, 차량, 기계장비, 항공기, 선박, 입목, 광업권, 어업권, 양식업권, 골프회원권, 승마회원권, 콘도미니엄 회원권, 종합체육시설 이용회원권 또는 요트회원권을 취득한 자에게 부과한다.

(1) 부동산

부동산이란 토지 및 건축물을 말한다.

① **토지**: 지적공부의 등록대상이 되는 토지와 그 밖에 사용되고 있는 사실상의 토지를 말한다.

② 건축물

> ㉠ 「건축법」에 따른 건축물
> ㉡ 시설
> - **독립된 시설**: 레저시설, 저장시설, 도크(dock)시설, 접안시설, 도관시설, 급수·배수시설, 에너지 공급시설 및 그 밖에 이와 유사한 시설 등
> - **건축물에 딸린 시설물(건축물에 부착, 설치 시 과세)**: 승강기, 부착된 금고 등

(2) 부동산에 준(準)하는 것

차량, 기계장비(건설기계 및 이와 유사한 기계장비), 항공기, 선박, 입목

(3) 각종권리

광업권, 어업권, 양식업권, 회원권(골프, 승마, 콘도미니엄, 요트, 종합체육시설)

02 취득의 개념 및 유형

1 개념

(1) 취득의 정의

취득이란 매매, 교환, 상속, 증여, 기부, 법인에 대한 현물출자, 건축, 개수(改修), 공유수면의 매립, 간척에 의한 토지의 조성 등과 그 밖에 이와 유사한 취득으로서 원시취득(수용재결로 취득한 경우 등 과세대상이 이미 존재하는 상태에서 취득하는 경우는 제외한다), 승계취득 또는 유상·무상의 모든 취득을 말한다.

(2) 실질주의

부동산 등의 취득은 관계 법령에 따른 등기·등록 등을 하지 아니한 경우라도 사실상 취득하면 각각 취득한 것으로 보고 해당 취득물건의 소유자 또는 양수인을 각각 취득자로 한다. 다만, 차량, 기계장비, 항공기 및 주문을 받아 건조하는 선박은 승계취득인 경우에만 해당한다.

2 취득의 유형

(1) 유상승계취득

① 매매, 교환, 현물출자, 대물변제, 부담부증여에 있어 채무인수부분 등이 있다.

② 단, 배우자 또는 직계존비속으로부터의 부동산 등의 부담부증여의 경우에는 채무인수액을 증여로 추정한다. 따라서 증여자는 납세의무가 없으며, 수증자는 취득가액 전체를 무상승계취득한 것으로 추정하여 과세한다.

③ 다만, 실제 채무인수사실이 객관적으로 확인되는 경우에는 그러하지 아니한다.

핵심단단 부담부증여 납세의무

구분	증여자	수증자
인수한 채무액	양도소득세	취득세(유상승계)
취득가액 중 인수한 채무액을 제외한 부분	–	증여세 · 취득세(무상승계)

(2) 무상승계취득

상속, 증여, 이혼 시 재산분할, 부담부증여에 있어 채무인수 이외의 부분 등이 있다.

(3) 원시취득

① 공유수면의 매립·간척, 건축(신축, 증축, 개축, 재축, 이전), 시효취득 등이 있다.

② 다만, 차량, 기계장비, 항공기 및 주문을 받아 건조하는 선박은 승계취득인 경우에만 과세한다.

(4) 의제취득(간주취득)

① **토지의 지목변경**: 토지의 지목을 사실상 변경함으로써 그 가액이 증가한 경우에는 그 증가한 가액에 대해 취득으로 본다.

② **개수**: 「건축법」에 의한 대수선과 건축물에 딸린 시설물 중 법령으로 정하는 시설물을 한 종류 이상 설치하거나 수선하는 것을 말한다. 개수를 통해 그 가액이 증가한 경우에는 그 증가한 가액에 대해 취득으로 본다.

③ **차량 등 종류변경**: 선박, 차량과 기계장비의 종류를 변경함으로써 그 가액이 증가한 경우에는 그 증가한 가액에 대해 취득으로 본다.

④ **과점주주의 주식취득**: 법인의 주식 또는 지분을 취득함으로써 「지방세기본법」 제46조 제2호에 따른 과점주주가 되었을 때에는 그 과점주주가 해당 법인의 부동산 등(법인이 신탁법에 따라 신탁한 재산으로서 수탁자 명의로 등기·등록이 되어 있는 부동산 등을 포함한다)을 취득(법인설립 시에 발행하는 주식 또는 지분을 취득함으로써 과점주주가 된 경우에는 취득으로 보지 아니한다)한 것으로 본다.

03 납세의무자

1 본래의 납세의무자

부동산 등의 취득은 등기·등록 등을 하지 아니한 경우라도 사실상 취득하면 각각 취득한 것으로 보고 해당 취득물건의 소유자 또는 양수인을 각각 취득자로 한다.

2 의제납세의무자

(1) 주체구조부(主體構造部)의 취득자

건축물 중 조작(造作) 설비, 그 밖의 부대설비에 속하는 부분으로서 그 주체구조부와 하나가 되어 건축물로서의 효용가치를 이루고 있는 것에 대하여는 주체구조부 취득자 외의 자가 가설(加設)한 경우에도 주체구조부의 취득자가 함께 취득한 것으로 본다.

└ 금융기관인 임차인이 금고설치 시 건물주에게 납세의무가 있다.

(2) 변경시점의 소유자

선박, 차량과 기계장비의 종류를 변경하거나 토지의 지목을 사실상 변경함으로써 그 가액이 증가한 경우에는 그 변경시점의 소유자를 납세의무자로 한다.

(3) 수입하는 자

외국인 소유의 취득세 과세대상 물건(차량, 기계장비, 항공기 및 선박만 해당한다)을 직접 사용하거나 국내의 대여시설 이용자에게 대여하기 위하여 임차하여 수입하는 경우에는 수입하는 자가 취득한 것으로 본다.

(4) 상속인 각자

상속(피상속인이 상속인에게 한 유증 및 포괄유증과 신탁재산의 상속을 포함한다)으로 인하여 취득하는 경우에는 상속인 각자가 상속받는 취득물건(지분을 취득하는 경우에는 그 지분에 해당하는 취득물건을 말한다)을 취득한 것으로 본다. 공동상속의 경우에는 공유자가 연대하여 납부할 의무를 진다.

(5) 조합원 또는 조합

① 조합원: 「주택법」 제11조에 따른 주택조합과 「도시 및 주거환경정비법」 제35조 제3항 및 「빈집 및 소규모주택 정비에 관한 특례법」 제23조에 따른 재건축조합 및 소규모재건축조합이 해당 조합원용으로 취득하는 조합주택용 부동산(공동주택과 부대시설·복리시설 및 그 부속토지)은 그 조합원이 취득한 것으로 본다.

② 조합: 조합원에게 귀속되지 아니하는 부동산은 해당 조합이 취득한 것으로 본다.

(6) 시설대여업자

「여신전문금융업법」에 따른 시설대여업자가 건설기계나 차량의 시설대여를 하는 경우로서 같은 법 제33조 제1항에 따라 대여시설이용자의 명의로 등록하는 경우라도 그 건설기계나 차량은 시설대여업자가 취득한 것으로 본다.

(7) 배우자 또는 직계존비속의 부동산 취득 시 증여의제

배우자 또는 직계존비속의 부동산 등을 취득하는 경우에는 증여로 취득한 것으로 본다. 다만, 다음 어느 하나에 해당하는 경우에는 유상으로 취득한 것으로 본다.

① 공매(경매를 포함한다)를 통하여 부동산 등을 취득한 경우
② 파산선고로 인하여 처분되는 부동산 등을 취득한 경우
③ 권리의 이전이나 행사에 등기 또는 등록이 필요한 부동산 등을 서로 교환한 경우
④ 해당 부동산 등의 취득을 위하여 그 대가를 지급한 사실이 다음 어느 하나에 의하여 증명되는 경우
㉠ 그 대가를 지급하기 위한 취득자의 소득이 증명되는 경우
㉡ 소유재산을 처분 또는 담보한 금액으로 해당 부동산을 취득한 경우
㉢ 이미 상속세 또는 증여세를 과세(비과세 또는 감면받은 경우를 포함한다) 받았거나 신고한 경우로서 그 상속 또는 수증 재산의 가액으로 그 대가를 지급한 경우
㉣ 위 ㉠~㉢에 준하는 것으로서 취득자의 재산으로 그 대가를 지급한 사실이 입증되는 경우

(8) 부담부증여의 경우 채무인수액의 증여의제

① **채무인수액**: 증여자의 채무를 인수하는 부담부(負擔附)증여의 경우에는 그 채무액에 상당하는 부분은 부동산 등을 유상으로 취득하는 것으로 본다. 다만, 배우자 또는 직계존비속으로부터의 부동산 등의 부담부증여의 경우에는 위 '(7) 배우자 또는 직계존비속의 부동산 취득 시 증여의제'를 적용한다.

② **채무인수액 이외 부분**: 부담부증여 시 취득재산가액 중 채무인수액 이외의 부분은 언제나 무상취득한 것으로 본다.

(9) 상속재산의 재분할의 경우

상속개시 후 상속재산에 대하여 등기·등록·명의개서(名義改書) 등에 의하여 각 상속인의 상속분이 확정되어 등기 등이 된 후, 그 상속재산에 대하여 공동상속인이 협의하여 재분할한 결과 특정 상속인이 당초 상속분을 초과하여 취득하게 되는 재산가액은 그 재분할에 의하여 상속분이 감소한 상속인으로부터 증여받아 취득한 것으로 본다. 다만, 다음 어느 하나에 해당하는 경우에는 그러하지 아니하다.

└ 추가납세의무가 없다.

① 법정신고·납부기한 내에 재분할에 의한 취득과 등기 등을 모두 마친 경우
② 상속회복청구의 소에 의한 법원의 확정판결에 의하여 상속인 및 상속재산에 변동이 있는 경우
③ 「민법」에 따른 채권자대위권의 행사에 의하여 공동상속인들의 법정상속분대로 등기등이 된 상속재산을 상속인 사이의 협의분할에 의하여 재분할하는 경우

(10) 택지공사가 준공된 토지의 사실상 지목변경 시

① **토지의 소유자**: 「공간정보의 구축 및 관리 등에 관한 법률」 제67조에 따른 대(垈) 중 「국토의 계획 및 이용에 관한 법률」 등 관계 법령에 따른 택지공사가 준공된 토지에 정원 또는 부속시설물 등을 조성·설치하는 경우에는 그 정원 또는 부속시설물 등은 토지에 포함되는 것으로서 토지의 지목을 사실상 변경하는 것으로 보아 토지의 소유자가 취득한 것으로 본다.

② **건축물을 취득하는 자**: 다만, 건축물을 건축하면서 그 건축물에 부수되는 정원 또는 부속시설물 등을 조성·설치하는 경우에는 그 정원 또는 부속시설물 등은 건축물에 포함되는 것으로 보아 건축물을 취득하는 자가 취득한 것으로 본다.

(11) 위탁자

「신탁법」에 따라 신탁재산의 위탁자 지위의 이전이 있는 경우에는 새로운 위탁자가 해당 신탁재산을 취득한 것으로 본다.

(12) 도시개발사업 등의 경우 건축물 및 토지의 취득의 경우

「도시개발법」에 따른 도시개발사업과 「도시 및 주거환경정비법」에 따른 정비사업의 시행으로 해당 사업의 대상이 되는 부동산의 소유자(상속인을 포함한다)가 환지계획 또는 관리처분계획에 따라 공급받거나 토지상환채권으로 상환받는 건축물은 그 소유자가 원시취득한 것으로 보며, 토지의 경우에는 그 소유자가 승계취득한 것으로 본다. 이 경우 토지는 당초 소유한 토지 면적을 초과하는 경우로서 그 초과한 면적에 해당하는 부분에 한정하여 취득한 것으로 본다.

(13) 과점주주

① **과점주주**: 주주 또는 유한책임사원 1명과 그의 특수관계인 중 대통령령으로 정하는 자로서 그들의 소유주식의 합계 또는 출자액의 합계가 해당 법인의 발행주식 총수 또는 출자총액의 100분의 50을 초과하면서 그에 관한 권리를 실질적으로 행사하는 자들을 말한다.

② 성립요건

㉠ **비상장법인**: 비상장법인의 주식 또는 지분을 취득함으로써 과점주주가 되었을 때에는 그 과점주주가 해당 법인의 부동산 등(법인이 신탁법에 따라 신탁한 재산으로서 수탁자 명의로 등기·등록이 되어 있는 부동산 등을 포함한다)을 취득한 것으로 본다. 이 경우 과점주주 간에는 연대납세의무가 있다.

과세표준 = 해당법인의 부동산 등 취득세 과세대상 물건가액 × 지분비율(증가비율)

㉡ **법인설립 시 과점주주**: 법인설립 시에 발행하는 주식 또는 지분을 취득함으로써 과점주주가 된 경우에는 취득으로 보지 아니한다.

③ 사례

㉠ **최초로 과점주주가 된 경우**: 법인의 과점주주가 아닌 주주 또는 유한책임사원이 다른 주주 또는 유한책임사원의 주식 또는 지분을 취득하거나 증자 등으로 최초로 과점주주가 된 경우에는 최초로 과점주주가 된 날 현재 해당 과점주주가 소유하고 있는 법인의 주식 등을 모두 취득한 것으로 보아 취득세를 부과한다.

구분	취득비율	지분비율	취득으로 간주되는 지분비율
설립 시	–	40%	–
증자 및 취득	20%	60%	60%

㉡ **과점주주의 지분비율이 증가한 경우**: 이미 과점주주가 된 주주 또는 유한책임사원이 해당 법인의 주식 등을 취득하여 해당 법인의 주식 등의 총액에 대한 과점주주가 가진 주식 등의 비율이 증가된 경우에는 그 증가분을 취득으로 보아 취득세를 부과한다. 다만, 증가된 후의 주식 등의 비율이 해당 과점주주가 이전에 가지고 있던 주식 등의 최고비율보다 증가되지 아니한 경우에는 취득세를 부과하지 아니한다.

구분	취득비율	지분비율	취득으로 간주되는 지분비율
설립 시	–	60%	–
증자 및 취득	20%	80%	20%
양도	(10%)	70%	–
증자 및 취득	5%	75%	–

㉢ 과점주주였으나 주식 등의 양도, 해당 법인의 증자 등으로 과점주주에 해당되지 아니하는 주주 또는 유한책임사원이 된 자가 해당 법인의 주식 등을 취득하여 다시 과점주주가 된 경우에는 다시 과점주주가 된 당시의 주식 등의 비율이 그 이전에 과점주주가 된 당시의 주식 등의 비율보다 증가된 경우에만 그 증가분만을 취득으로 보아 취득세를 부과한다.

⚠ 과점주주 상호간의 주식이동 시 과점주주 전체 지분비율이 증가되지 않는다면 취득세 납세의무가 발생하지 않는다.

구분	취득비율	지분비율	취득으로 간주되는 지분비율
설립 시	–	40%	–
증자 및 취득	20%	60%	60%
양도	(30%)	30%	–
증자 및 취득	40%	70%	10%

04 취득시기

1 유상승계취득

(1) 원칙

유상승계취득의 경우에는 사실상 잔금지급일에 취득한 것으로 본다.

(2) 계약상 잔금지급일

① 사실상의 잔금지급일을 확인할 수 없는 경우에는 그 계약상의 잔금지급일(계약상 잔금지급일이 명시되지 않은 경우에는 계약일부터 60일이 경과한 날)에 취득한 것으로 본다.

② 다만, 해당 취득물건을 등기·등록하지 않고 다음의 어느 하나에 해당하는 서류로 계약이 해제된 사실이 입증되는 경우에는 취득한 것으로 보지 않는다.

> ㉠ 화해조서·인낙조서(해당 조서에서 취득일부터 60일 이내에 계약이 해제된 사실이 입증되는 경우만 해당한다)
> ㉡ 공정증서(공증인이 인증한 사서증서를 포함하되, 취득일부터 60일 이내에 공증받은 것만 해당한다)
> ㉢ 행정안전부령으로 정하는 계약해제신고서(취득일부터 60일 이내에 제출된 것만 해당한다)
> ㉣ 부동산 거래신고 관련 법령에 따른 부동산거래계약 해제 등 신고서(취득일부터 60일 이내에 등록관청에 제출한 경우만 해당한다)

연부취득: 매매계약서상 연부계약 형식을 갖추고 일시에 완납할 수 없는 대금을 2년 이상에 걸쳐 일정액씩 분할하여 지급하는 것

(3) 연부취득의 경우

연부(年賦)로 취득하는 것(취득가액 총액이 50만원 이하의 경우는 제외한다)은 그 사실상의 연부금 지급일을 취득일로 본다.

(4) 등기일 또는 등록일

위 (1), (2), (3)에 따른 취득일 전에 등기 또는 등록을 한 경우에는 그 등기일 또는 등록일에 취득한 것으로 본다.

2 무상승계취득

(1) 원칙 – 계약일

① 무상취득의 경우에는 그 계약일(상속 또는 유증으로 인한 취득의 경우에는 상속 또는 유증 개시일)에 취득한 것으로 본다.

② 다만, 해당 취득물건을 등기·등록하지 않고 다음의 어느 하나에 해당하는 서류로 계약이 해제된 사실이 입증되는 경우에는 취득한 것으로 보지 않는다.

> ㉠ 화해조서·인낙조서(해당 조서에서 취득일부터 60일 이내에 계약이 해제된 사실이 입증되는 경우만 해당한다)
> ㉡ 공정증서(공증인이 인증한 사서증서를 포함하지만, 취득일부터 60일 이내에 공증받은 것만 해당한다)
> ㉢ 행정안전부령으로 정하는 계약해제신고서(취득일부터 60일 이내에 제출된 것만 해당한다)

(2) 등기 또는 등록일

증여취득 시 계약일에 취득한 것으로 보지만, 계약일 전에 등기 또는 등록을 한 경우에는 그 등기일 또는 등록일에 취득한 것으로 본다.

핵심단단 증여 시 취득시기

세목	시기
취득세	계약일과 등기등록일 중 빠른 날
양도소득세	증여를 받은 날

(3) 이혼 시 재산분할

「민법」에 따른 재산분할로 인한 취득의 경우에는 취득물건의 등기일 또는 등록일을 취득일로 본다.

3 원시취득

(1) 건축 또는 개수

건축물을 건축 또는 개수하여 취득하는 경우에는 사용승인서를 내주는 날(사용승인서를 내주기 전에 임시사용승인을 받은 경우에는 그 임시사용승인일을 말하고, 사용승인서 또는 임시사용승인서를 받을 수 없는 건축물의 경우에는 사실상 사용이 가능한 날을 말한다)과 사실상의 사용일 중 빠른 날을 취득일로 본다.

(2) 토지의 매립·간척

관계 법령에 따라 매립·간척 등으로 토지를 원시취득하는 경우에는 공사준공인가일을 취득일로 본다. 다만, 공사준공인가일 전에 사용승낙·허가를 받거나 사실상 사용하는 경우에는 사용승낙일·허가일 또는 사실상 사용일 중 빠른 날을 취득일로 본다.

(3) 시효취득

「민법」에 따른 점유로 인한 취득의 경우에는 취득물건의 등기일 또는 등록일을 취득일로 본다.

핵심단단 시효취득 시 취득시기

세목	시기
취득세	등기·등록일
양도소득세	점유개시일

4 의제취득(간주취득)

(1) 지목변경

토지의 지목변경에 따른 취득은 토지의 지목이 사실상 변경된 날과 공부상 변경된 날 중 빠른 날을 취득일로 본다. 다만, 토지의 지목변경일 이전에 사용하는 부분에 대해서는 그 사실상의 사용일을 취득일로 본다.

(2) 차량 등의 종류변경

차량·기계장비 또는 선박의 종류변경에 따른 취득은 사실상 변경한 날과 공부상 변경한 날 중 빠른 날을 취득일로 본다.

(3) 과점주주

법인의 과점주주가 아닌 주주 또는 유한책임사원이 다른 주주 또는 유한책임사원의 주식 또는 지분을 취득하거나 증자 등으로 최초로 과점주주가 된 경우에는 최초로 과점주주가 된 날 현재 해당 과점주주가 소유하고 있는 법인의 주식 등을 모두 취득한 것으로 보아 취득세를 부과한다.

5 조합원에게 귀속되지 아니하는 토지

(1) 사용검사를 받은 날

「주택법」 제11조에 따른 주택조합이 주택건설사업을 하면서 조합원으로부터 취득하는 토지 중 조합원에게 귀속되지 아니하는 토지를 취득하는 경우에는 「주택법」 제49조에 따른 사용검사를 받은 날에 그 토지를 취득한 것으로 본다.

(2) 소유권이전 고시일의 다음 날

「도시 및 주거환경정비법」 제74조에 따른 재건축조합이 재건축사업을 하거나 「빈집 및 소규모주택 정비에 관한 특례법」 제29조에 따른 소규모재건축조합이 소규모재건축사업을 하면서 조합원으로부터 취득하는 토지 중 조합원에게 귀속되지 아니하는 토지를 취득하는 경우에는 소유권이전 고시일의 다음 날에 그 토지를 취득한 것으로 본다.

01 「지방세법」상 부동산의 유상취득으로 보지 않는 것은? 제25회

기본 기출

① 공매를 통하여 배우자의 부동산을 취득한 경우
② 파산선고로 인하여 처분되는 직계비속의 부동산을 취득한 경우
③ 배우자의 부동산을 취득한 경우로서 그 취득대가를 지급한 사실을 증명한 경우
④ 권리의 이전이나 행사에 등기가 필요한 부동산을 직계존속과 서로 교환한 경우
⑤ 증여자의 채무를 인수하는 부담부증여로 취득한 경우로서 그 채무액에 상당하는 부분을 제외한 나머지 부분의 경우

키워드 납세의무자

난이도

해설 부담부증여로 취득한 경우로서 그 채무액에 상당하는 부분을 제외한 나머지 부분의 경우는 언제나 증여 취득한 것으로 본다.

02 「지방세법」상 취득의 시기에 관한 설명으로 틀린 것은? 제30회

기본 기출

① 상속으로 인한 취득의 경우: 상속개시일
② 공매방법에 의한 취득의 경우: 그 사실상의 잔금지급일과 등기일 또는 등록일 중 빠른 날
③ 건축물(주택 아님)을 건축하여 취득하는 경우로서 사용승인서를 내주기 전에 임시사용승인을 받은 경우: 그 임시사용승인일과 사실상의 사용일 중 빠른 날
④ 「민법」 제839조의2에 따른 재산분할로 인한 취득의 경우: 취득물건의 등기일 또는 등록일
⑤ 관계 법령에 따라 매립으로 토지를 원시취득하는 경우: 취득물건의 등기일

키워드 취득시기

난이도

해설 관계 법령에 따라 매립·간척 등으로 토지를 원시취득하는 경우에는 공사준공인가일을 취득일로 본다. 다만, 공사준공인가일 전에 사용승낙·허가를 받거나 사실상 사용하는 경우에는 사용승낙일·허가일 또는 사실상 사용일 중 빠른 날을 취득일로 본다(지방세법 제20조 제8항).

정답 01 ⑤ 02 ⑤

03  **「지방세법」상 취득의 시기 등에 관한 설명으로 틀린 것은?** 제28회 수정

① 연부로 취득하는 것(취득가액의 총액이 50만원 이하인 것은 제외)은 그 사실상의 연부금 지급일을 취득일로 본다. 단, 취득일 전에 등기 또는 등록한 경우에는 그 등기일 또는 등록일에 취득한 것으로 본다.

② 관계 법령에 따라 매립 · 간척 등으로 토지를 원시취득하는 경우로서 공사준공인가일 전에 사실상 사용하는 경우에는 그 사실상 사용일을 취득일로 본다.

③「주택법」 제11조에 따른 주택조합이 주택건설사업을 하면서 조합원으로부터 취득하는 토지 중 조합원에게 귀속되지 아니하는 토지를 취득하는 경우에는「주택법」 제49조에 따른 사용검사를 받은 날에 그 토지를 취득한 것으로 본다.

④「도시 및 주거환경정비법」 제35조 제3항에 따른 재건축조합이 재건축사업을 하면서 조합원으로부터 취득하는 토지 중 조합원에게 귀속되지 아니하는 토지를 취득하는 경우에는「도시 및 주거환경정비법」 제86조 제2항에 따른 소유권이전고시일에 그 토지를 취득한 것으로 본다.

⑤ 토지의 지목변경에 따른 취득은 토지의 지목이 사실상 변경된 날과 공부상 변경된 날 중 빠른 날을 취득일로 본다. 다만, 토지의 지목변경일 이전에 사용하는 부분에 대해서는 그 사실상의 사용일을 취득일로 본다.

키워드 취득시기

난이도

해설 「도시 및 주거환경정비법」 제35조 제3항에 따른 재건축조합이 재건축사업을 하면서 조합원으로부터 취득하는 토지 중 조합원에게 귀속되지 아니하는 토지를 취득하는 경우에는 「도시 및 주거환경정비법」 제86조 제2항에 따른 소유권이전고시일의 다음 날에 그 토지를 취득한 것으로 본다(지방세법 시행령 제20조 제7항).

정답 03 ④

04 지방세기본법령 및 지방세법령상 취득세 납세의무의 성립에 관한 설명으로 <u>틀린</u> 것은? 제34회 수정

① 상속으로 인한 취득의 경우에는 상속개시일이 납세의무의 성립시기이다.

② 부동산의 증여계약으로 인한 취득에 있어서 소유권이전등기를 하지 않고 계약일부터 60일 이내에 공증받은 공정증서로 계약이 해제된 사실이 입증되는 경우에는 취득한 것으로 보지 않는다.

③ 유상승계취득의 경우 사실상의 잔금지급일과 등기일 또는 등록일 중 빠른 날이 납세의무의 성립시기이다.

④ 「민법」에 따른 이혼시 재산분할로 인한 부동산 취득의 경우에는 취득물건의 등기일이 납세의무의 성립시기이다.

⑤ 「도시 및 주거환경정비법」에 따른 재건축조합이 재건축사업을 하면서 조합원으로부터 취득하는 토지 중 조합원에게 귀속되지 아니하는 토지를 취득하는 경우에는 같은 법에 따른 준공인가 고시일의 다음 날이 납세의무의 성립시기이다.

키워드 〉 취득시기

난이도 〉

해설 〉 「도시 및 주거환경정비법」에 따른 재건축조합이 재건축사업을 하거나 「빈집 및 소규모주택 정비에 관한 특례법」에 따른 소규모재건축조합이 소규모재건축사업을 하면서 조합원으로부터 취득하는 토지 중 조합원에게 귀속되지 아니하는 토지를 취득하는 경우에는 「도시 및 주거환경정비법」 또는 「빈집 및 소규모주택 정비에 관한 특례법」에 따른 소유권이전 고시일의 다음 날에 그 토지를 취득한 것으로 본다(지방세법 시행령 제20조 제7항).

보충 〉 취득세 납세의무의 성립시기는 과세물건을 취득하는 때이다(지방세기본법 제34조 제1항 제1호).

정답 04 ⑤

05 기본 기출

「지방세법」상 과점주주의 간주취득세가 과세되는 경우가 아닌 것은 모두 몇 개인가? (단, 주식발행 법인은 자본시장과 금융투자업에 관한 법률 시행령 제176조의9 제1항에 따른 유가증권시장에 상장한 법인이 아니며, 지방세특례제한법은 고려하지 않음) 제29회

> ㉠ 법인설립 시에 발행하는 주식을 취득함으로써 과점주주가 된 경우
> ㉡ 과점주주가 아닌 주주가 다른 주주로부터 주식을 취득함으로써 최초로 과점주주가 된 경우
> ㉢ 이미 과점주주가 된 주주가 해당 법인의 주식을 취득하여 해당 법인의 주식의 총액에 대한 과점주주가 가진 주식의 비율이 증가된 경우
> ㉣ 과점주주 집단 내부에서 주식이 이전되었으나 과점주주 집단이 소유한 총주식의 비율에 변동이 없는 경우

① 0개 ② 1개
③ 2개 ④ 3개
⑤ 4개

키워드 〉 과점주주의 간주취득

난이도 〉

해설 〉 ㉠ 법인설립 시 주식을 취득함으로써 과점주주가 된 경우는 과세되지 아니한다.
㉣ 과점주주 상호간의 주식이동 시 과점주주 전체 지분비율이 증가되지 않는다면 취득세 납세의무가 발생하지 않는다.
㉡ 최초로 과점주주가 된 경우 해당 과점주주가 소유하고 있는 법인의 주식 등을 모두 취득한 것으로 보아 취득세를 부과한다(지방세법 시행령 제11조 제1항).
㉢ 이미 과점주주가 된 주주 또는 유한책임사원이 해당 법인의 주식 등을 취득하여 해당 법인의 주식 등의 총액에 대한 과점주주가 가진 주식 등의 비율이 증가된 경우에는 그 증가분을 취득으로 보아 취득세를 부과한다(지방세법 시행령 제11조 제2항).

정답 05 ③

06 「지방세법」상 취득세의 납세의무자 등에 관한 설명으로 옳은 것은? 제26회

① 취득세는 부동산, 부동산에 준하는 자산, 어업권을 제외한 각종 권리 등을 취득한 자에게 부과한다.

② 건축물 중 조작설비로서 그 주체구조부와 하나가 되어 건축물로서의 효용가치를 이루고 있는 것에 대하여는 주체구조부 취득자 외의 자가 가설한 경우에도 주체구조부의 취득자가 함께 취득한 것으로 본다.

③ 법인설립 시 발행하는 주식을 취득함으로써 「지방세기본법」에 따른 과점주주가 되었을 때에는 그 과점주주가 해당 법인의 부동산 등을 취득한 것으로 본다.

④ 토지의 지목을 사실상 변경함으로써 그 가액이 증가한 경우에 취득으로 보지 아니한다.

⑤ 증여자의 채무를 인수하는 부담부증여의 경우에 그 채무액에 상당하는 부분은 부동산 등을 유상취득한 것으로 보지 아니한다.

키워드 납세의무자

난이도

해설 ① 어업권을 포함한다.
③ 법인설립 시 발행하는 주식을 취득함으로써 「지방세기본법」에 따른 과점주주가 되었을 때에는 납세의무가 없다.
④ 토지의 지목을 사실상 변경함으로써 그 가액이 증가한 경우에 증가한 가액에 대해 취득한 것을 본다.
⑤ 증여자의 채무를 인수하는 부담부증여의 경우에 그 채무액에 상당하는 부분은 부동산 등을 유상취득한 것으로 본다.

정답 06 ②

07 국세 및 지방세의 연대납세의무에 관한 설명으로 옳은 것은? 제34회

① 공동주택의 공유물에 관계되는 지방자치단체의 징수금은 공유자가 연대하여 납부할 의무를 진다.

② 공동으로 소유한 자산에 대한 양도소득금액을 계산하는 경우에는 해당 자산을 공동으로 소유하는 공유자가 그 양도소득세를 연대하여 납부할 의무를 진다.

③ 공동사업에 관한 소득금액을 계산하는 경우(주된 공동사업자에게 합산과세되는 경우 제외)에는 해당 공동사업자가 그 종합소득세를 연대하여 납부할 의무를 진다.

④ 상속으로 인하여 단독주택을 상속인이 공동으로 취득하는 경우에는 상속인 각자가 상속받는 취득물건을 취득한 것으로 보고, 공동상속인이 그 취득세를 연대하여 납부할 의무를 진다.

⑤ 어느 연대납세의무자에 대하여 소멸시효가 완성된 때에도 다른 연대납세의무자의 납세의무에는 영향을 미치지 아니한다.

키워드 연대납세의무

난이도 

해설 ① 공유물(공동주택의 공유물은 제외한다), 공동사업 또는 그 공동사업에 속하는 재산에 관계되는 지방자치단체의 징수금은 공유자 또는 공동사업자가 연대하여 납부할 의무를 진다(지방세기본법 제44조 제1항).

② 공동으로 소유한 자산에 대한 양도소득금액을 계산하는 경우에는 해당 자산을 공동으로 소유하는 각 거주자가 납세의무를 진다(소득세법 제2조의2 제5항).

③ 공동사업에 관한 소득금액을 계산하는 경우에는 해당 공동사업자별로 납세의무를 진다. 다만, 주된 공동사업자에게 합산과세되는 경우 그 합산과세되는 소득금액에 대해서는 주된 공동사업자의 특수관계인은 손익분배비율에 해당하는 그의 소득금액을 한도로 주된 공동사업자와 연대하여 납세의무를 진다(소득세법 제2조의2 제1항).

⑤ 어느 연대채무자에 대하여 소멸시효가 완성한 때에는 그 부담부분에 한하여 다른 연대채무자도 의무를 면한다(지방세기본법 제44조 제5항, 민법 제421조).

정답 07 ④

08 「지방세법」상 취득세 납세의무에 관한 설명으로 옳은 것은? 제32회

① 토지의 지목을 사실상 변경함으로써 그 가액이 증가한 경우에는 취득으로 보지 아니한다.

② 상속회복청구의 소에 의한 법원의 확정판결에 의하여 특정 상속인이 당초 상속분을 초과하여 취득하게 되는 재산가액은 상속분이 감소한 상속인으로부터 증여받아 취득한 것으로 본다.

③ 권리의 이전이나 행사에 등기 또는 등록이 필요한 부동산을 직계존속과 서로 교환한 경우에는 무상으로 취득한 것으로 본다.

④ 증여로 인한 승계취득의 경우 해당 취득물건을 등기 · 등록하더라도 취득일부터 60일 이내에 공증받은 공정증서에 의하여 계약이 해제된 사실이 입증되는 경우에는 취득한 것으로 보지 아니한다.

⑤ 증여자가 배우자 또는 직계존비속이 아닌 경우 증여자의 채무를 인수하는 부담부증여의 경우에는 그 채무액에 상당하는 부분은 부동산 등을 유상으로 취득하는 것으로 본다.

키워드 〉 납세의무자

난이도 〉

해설 〉 ① 간주취득에 해당하여 취득세를 과세한다.

② 상속회복청구의 소에 의한 법원의 확정판결에 의하여 특정 상속인이 당초 상속분을 초과하여 취득하게 되는 재산가액은 상속분이 감소한 상속인으로부터 증여받아 취득한 것으로 보지 아니한다.

③ 권리의 이전이나 행사에 등기 또는 등록이 필요한 부동산을 직계존속과 서로 교환한 경우에는 유상으로 취득한 것으로 본다.

④ 증여로 인한 승계취득의 경우 해당 취득물건을 등기·등록하지 아니하고 취득일부터 60일 이내에 공증받은 공정증서에 의하여 계약이 해제된 사실이 입증되는 경우에는 취득한 것으로 보지 아니한다.

정답 08 ⑤

THEME □1회독 □2회독

04 취득세 과세표준과 세율

| THEME 키워드 |

과세표준과 세율, 과세표준 계산, 표준세율, 특례세율의 구분

기본으로 알아야 하는 대표기출

> 기출분석

- **기출회차:** 제26회 수정
- **키워드:** 과세표준과 세율
- **난이도:**

「지방세법」상 취득세의 과세표준 및 세율에 관한 설명으로 틀린 것은?

① 취득세의 과세표준은 취득당시의 가액으로 한다. 다만, 연부로 취득하는 경우의 과세표준은 매회 사실상 지급되는 금액을 말하며, 취득금액에 포함되는 계약보증금을 포함한다.

② 건축(신축 · 재축 제외)으로 인하여 건축물 면적이 증가할 때에는 그 증가된 부분에 대하여 원시취득으로 보아 해당 세율을 적용한다.

③ 환매등기를 병행하는 부동산의 매매로서 환매기간 내에 매도자가 환매한 경우의 그 매도자와 매수자의 취득에 대한 취득세는 표준세율에 중과기준세율(100분의 200)을 합한 세율로 산출한 금액으로 한다.

④ 토지를 취득한 자가 그 취득한 날부터 1년 이내에 그에 인접한 토지를 취득한 경우에는 각각 그 전후의 취득에 관한 토지의 취득을 1건의 토지취득으로 보아 면세점을 적용한다.

⑤ 지방자치단체장은 조례로 정하는 바에 따라 취득세 표준세율의 100분의 50 범위에서 가감할 수 있다.

해설

환매등기를 병행하는 부동산의 매매로서 환매기간 내에 매도자가 환매한 경우의 그 매도자와 매수자의 취득에 대한 취득세는 표준세율에서 중과기준세율(1천분의 20)을 뺀 세율로 산출한 금액을 세액으로 한다.

정답 ③

> 함정을 피하는 TIP

- 특례세율을 숙지해야 한다.

단단하게 정리하는 **핵심이론**

01 과세표준

취득세의 과세표준은 취득당시의 가액으로 한다. 다만, 연부로 취득하는 경우 취득세의 과세표준은 연부금액(매회 사실상 지급되는 금액을 말하며, 취득금액에 포함되는 계약보증금을 포함한다)으로 한다.

1 유상승계취득의 경우 과세표준

① 부동산 등을 유상거래로 승계취득하는 경우 취득당시가액은 취득시기 이전에 해당 물건을 취득하기 위하여 거래 상대방이나 제3자에게 지급하였거나 지급하여야 할 일체의 비용으로서 사실상의 취득가격으로 한다.

② 지방자치단체의 장은 특수관계인 간의 거래로 그 취득에 대한 조세부담을 부당하게 감소시키는 행위 또는 계산을 한 것으로 인정되는 경우(부당행위계산)에는 위 ①에도 불구하고 시가인정액(매매사례가액, 감정가액, 공매가액 등)을 취득당시가액으로 결정할 수 있다.

③ 부당행위계산은 특수관계인으로부터 시가인정액보다 낮은 가격으로 부동산을 취득한 경우로서 시가인정액과 사실상 취득가격의 차액이 3억원 이상이거나 시가인정액의 100분의 5에 상당하는 금액 이상인 경우로 한다.

2 무상취득의 경우 과세표준

(1) 부동산 등을 무상취득하는 경우 취득당시의 가액은 취득시기 현재 불특정 다수인 사이에 자유롭게 거래가 이루어지는 경우 통상적으로 성립된다고 인정되는 가액(시가인정액)으로 한다.

(2) 다음의 경우는 해당 가액을 취득당시가액으로 한다.

① **상속에 따른 무상취득의 경우**: 시가표준액 ┌ 토지는 개별공시지가, 주택은 개별주택가격 또는 공동주택 가격을 말한다.
② 취득당시 취득물건에 대한 시가표준액이 1억원 이하인 부동산 등을 무상취득(상속 제외)하는 경우: 시가인정액과 시가표준액 중 납세자가 정하는 가액
③ **위 ①, ②에 해당하지 아니하는 경우**: 시가인정액으로 하되, 시가인정액을 산정하기 어려운 경우에는 시가표준액

(3) 증여자의 채무를 인수하는 부담부증여의 경우 유상으로 취득한 것으로 보는 채무액에 상당하는 부분(채무부담액)에 대해서는 유상승계취득에서의 과세표준을 적용하고, 취득물건의 시가인정액에서 채무부담액을 뺀 잔액에 대해서는 무상취득에서의 과세표준을 적용한다.

3 원시취득의 경우 과세표준

① 부동산 등을 원시취득하는 경우 취득당시가액은 사실상 취득가격으로 한다.

② 법인이 아닌 자가 건축물을 건축하여 취득하는 경우로서 사실상 취득가격을 확인할 수 없는 경우의 취득당시가액은 시가표준액으로 한다.

4 취득으로 보는 경우의 과세표준

(1) 다음의 경우 취득당시가액은 그 변경으로 증가한 가액에 해당하는 사실상 취득가격으로 한다.

> ① 토지의 지목을 사실상 변경한 경우
> ② 선박, 차량 또는 기계장비의 용도 등을 변경한 경우

(2) 법인이 아닌 자가 위 (1)의 어느 하나에 해당하는 경우로서 사실상 취득가격을 확인할 수 없는 경우 취득당시가액은 다음의 방법에 따라 계산한 가액으로 한다.

> ① **토지의 지목을 사실상 변경한 경우**: 토지의 지목이 사실상 변경된 때를 기준으로 ㉠의 가액에서 ㉡의 가액을 뺀 가액
> ㉠ 지목변경 이후의 토지에 대한 시가표준액
> ㉡ 지목변경 전의 토지에 대한 시가표준액
> ② **선박, 차량 또는 기계장비의 용도 등을 변경한 경우**: 시가표준액

(3) 건축물을 개수하는 경우 취득당시가액은 위 '3 원시취득의 경우 과세표준'에 따른다.

(4) 과점주주가 취득한 것으로 보는 해당 법인의 부동산 등의 취득당시가액은 해당 법인의 결산서와 그 밖의 장부 등에 따른 그 부동산 등의 총가액을 그 법인의 주식 또는 출자의 총수로 나눈 가액에 과점주주가 취득한 주식 또는 출자의 수를 곱한 금액으로 한다. 이 경우 과점주주는 조례로 정하는 바에 따라 취득당시가액과 그 밖에 필요한 사항을 신고하여야 한다.

PART 02

참고

사실상 취득가격의 범위(지방세법 시행령 제18조)

1. 사실상 취득가격이란 해당 물건을 취득하기 위하여 거래 상대방 또는 제3자에게 지급했거나 지급해야 할 직접비용과 다음의 어느 하나에 해당하는 간접비용의 합계액을 말한다. 다만, 취득대금을 일시급 등으로 지급하여 일정액을 할인받은 경우에는 그 할인된 금액으로 한다.
   ① 건설자금에 충당한 차입금의 이자 또는 이와 유사한 금융비용(법인이 아닌 자가 취득한 경우 제외한다)
   ② 할부 또는 연부(年賦) 계약에 따른 이자 상당액 및 연체료(법인이 아닌 자가 취득한 경우 제외한다)
   ③ 「농지법」에 따른 농지보전부담금, 「문화예술진흥법」에 따른 미술작품의 설치 또는 문화예술진흥기금에 출연하는 금액, 「산지관리법」에 따른 대체산림자원조성비 등 관계 법령에 따라 의무적으로 부담하는 비용
   ④ 취득에 필요한 용역을 제공받은 대가로 지급하는 용역비 · 수수료(건축 및 토지조성공사로 수탁자가 취득하는 경우 위탁자가 수탁자에게 지급하는 신탁수수료를 포함한다)
   ⑤ 취득대금 외에 당사자의 약정에 따른 취득자 조건 부담액과 채무인수액
   ⑥ 부동산을 취득하는 경우 「주택도시기금법」에 따라 매입한 국민주택채권을 해당 부동산의 취득 이전에 양도함으로써 발생하는 매각차손. 이 경우 행정안전부령으로 정하는 금융회사 등 외의 자에게 양도한 경우에는 동일한 날에 금융회사 등에 양도하였을 경우 발생하는 매각차손을 한도로 한다.
   ⑦ 「공인중개사법」에 따른 공인중개사에게 지급한 중개보수(법인이 아닌 자가 취득한 경우 제외한다)
   ⑧ 붙박이 가구 · 가전제품 등 건축물에 부착되거나 일체를 이루면서 건축물의 효용을 유지 또는 증대시키기 위한 설비 · 시설 등의 설치비용
   ⑨ 정원 또는 부속시설물 등을 조성 · 설치하는 비용
   ⑩ 위 ①부터 ⑨까지의 비용에 준하는 비용
2. 다음의 어느 하나에 해당하는 비용은 사실상 취득가격에 포함하지 않는다.
   ① 취득하는 물건의 판매를 위한 광고선전비 등의 판매비용과 그와 관련한 부대비용
   ② 「전기사업법」, 「도시가스사업법」, 「집단에너지사업법」, 그 밖의 법률에 따라 전기 · 가스 · 열 등을 이용하는 자가 분담하는 비용
   ③ 이주비, 지장물 보상금 등 취득물건과는 별개의 권리에 관한 보상 성격으로 지급되는 비용
   ④ 부가가치세
   ⑤ 위 ①부터 ④까지의 비용에 준하는 비용

5 토지 · 건물의 일괄취득

부동산 등을 한꺼번에 취득하여 각 과세물건의 취득당시의 가액이 구분되지 않는 경우에는 한꺼번에 취득한 가격을 각 과세물건별 시가표준액 비율로 나눈 금액을 각각의 취득당시의 가액으로 한다.

02 세율

1 표준세율

취득세는 표준세율로 되어 있으므로 지방자치단체의 장은 조례로 정하는 바에 따라 취득세의 세율을 표준세율의 100분의 50 범위에서 가감할 수 있다.

(1) 부동산 취득 세율

① 부동산에 대한 취득세는 과세표준에 다음에 해당하는 표준세율을 적용하여 계산한 금액을 그 세액으로 한다.

취득원인		표준세율	비고
㉠ 상속으로 인한 취득	농지	1천분의 23(2.3%)	
	농지 외의 것	1천분의 28(2.8%)	
㉡ 상속 외의 무상취득		1천분의 35(3.5%) [단, 비영리사업자의 취득은 1천분의 28(2.8%)]	종교단체, 학교, 사회복지법인, 정당 등
㉢ 원시취득(수용재결로 취득한 경우 등 과세대상이 이미 존재하는 상태에서 취득은 제외)		1천분의 28(2.8%)	증축, 개수로 인해 건축물의 면적이 증가할 때 그 증가된 부분은 원시취득으로 본다.
㉣ 공유물의 분할(부동산의 공유권해소를 위한 지분이전으로 인한 취득 포함)		1천분의 23(2.3%)	등기부등본상 본인지분을 초과 하는 부분의 경우는 승계취득으로 본다.
㉤ 합유물 및 총유물의 분할로 인한 취득		1천분의 23(2.3%)	
㉥ 그 밖의 원인으로 인한 취득	농지	1천분의 30(3.0%)	법인의 합병 또는 분할에 따라 부동산을 취득하는 경우를 포함한다.
	농지 외의 것	1천분의 40(4.0%)	
㉦ 유상거래를 원인으로 주택을 취득한 경우		1천분의 10～1천분의 30	오피스텔은 1천분의 40

② 주택 유상거래 취득세율 적용배제: 주택을 신축 또는 증축한 이후 해당 주거용 건축물의 소유자(배우자 및 직계존비속을 포함한다)가 해당 주택의 부속토지를 취득하는 경우에는 1천분의 10～1천분의 30을 적용하지 아니한다.

〈주택의 유상거래 취득세 표준세율〉

해당 주택의 취득당시가액	표준세율	비고
6억원 이하	1천분의 10(1%)	
6억원 초과 9억원 이하	$\left(\text{해당 주택의 취득당시가액} \times \frac{2}{3억원} - 3\right) \times \frac{1}{100}$	이 경우 소수점 이하 다섯째 자리에서 반올림하여 소수점 넷째자리까지 계산한다.
9억원 초과	1천분의 30(3%)	

예 취득당시가액이 7억 6천만원인 경우: $(7.6억원 \times \frac{2}{3억원} - 3) \times \frac{1}{100} = 0.0207$이므로 2.07%이다.

(2) 주택 취득에 대한 중과세율

① 유상거래 취득에 대한 중과: 주택(공유지분이나 부속토지만을 소유하거나 취득하는 경우에도 주택을 소유하거나 취득한 것으로 본다)을 유상거래를 원인으로 취득하는 경우로서 다음 어느 하나에 해당하는 경우에는 취득당시가액에 따라 1천분의 10~1천분의 30의 세율을 적용하는 규정에도 불구하고 다음에 따른 세율을 적용한다.

> ㉠ **법인**(국세기본법에 따른 법인으로 보는 단체, 부동산등기법에 따른 법인 아닌 사단·재단 등 개인이 아닌 자를 포함한다)**이 주택을 취득하는 경우**: 1천분의 40을 표준세율로 하여 해당 세율에 중과기준세율의 100분의 400을 합한 세율
>
> ㉡ 1세대 2주택(대통령령으로 정하는 일시적 2주택은 제외한다)에 해당하는 주택으로서 「주택법」에 따른 조정대상지역에 있는 주택을 취득하는 경우 또는 1세대 3주택에 해당하는 주택으로서 조정 대상지역 외의 지역에 있는 주택을 취득하는 경우: 1천분의 40을 표준세율로 하여 해당 세율에 중과기준세율의 100분의 200을 합한 세율
>
> ㉢ **1세대 3주택 이상에 해당하는 주택으로서 조정대상지역에 있는 주택을 취득하는 경우 또는 1세대 4주택 이상에 해당하는 주택으로서 조정대상지역 외의 지역에 있는 주택을 취득하는 경우**: 1천분의 40을 표준세율로 하여 해당 세율에 중과기준세율의 100분의 400을 합한 세율

② 주택의 수 판단

㉠ 주택 유상거래 취득에 대한 중과세율을 적용할 때 다음의 어느 하나에 해당하는 경우에는 세대별 소유 주택 수에 가산한다.

> • 「신탁법」에 따라 신탁된 주택은 위탁자의 주택 수에 가산한다.
> • 조합원입주권
> • 주택분양권
> • 재산세를 주택으로 과세하는 오피스텔

㉡ 주택 수의 산정기준

- 1세대의 주택 수는 주택 취득일 현재 취득하는 주택을 포함하여 1세대가 국내에 소유하는 주택뿐 아니라 조합원입주권, 주택분양권, 재산세를 주택으로 과세하는 오피스텔의 수를 말한다.
- 주택, 조합원입주권, 주택분양권 또는 오피스텔을 동시에 2개 이상 취득하는 경우에는 납세의무자가 정하는 바에 따라 순차적으로 취득하는 것으로 본다.
- 1세대 내에서 1개의 주택, 조합원입주권, 주택분양권 또는 오피스텔을 세대원이 공동으로 소유하는 경우에는 1개의 주택, 조합원입주권, 주택분양권 또는 오피스텔을 소유한 것으로 본다.
- 상속으로 여러 사람이 공동으로 소유하는 경우 지분이 가장 큰 상속인을 소유자로 보고, 지분이 가장 큰 상속인이 두 명 이상인 경우에는 그 주택 또는 오피스텔에 거주하는 사람, 나이가 가장 많은 사람 순서로 소유자를 판단한다.

ⓒ 주택 수에서 제외하는 주택

- 시가표준액(지분이나 부속토지만을 취득한 경우에는 전체 주택의 시가표준액)이 1억원 이하인 주택(다만, 도시 및 주거환경정비법에 따른 정비구역 또는 빈집 및 소규모주택 정비에 관한 특례법에 따른 사업시행구역에 소재하는 주택은 제외한다)
- 노인복지주택, 공공지원민간임대주택, 가정어린이집으로 운영하기 위하여 취득하는 주택, 사원에 대한 임대용으로 직접 사용할 목적으로 취득하는 주택으로서 주택 수 산정일 현재 해당 용도에 직접 사용하고 있는 주택
- 「문화재보호법」 제2조 제3항에 따른 지정문화재 또는 등록문화재에 해당하는 주택
- 공익사업을 위하여 취득하는 주택 및 주택건설사업을 위하여 취득하는 주택으로서 멸실시킬 목적으로 취득하는 주택, 주택의 공사대금으로 취득한 미분양주택에 해당하는 주택(그 주택의 취득일부터 3년 이내의 기간으로 한정한다)
- 주택 유상거래 취득 중과세의 예외에 해당하는 농어촌주택으로서 주택 수 산정일 현재 건축물의 가액 요건(건축물의 가액이 6,500만원 이내)을 충족하는 주택
- 주거용 건물 건설업을 영위하는 자가 신축하여 보유하는 주택. 다만, 자기 또는 임대계약 등 권원을 불문하고 타인이 거주한 기간이 1년 이상인 주택은 제외한다.
- 상속을 원인으로 취득한 주택, 조합원입주권, 주택분양권 또는 오피스텔로서 상속개시일부터 5년이 지나지 않은 주택, 조합원입주권, 주택분양권 또는 오피스텔
- 주택 수 산정일 현재 시가표준액(지분이나 부속토지만을 취득한 경우에는 전체 건축물과 그 부속토지의 시가표준액)이 1억원 이하인 오피스텔

참 고

주택 유상거래 취득 중과세의 예외(지방세법 시행령 제28조의2)

주택의 유상거래를 원인으로 취득하는 경우 취득세 중과세 규정을 적용할 때 다음 어느 하나에 해당하는 주택은 중과세대상으로 보지 않는다.

1. 시가표준액(지분이나 부속토지만을 취득한 경우에는 전체 주택의 시가표준액)이 1억원 이하인 주택. 다만, 「도시 및 주거환경정비법」 제2조 제1호에 따른 정비구역 또는 「빈집 및 소규모주택 정비에 관한 특례법」 제2조 제1항 제4호에 따른 사업시행구역에 소재하는 주택은 제외한다.
2. 「공공주택 특별법」 제4조 제1항에 따라 지정된 공공주택사업자가 공급하는 공공매입임대주택 등
3. 「노인복지법」에 따른 노인복지주택으로 운영하기 위하여 취득하는 주택. 다만, 정당한 사유 없이 그 취득일부터 1년이 경과할 때까지 해당 용도에 직접 사용하지 않거나 해당 용도로 직접 사용한 기간이 3년 미만인 상태에서 매각·증여하거나 다른 용도로 사용하는 경우는 제외한다.
4. 「문화재보호법」에 따른 지정문화재 또는 등록문화재에 해당하는 주택
5. 「민간임대주택에 관한 특별법」에 따른 임대사업자가 공공지원민간임대주택으로 공급하기 위하여 취득하는 주택. 다만, 정당한 사유 없이 그 취득일부터 2년이 경과할 때까지 공공지원민간임대주택으로 공급하지 않거나 공공지원민간임대주택으로 공급한 기간이 3년 미만인 상태에서 매각·증여하거나 다른 용도로 사용하는 경우는 제외한다.
6. 가정어린이집으로 운영하기 위하여 취득하는 주택

7. 「주택도시기금법」 제3조에 따른 주택도시기금과 「한국토지주택공사법」에 따라 설립된 한국토지주택공사가 공동으로 출자하여 설립한 부동산투자회사 또는 「한국자산관리공사 설립 등에 관한 법률」에 따라 설립된 한국자산관리공사가 출자하여 설립한 부동산투자회사가 취득하는 주택
8. 공익사업이나 주택건설사업을 위해 멸실시킬 목적으로 취득하는 주택
9. 주택의 시공자가 공사대금으로 취득한 미분양 주택
10. 은행 등이 저당권의 실행 또는 채권변제로 취득하는 주택. 다만, 취득일부터 3년이 경과할 때까지 해당 주택을 처분하지 않은 경우는 제외한다.
11. 농어촌주택
12. 사원에 대한 임대용으로 직접 사용할 목적으로 취득하는 주택으로서 1구의 건축물의 연면적(전용면적)이 60m² 이하인 공동주택

핵심단단 주택 유상취득 시 취득세율

구분		조정대상지역	비조정대상지역
법인이 주택을 취득하는 경우		1천분의 120(12%)	
개인이 주택을 취득하는 경우	1주택 (무주택자가 첫 번째 주택을 취득)	1천분의 10～1천분의 30(1～3%)	
	2주택 (1주택자가 두 번째 주택을 취득)	1천분의 80 (일시적 2주택은 1천분의 10～1천분의 30)	1천분의 10～1천분의 30 (1～3%)
	3주택 (2주택자가 세 번째 주택을 취득)	1천분의 120(12%)	1천분의 80(8%)
	4주택 이상 (3주택자가 네 번째 주택을 취득 등)	1천분의 120(12%)	

③ 상속 외의 무상취득에 대한 중과

㉠ 조정대상지역에 있는 주택으로서 취득당시 시가표준액 3억원 이상의 주택을 상속 외의 무상취득을 원인으로 취득하는 경우에는 1천분의 35(비영리사업자의 취득은 1천분의 28)을 적용하는 규정에도 불구하고 1천분의 40을 표준세율로 하여 해당 세율에 중과기준세율의 100분의 400을 합한 세율을 적용한다.

㉡ 다만, 1세대 1주택자가 소유한 주택을 배우자 또는 직계존비속이 무상취득하는 등 다음 중 어느 하나에 해당하는 경우에는 중과하지 아니한다.

- 1세대 1주택을 소유한 사람으로부터 해당 주택을 배우자 또는 직계존비속이 상속 외의 무상 취득을 원인으로 취득하는 경우
- 다음의 사유로 취득세율의 특례 적용대상에 해당하는 경우
  - 적격합병의 요건을 갖춘 법인의 합병으로 인한 취득
  - 이혼 시 재산분할로 인한 취득

ⓒ「법인세법」에 따른 적격분할로 인하여 분할신설법인이 분할법인으로부터 취득하는 미분양 주택. 다만, 분할등기일부터 3년 이내에 과세이연 중단사유가 발생하는 경우에는 제외한다.

2 취득세율의 특례

부동산 소유권에 관해서는 2011년부터 종전의 취득세와 종전의 등록세를 통합하여 과세하고 있다. 이에 종전에 취득세만 과세하던 취득과 종전에 등록세만 과세하던 취득에 대해서는 다음과 같이 특례세율을 적용하고 있다.

(1) 등기, 등록세가 과세되지 않는 취득(종전 취득세만 과세)

다음 중 어느 하나에 해당하는 취득에 대한 취득세는 중과기준세율을 적용하여 계산한 금액을 그 세액으로 한다.

취득세율 = 중과기준세율(1천분의 20, 즉 2%)

다만, 취득물건이 과밀억제권에서 공장 신·증설에 대한 중과세대상에 해당하는 경우에는 중과기준세율(1천분의 20)의 100분의 300을, 사치성재산에 해당하는 경우에는 중과기준세율(1천분의 20)의 100분의 500을 각각 적용한다.

① 개수로 인한 취득(개수로 건축물의 면적이 증가하여 원시취득으로 보는 경우는 제외한다)

② 선박·차량과 기계장비 및 토지의 가액 증가

③ 과점주주의 간주취득

④ 외국인 소유의 취득세 과세대상 물건(차량, 기계장비, 항공기 및 선박만 해당한다)을 임차하여 수입하는 경우의 취득(연부로 취득하는 경우로 한정한다)

⑤ 시설대여업자의 건설기계 또는 차량 취득

⑥ 취득대금을 지급한 자의 기계장비 또는 차량 취득. 다만, 기계장비 또는 차량을 취득하면서 기계장비대여업체 또는 운수업체의 명의로 등록하는 경우로 한정한다.

⑦ 택지공사가 준공된 토지에 정원 또는 부속시설물 등으로 조성, 설치하는 경우 토지의 소유자의 취득

⑧ 그 밖에 레저시설의 취득 등 대통령령으로 정하는 취득

> ㉠ 레저시설, 저장시설, 도크시설, 접안시설, 도관시설, 급수, 배수시설 및 에너지 공급시설의 취득
> ㉡ 무덤과 이에 접속된 부속시설물의 부지로 사용되는 토지로서 지적공부상 지목이 묘지인 토지의 취득
> ㉢ 임시흥행장등 존속기간이 1년을 초과하는 임시건축물의 취득
> ㉣「여신전문금융업법」에 따라 건설기계나 차량을 등록한 대여시설이용자가 그 시설대여업자로부터 취득하는 건설기계 또는 차량의 취득
> ㉤ 건축물을 건축하여 취득하는 경우로서 그 건축물에 대하여 소유권의 보존 등기 또는 소유권의 이전등기에 대한 등록면허세 납세의무가 성립한 후 취득시기가 도래하는 건축물의 취득

(2) 형식적인 소유권 취득(종전 등록세만 과세)

다음 중 어느 하나에 해당하는 취득에 대한 취득세는 표준세율에서 중과기준세율(1천분의 20)을 뺀 세율로 산출한 금액을 세액으로 한다.

> 취득세율 = 표준세율 - 중과기준세율(1천분의 20, 즉 2%)

다만, 주택의 유상거래를 원인으로 한 취득에 대한 취득세는 해당 세율(1천분의 10~1천분의 30)에 100분의 50을 곱한 세율을 적용하여 산출한 금액을 그 세액으로 한다.

① 환매등기를 병행하는 부동산의 매매로서 환매기간 내에 매도자가 환매한 경우의 그 매도자와 매수자의 취득

② 상속으로 인한 취득 중 다음 어느 하나에 해당하는 취득

> ㉠ 대통령령으로 정하는 1가구 1주택(고급주택은 제외한다)의 취득
> ㉡ 「지방세특례제한법」에 따라 취득세의 감면대상이 되는 농지의 취득

③ 「법인세법」 규정에 따른 적격합병의 요건을 갖춘 법인의 합병으로 인한 취득

④ 공유물·합유물의 분할 또는 부동산의 공유권 해소를 위한 지분이전으로 인한 취득(등기부등본상 본인 지분을 초과하는 부분의 경우에는 제외한다)

⑤ 건축물의 이전으로 인한 취득. 다만, 이전한 건축물의 가액이 종전 건축물의 가액을 초과하는 경우에 그 초과하는 가액에 대하여는 그러하지 아니한다.

⑥ 「민법」에 따른 이혼 시 재산분할로 인한 취득

⑦ 벌채하여 원목을 생산하기 위한 입목의 취득

3 일반자산 취득에 대한 중과세율

일정한 자산의 취득에 대해서는 취득세를 중과하는데, 같은 취득물건에 대하여 둘 이상의 세율이 해당되는 경우에는 그중 높은 세율을 적용한다.

구분	중과세율
① 과밀억제권역에서 공장 신·증설에 대한 중과	표준세율 + 중과기준세율(1천분의 20)의 2배
② 대도시에서 법인 설립 등과 공장 신·증설에 따른 부동산 취득에 대한 중과	표준세율의 3배 - 중과기준세율(1천분의 20)의 2배
③ 사치성재산의 취득에 대한 중과	표준세율 + 중과기준세율(1천분의 20)의 4배
④ 위 ①과 ②가 동시에 적용되는 경우	표준세율의 3배
⑤ 위 ②와 ③이 동시에 적용되는 경우	표준세율의 3배 + 중과기준세율(1천분의 20)의 2배

(1) 과밀억제권역에서 공장 신·증설에 대한 중과

다음에 해당하는 경우 취득세는 표준세율 + 중과기준세율(1천분의 20)의 2배의 세율을 적용한다.

① 과밀억제권역에서 본점이나 주사무소의 사업용으로 신축하거나 증축하는 건축물(신탁법에 따른 수탁자가 취득한 신탁재산 중 위탁자가 신탁기간 중 또는 신탁종료 후 위탁자의 본점이나 주사무소의 사업용으로 사용하기 위하여 신축하거나 증축하는 건축물을 포함한다)과 그 부속토지를 취득하는 경우

② 과밀억제권역(산업단지·유치지역 및 공업지역 제외)에서 공장(법령에서 정하는 도시형공장 제외)을 신설하거나 증설하기 위하여 다음의 사업용 과세물건을 취득하는 경우

> ㉠ 신설하거나 증설하는 공장용 건축물과 그 부속토지
> ㉡ 공장을 신설하거나 증설(건축물 연면적의 100분의 20 이상을 증설하거나 건축물 연면적 330m²를 초과하여 증설하는 경우만 해당한다)한 날부터 5년 이내에 취득하는 공장용 차량 및 기계 장비

참 고

수도권의 인구와 산업을 적정하게 배치하기 위하여 구분한 권역의 하나로, 인구와 산업이 지나치게 집중되었거나 집중될 우려가 있어 이전하거나 정비할 필요가 있는 지역을 말한다(서울특별시와 인천광역시와 경기도의 일부지역).

다음의 어느 하나에 해당하는 경우에는 중과세대상에서 제외한다.

1. 기존 공장의 기계설비 및 동력장치를 포함한 모든 생산설비를 포괄적으로 승계취득하는 경우
2. 해당 과밀억제권역에 있는 기존 공장을 폐쇄하고 해당 과밀억제권역의 다른 장소로 이전한 후 해당 사업을 계속하는 경우. 다만, 타인 소유의 공장을 임차하여 경영하던 자가 그 공장을 신설한 날부터 2년 이내에 이전하는 경우 및 서울특별시 외의 지역에서 서울특별시로 이전하는 경우에는 그러하지 아니하다.
3. 기존 공장(승계취득한 공장을 포함한다)의 업종을 변경하는 경우
4. 기존 공장을 철거한 후 1년 이내에 같은 규모로 재축(건축공사에 착공한 경우를 포함한다)하는 경우
5. 행정구역변경 등으로 새로 과밀억제권역으로 편입되는 지역은 편입되기 전에 「산업집적활성화 및 공장설립에 관한 법률」 제13조에 따른 공장설립 승인 또는 건축허가를 받은 경우
6. 부동산을 취득한 날부터 5년 이상 경과한 후 공장을 신설하거나 증설하는 경우
7. 차량 또는 기계장비를 노후 등의 사유로 대체취득하는 경우. 다만, 기존의 차량 또는 기계장비를 매각하거나 폐기처분하는 날을 기준으로 그 전후 30일 이내에 취득하는 경우만 해당한다.

(2) 대도시에서 법인 설립 등과 공장 신·증설에 따른 부동산 취득에 대한 중과

다음의 어느 하나에 해당하는 부동산(신탁법에 따른 수탁자가 취득한 신탁재산을 포함한다)을 취득하는 경우의 취득세는 표준세율의 3배 – 중과기준세율(1천분의 20)의 2배를 뺀 세율을 적용한다. 단, 유상거래를 원인으로 주택을 취득하는 경우에는 표준세율 + 중과기준세율(1천분의 20)의 4배의 세율을 적용한다(법인의 주택유상취득).

① 대도시(산업단지를 제외한 과밀억제권역)에서 법인을 설립[대통령령으로 정하는 휴면(休眠)법인을 인수하는 경우를 포함한다]하거나 지점 또는 분사무소를 설치하는 경우 및 법인의 본점·주사무소·지점 또는 분사무소를 대도시 밖에서 대도시로 전입(수도권의 경우에는 서울특별시 외의 지역에서 서울특별시로의 전입도 대도시로의 전입으로 한다)함에 따라 대도시의 부동산을 취득(그 설립·설치·전입 이후의 부동산 취득을 포함한다)하는 경우

② 대도시(유치지역 및 공업지역 제외)에서 공장을 신설하거나 증설함에 따라 부동산을 취득하는 경우. 다만, 대도시에서 설치가 불가피하다고 인정되는 업종으로서 대통령령으로 정하는 업종(대도시 중과 제외 업종)에 직접 사용할 목적으로 부동산을 취득하는 경우에는 중과세율을 적용하지 아니한다.

└ 은행업, 유통산업, 의료법인 등

(3) 사치성재산의 취득에 대한 중과

다음의 어느 하나에 해당하는 부동산 등을 취득하는 경우의 취득세는 표준세율에 중과기준세율의 100분의 400을 합한 세율을 적용하여 계산한 금액을 그 세액으로 한다.

① 골프장

㉠ 「체육시설의 설치·이용에 관한 법률」에 따른 회원제 골프장용 부동산 중 구분등록의 대상이 되는 토지와 건축물 및 그 토지상의 입목을 말한다.

㉡ 골프장에 대한 중과세 적용은 그 시설을 갖추어 「체육시설의 설치·이용에 관한 법률」에 따라 체육시설업의 등록(시설을 증설하여 변경등록하는 경우를 포함한다)을 하는 경우뿐만 아니라 등록을 하지 아니하더라도 사실상 골프장으로 사용하는 경우에도 적용한다.

⚠ 일반골프장 및 골프회원권은 중과세대상이 아니다.

② 고급주택: 법정요건을 충족한 주거용 건축물 또는 그 부속토지를 말한다.

㉠ 부속된 토지의 경계가 명확하지 아니할 때에는 바닥면적의 10배에 해당하는 토지를 그 부속토지로 본다.

㉡ 2명 이상이 구분하여 취득하거나 1명 또는 여러 명이 시차를 두고 구분하여 취득하여도 중과대상에 해당한다.

㉢ 주거용 건축물을 취득한 날부터 60일[상속으로 인한 경우는 상속개시일이 속하는 달의 말일부터, 실종으로 인한 경우는 실종선고일이 속하는 달의 말일부터 각각 6개월(납세자가 외국에 주소를 둔 경우에는 각각 9개월)] 이내에 주거용이 아닌 용도로 사용하거나 고급주택이 아닌 용도로 사용하기 위하여 용도변경공사를 착공하는 경우는 중과하지 아니한다.

㉣ 고급주택의 요건

구분	시설 및 면적 요건	시가표준액 9억원 초과요건
단독주택	1구의 건축물의 연면적(주차장면적 제외)이 $331m^2$를 초과	○
	1구의 건축물의 대지면적이 $662m^2$를 초과	○
	1구의 건축물에 엘리베이터(적재하중 200kg 이하의 소형 엘리베이터 제외)가 설치	○
	1구의 건축물에 에스컬레이터 또는 $67m^2$ 이상의 수영장 중 1개 이상의 시설이 설치	×
공동주택	1구의 공동주택의 건축물 연면적(공용면적 제외)이 $245m^2$(복층형은 $274m^2$로 하되, 한 층의 면적이 $245m^2$를 초과하는 것은 제외한다)를 초과	○

ⓜ 여러 가구가 한 건축물에 거주할 수 있도록 건축된 다가구용 주택은 한 가구가 독립하여 거주할 수 있도록 구획된 부분을 각각 1구의 건축물로 보아 공동주택의 기준을 적용한다.

③ **고급오락장**: 도박장, 유흥주점영업장, 특수목욕장, 그 밖에 이와 유사한 용도에 사용되는 건축물 중 대통령령으로 정하는 건축물과 그 부속토지를 말한다.

㉠ 부속된 토지의 경계가 명확하지 아니할 때에는 바닥면적의 10배에 해당하는 토지를 그 부속토지로 본다.

㉡ 2명 이상이 구분하여 취득하거나 1명 또는 여러 명이 시차를 두고 구분하여 취득하여도 중과대상에 해당한다.

㉢ 고급오락장용 건축물을 취득한 날부터 60일[상속으로 인한 경우는 상속개시일이 속하는 달의 말일부터, 실종으로 인한 경우는 실종선고일이 속하는 달의 말일부터 각각 6개월(납세자가 외국에 주소를 둔 경우에는 각각 9개월)] 이내에 고급오락장이 아닌 용도로 사용하거나 고급오락장이 아닌 용도로 사용하기 위하여 용도변경공사를 착공하는 경우는 중과하지 아니한다.

㉣ 고급오락장이 건축물의 일부에 시설되었을 때에는 해당 건축물에 부속된 토지 중 그 건축물의 연면적에 대한 고급오락장용 건축물의 연면적 비율에 해당하는 토지를 고급오락장의 부속토지로 본다.

④ **고급선박**: 비업무용 자가용 선박으로서 시가표준액 3억원을 초과하는 선박을 말한다. 다만, 실험·실습 등의 용도에 사용할 목적으로 취득하는 것은 제외한다.

(4) 중과세율의 적용

① 토지나 건축물을 취득한 후 5년 이내에 해당 토지나 건축물이 다음 어느 하나에 해당하게 된 경우에는 해당 중과세율을 적용하여 취득세를 추징한다.

> ㉠ 과밀억제권역 내 본점이나 주사무소의 사업용 부동산(본점 또는 주사무소용 건축물을 신축하거나 증축하는 경우와 그 부속토지만 해당한다)
> ㉡ 과밀억제권역 내 공장의 신설용 또는 증설용 부동산
> ㉢ 사치성재산에 해당하는 골프장, 고급주택 또는 고급오락장

> 추징세액 = (과세표준 x 중과세율) − 기납부세액(가산세 제외)

② 고급주택, 골프장 또는 고급오락장용 건축물을 증축·개축 또는 개수한 경우와 일반건축물을 증축·개축 또는 개수하여 고급주택 또는 고급오락장이 된 경우에 그 증가되는 건축물의 가액에 대하여 적용할 취득세의 세율은 표준세율과 중과기준세율(1천분의 20)의 100분의 400을 합한 세율을 적용한다.

③ 과밀억제권역 내 공장 신설 또는 증설의 경우에 사업용 과세물건의 소유자와 공장을 신설하거나 증설한 자가 다를 때에는 그 사업용 과세물건의 소유자가 공장을 신설하거나 증설한 것으로 보아 중과세율을 적용한다. 다만, 취득일부터 공장 신설 또는 증설을 시작한 날까지의 기간이 5년이 지난 사업용 과세물건은 제외한다.

④ 취득한 부동산이 취득한 날부터 5년 이내에 대도시에서 법인 설립등과 공장 신·증설에 따른 중과세대상이 되는 경우에는 해당 중과세율(표준세율의 100분의 300에서 중과기준세율의 100분의 200을 뺀 세율)을 적용하여 취득세를 추징한다.

⑤ 같은 취득물건에 대하여 둘 이상의 세율이 해당하는 경우에는 그중 높은 세율을 적용한다.

⑥ 취득한 부동산이 다음 어느 하나에 해당하는 경우에는 위 ⑤의 규정에도 불구하고 다음의 세율을 적용하여 취득세를 추징한다.

> ㉠ **위 ①의 ㉠과 ㉡ 또는 ④가 동시에 적용되는 경우**: 표준세율의 100분의 300
> ㉡ **사치성재산에 대한 중과와 법인의 주택 취득 등 중과세 규정이 동시에 적용되는 경우**: 법인의 주택 취득 등 중과세율[표준세율+중과기준세율(1천분의 20)의 100분의 400]에 중과기준세율의 100분의 400을 합한 세율

참 고

법인이 고급주택을 취득한 경우

표준세율(1천분의 40) + [법인 주택 취득에 대한 중과: 중과기준세율(1천분의 20)의 4배+사치성재산에 대한 중과: 중과기준세율(1천분의 20)의 4배] = 1천분의 200

기본문제와 완성문제로 **단단기출**

01 기본 기출

「지방세법」상 취득세 표준세율에서 중과기준세율을 뺀 세율로 산출한 금액을 그 세액으로 하는 것으로만 모두 묶은 것은? (단, 취득물건은 지방세법 제11조 제1항 제8호에 따른 주택 외의 부동산이며 취득세 중과대상이 아님) 제28회

> ㉠ 환매등기를 병행하는 부동산의 매매로서 환매기간 내에 매도자가 환매한 경우의 그 매도자와 매수자의 취득
> ㉡ 존속기간이 1년을 초과하는 임시건축물의 취득
> ㉢ 「민법」 제839조의2에 따라 이혼 시 재산분할로 인한 취득
> ㉣ 등기부등본상 본인 지분을 초과하지 않는 공유물의 분할로 인한 취득

① ㉠, ㉡
② ㉡, ㉣
③ ㉢, ㉣
④ ㉠, ㉡, ㉢
⑤ ㉠, ㉢, ㉣

키워드 〉 특례세율의 구분

난이도 〉

해설 〉 ㉡ 존속기간이 1년을 초과하는 임시건축물의 취득: 1천분의 20 세율 적용대상이다.

02 기본 기출

「지방세법」상 공동소유한(총유물) 농지를 분할로 취득하는 경우 자기소유지분에 대한 취득세 과세표준의 표준세율은? 제27회

① 1천분의 23
② 1천분의 28
③ 1천분의 30
④ 1천분의 35
⑤ 1천분의 40

키워드 〉 표준세율

난이도 〉

해설 〉 공유물, 합유물과 달리 총유물의 분할로 취득하는 경우는 특례세율이 아닌 표준세율 1천분의 23을 적용한다.

정답 01 ⑤ 02 ①

03

기본 기출

「지방세법」상 취득세의 표준세율이 가장 높은 것은? (단, 지방세특례제한법은 고려하지 않음)

제30회 수정

① 상속으로 건물(주택 아님)을 취득한 경우

② 「사회복지사업법」에 따라 설립된 사회복지법인이 독지가의 기부에 의하여 건물을 취득한 경우

③ 영리법인이 공유수면을 매립하여 농지를 취득한 경우

④ 개인이 유상거래를 원인으로 「지방세법」 제10조에 따른 취득당시의 가액이 6억원인 주택(주택법에 의한 주택으로서 등기부에 주택으로 기재된 주거용 건축물과 그 부속토지)을 취득한 경우. 단, 1세대 1주택에 속한다.

⑤ 유상거래를 원인으로 농지를 취득한 경우

키워드 표준세율

난이도

해설 ⑤ 유상거래를 원인으로 농지를 취득한 경우: 1천분의 30
①② 1천분의 28
③ 1천분의 28(지방세특례제한법 고려 시에는 1천분의 8이지만, 지방세특례제한법을 고려하지 않으므로 1천분의 28의 세율 적용)
④ 1천분의 10(조정대상지역 여부와 관계없이 첫 번째 주택 취득 시에는 1천분의 10~1천분의 30의 세율 적용)

04

기본 기출

「지방세법」상 부동산 취득 시 취득세 과세표준에 적용되는 표준세율로 옳은 것을 모두 고른 것은? (단, 지방세특례제한법은 고려하지 않음)

제26회 수정

㉠ 상속으로 인한 농지 취득: 1천분의 23 ㉡ 공유권(총유물)의 분할로 인한 취득: 1천분의 23 ㉢ 원시취득(공유수면의 매립 또는 간척으로 인한 농지 취득 제외): 1천분의 28 ㉣ 법령으로 정한 비영리사업자의 상속 외의 무상취득: 1천분의 28

① ㉠, ㉡

② ㉡, ㉢

③ ㉠, ㉢

④ ㉡, ㉢, ㉣

⑤ ㉠, ㉡, ㉢, ㉣

키워드 표준세율

난이도

해설 ㉠㉡㉢㉣ 모두 옳은 내용이다.

정답 03 ⑤ 04 ⑤

05 기본 기출

「지방세법」상 취득세액을 계산할 때 중과기준세율(1천분의 20)만을 적용하는 경우를 모두 고른 것은? (단, 취득세 중과물건이 아님) 제24회

> ㉠ 개수로 인하여 건축물 면적이 증가하는 경우 그 증가된 부분
> ㉡ 토지의 지목을 사실상 변경함으로써 그 가액이 증가한 경우
> ㉢ 법인설립 후 유상증자 시에 주식을 취득하여 최초로 과점주주가 된 경우
> ㉣ 상속으로 농지를 취득한 경우

① ㉠, ㉡
② ㉠, ㉣
③ ㉡, ㉢
④ ㉠, ㉢, ㉣
⑤ ㉡, ㉢, ㉣

키워드 특례세율의 구분

난이도

해설 ㉠ 개수로 인하여 건축물 면적이 증가하는 경우 그 증가된 부분: 1천분의 28(원시취득)
㉣ 상속으로 농지를 취득한 경우: 1천분의 23

06 완성 기출

「지방세법」상 사실상의 취득가격 또는 연부금액을 취득세의 과세표준으로 하는 경우 취득가격 또는 연부금액에 포함되지 <u>않는</u> 것은? (단, 특수관계인과의 거래가 아니며, 비용 등은 취득시기 이전에 지급되었음) 제27회 수정

① 「전기사업법」에 따라 전기를 사용하는 자가 분담하는 비용
② 건설자금에 충당한 차입금의 이자(단, 법인이 취득하는 경우임)
③ 법인이 연부로 취득하는 경우 연부계약에 따른 이자상당액
④ 취득에 필요한 용역을 제공받은 대가로 지급하는 용역비
⑤ 취득대금 외에 당사자의 약정에 따른 취득자 조건 부담액

키워드 과세표준 계산

난이도

해설 「전기사업법」에 따라 전기를 사용하는 자가 분담하는 비용은 사실상 취득가격 또는 연부금액을 과세표준으로 하는 경우 과세표준에 포함되지 아니한다.

정답 05 ③ 06 ①

07 완성 기출

甲은 특수관계 없는 乙로부터 다음과 같은 내용으로 주택을 취득하였다. 취득세 과세표준 금액으로 옳은 것은? 제29회 수정

- 아래의 계약내용은 「부동산 거래신고 등에 관한 법률」 제3조에 따른 신고서를 제출하여 같은 법 제5조에 따라 검증이 이루어짐
- 계약내용
  - 총매매대금 500,000,000원
    2023년 7월 2일 계약금 50,000,000원
    2023년 8월 2일 중도금 150,000,000원
    2023년 9월 3일 잔금 300,000,000원
- 甲이 주택 취득과 관련하여 지출한 비용
  - 총매매대금 외에 당사자약정에 의하여 乙의 은행채무를 甲이 대신 변제한 금액 10,000,000원
  - 법령에 따라 매입한 국민주택채권을 해당 주택의 취득 이전에 금융회사에 양도함으로써 발생하는 매각차손(잔금지급일보다 등기가 먼저 진행된 것임) 1,000,000원

① 500,000,000원 ② 501,000,000원
③ 509,000,000원 ④ 510,000,000원
⑤ 511,000,000원

키워드 〉 과세표준 계산

난이도 〉

해설 〉 「부동산 거래신고 등에 관한 법률」 제3조에 따른 신고서를 제출하여 같은 법 제5조에 따라 검증이 이루어진 경우 사실상 취득가액을 과세표준으로 한다. 총매매대금 5억원에 은행채무 1천만원과 국민주택채권 매각차손 1백만원을 포함하여 511,000,000원이 과세표준이 된다.

정답 07 ⑤

THEME □1회독 □2회독

05

취득세 비과세 및 납세절차

| THEME 키워드 |

취득세, 취득세 비과세, 신탁재산의 취득세 비과세, 납세절차, 신고납부기한

기본으로 알아야 하는 대표기출

▶ 기출분석

- **기출회차:** 제25회
- **키워드:** 신고납부기한
- **난이도:**

「지방세법」상 취득세 신고 · 납부에 관한 설명이다. ( ) 안에 들어갈 내용을 순서대로 나열한 것은? (단, 납세자가 국내에 주소를 둔 경우에 한함)

> 취득세 과세물건을 취득한 자는 그 취득한 날부터 ( ) 이내, 상속으로 인한 경우는 상속개시일이 속하는 달의 말일부터 ( ) 이내에 그 과세표준에 세율을 적용하여 산출한 세액을 신고하고 납부하여야 한다.

① 10일, 3개월
② 30일, 3개월
③ 60일, 3개월
④ 60일, 6개월
⑤ 90일, 6개월

해 설

취득세 과세물건을 취득한 자는 그 취득한 날부터 '60일' 이내, 상속으로 인한 경우는 상속개시일이 속하는 달의 말일부터 '6개월' 이내에 그 과세표준에 세율을 적용하여 산출한 세액을 신고하고 납부하여야 한다(지방세법 제20조 제1항).

정답 ④

▶ 함정을 피하는 TIP

- 일반적인 취득세 신고납부기한을 숙지해야 한다.

단단하게 정리하는 **핵심이론**

01 취득세 비과세

1 국가 등에 대한 비과세

(1) 국가 등의 취득

① 국가 또는 지방자치단체(다른 법률에서 국가 또는 지방자치단체로 의제되는 법인은 제외한다), 「지방자치법」에 따른 지방자치단체조합, 외국정부 및 주한국제기구의 취득에 대해서는 취득세를 부과하지 아니한다.

② 다만, 대한민국 정부기관의 취득에 대하여 과세하는 외국정부의 취득에 대해서는 취득세를 부과한다.

(2) 국가 등에 귀속 또는 기부채납

국가, 지방자치단체 또는 지방자치단체조합에 귀속 또는 기부채납(사회기반시설에 대한 민간투자법에 따른 방식으로 귀속되는 경우를 포함한다)을 조건으로 취득하는 부동산 및 사회기반시설에 대해서는 취득세를 부과하지 아니한다. 다만, 다음 어느 하나에 해당하는 경우 그 해당 부분에 대해서는 취득세를 부과한다.

> ① 국가 등에 귀속 등의 조건을 이행하지 아니하고 타인에게 매각·증여하거나 귀속 등을 이행하지 아니하는 것으로 조건이 변경된 경우
> ② 국가 등에 귀속 등의 반대급부로 국가 등이 소유하고 있는 부동산 및 사회기반시설을 무상으로 양여받거나 기부채납 대상물의 무상사용권을 제공받는 경우

2 형식적인 소유권 취득

(1) 신탁에 의한 취득

신탁(신탁법에 따른 신탁으로서 신탁등기가 병행되는 것만 해당한다)으로 인한 신탁재산의 취득으로서 다음 어느 하나에 해당하는 경우에는 취득세를 부과하지 아니한다. 다만, 신탁재산의 취득 중 주택조합 등과 조합원 간의 부동산 취득 및 주택조합 등의 비조합원용 부동산 취득은 제외한다.

> ① 위탁자로부터 수탁자에게 신탁재산을 이전하는 경우
> ② 신탁의 종료로 인하여 수탁자로부터 위탁자에게 신탁재산을 이전하는 경우
> ③ 수탁자가 변경되어 신수탁자에게 신탁재산을 이전하는 경우

(2) 법률에 의한 환매권 행사

「징발재산정리에 관한 특별조치법」 또는 「국가보위에 관한 특별조치법 폐지법률」 부칙 제2항에 따른 동원대상지역 내의 토지의 수용·사용에 관한 환매권의 행사로 매수하는 부동산의 취득에 대하여는 취득세를 부과하지 아니한다.

(3) 임시건축물

① 임시흥행장, 공사현장사무소 등(사치성재산 제외) 임시건축물의 취득에 대하여는 취득세를 부과하지 아니한다.

② 다만, 존속기간이 1년을 초과하는 경우에는 취득세를 부과한다.
　└ 중과기준세율(1천분의 20)로 부과한다.

(4) 공동주택의 개수

「주택법」에 따른 공동주택의 개수(건축법에 따른 대수선은 제외한다)로 인한 취득 중 개수로 인한 취득 당시 주택의 시가표준액이 9억원 이하인 주택의 개수로 인한 취득에 대해서는 취득세를 부과하지 아니한다.

(5) 사용할 수 없는 차량의 상속

다음 어느 하나에 해당하는 차량에 대해서는 상속에 따른 취득세를 부과하지 아니한다(지방세법 제9조 제7항).

> ① 상속개시 이전에 천재지변·화재·교통사고·폐차·차령초과(車齡超過) 등으로 사용할 수 없게 된 차량으로서 대통령령으로 정하는 차량
> ② 차령초과로 사실상 차량을 사용할 수 없는 경우 등 대통령령으로 정하는 사유로 상속으로 인한 이전등록을 하지 아니한 상태에서 폐차함에 따라 상속개시일부터 3개월 이내에 말소등록된 차량

02 납세절차

1 납세지

(1) 물건별 납세지

① 부동산: 부동산 소재지

② 차량: 「자동차관리법」에 따른 등록지

③ 기계장비: 「건설기계관리법」에 따른 등록지

④ 항공기: 항공기의 정치장(定置場) 소재지

⑤ 선박: 선적항 소재지. 다만, 「수상레저기구의 등록 및 검사에 관한 법률」에 해당하는 동력수상레저기구의 경우에는 등록지로 하고, 그 밖에 선적항이 없는 선박의 경우에는 정계장 소재지(정계장이 일정하지 아니한 경우에는 선박 소유자의 주소지)로 한다.

⑥ 입목: 입목 소재지

⑦ 광업권: 광구 소재지

⑧ 어업권·양식업권: 어장 소재지

⑨ 골프회원권, 승마회원권, 콘도미니엄 회원권, 종합체육시설 이용회원권 또는 요트회원권: 골프장·승마장·콘도미니엄·종합체육시설 및 요트 보관소의 소재지

(2) 납세지가 불분명한 경우

납세지가 분명하지 아니한 경우에는 해당 취득물건의 소재지를 그 납세지로 한다.

(3) 둘 이상의 지방자치단체에 걸쳐 있는 경우

같은 취득물건이 둘 이상의 지방자치단체에 걸쳐 있는 경우에는 각 시·군·구에 납부할 취득세를 산출할 때 그 과세표준은 취득당시의 가액을 취득물건의 소재지별 시가표준액 비율로 나누어 계산한다.

2 신고납부

다음에 따라 취득세를 신고하려는 자는 행정안전부령으로 정하는 신고서에 취득물건, 취득일 및 용도 등을 적어 납세지를 관할하는 시장·군수·구청장에게 신고하여야 한다.

(1) 일반적인 경우

취득세 과세물건을 취득한 자는 그 취득한 날부터 60일 이내에 그 과세표준에 세율을 적용하여 산출한 세액을 신고하고 납부하여야 한다.

(2) 잔금 후 토지거래 허가 시

「부동산 거래신고 등에 관한 법률」에 따른 토지거래계약에 관한 허가구역에 있는 토지를 취득하는 경우로서 토지거래계약에 관한 허가를 받기 전에 거래대금을 완납한 경우에는 그 허가일이나 허가구역의 지정 해제일 또는 축소일로부터 60일 이내에 그 과세표준에 세율을 적용하여 산출한 세액을 신고하고 납부하여야 한다.

(3) 무상취득 시

① 증여 등 취득 시: 상속을 제외한 무상취득으로 인한 경우는 취득일이 속하는 달의 말일부터 3개월 이내에 그 과세표준에 세율을 적용하여 산출한 세액을 신고하고 납부하여야 한다.

② 상속으로 취득 시: 상속으로 인한 경우는 상속개시일이 속하는 달의 말일부터, 실종으로 인한 경우는 실종선고일이 속하는 달의 말일부터 각각 6개월(외국에 주소를 둔 상속인이 있는 경우에는 각각 9개월) 이내에 그 과세표준에 세율을 적용하여 산출한 세액을 신고하고 납부하여야 한다.

(4) 취득 후 중과세대상이 된 경우

취득세 과세물건을 취득한 후에 그 과세물건이 중과세율의 적용대상이 되었을 때에는 중과세대상이 된 날부터 60일 이내에 중과세율을 적용하여 산출한 세액에서 이미 납부한 세액(가산세 제외)을 공제한 금액을 세액으로 하여 신고하고 납부하여야 한다.

(5) 비과세 등이 과세대상이 된 경우

법령에 따라 취득세를 비과세, 과세면제 또는 경감받은 후에 해당 과세물건이 취득세 부과대상 또는 추징 대상이 되었을 때에는 그 사유발생일부터 60일 이내에 해당 과세표준에 세율을 적용하여 산출한 세액[경감받은 경우에는 이미 납부한 세액(가산세 제외)을 공제한 세액]을 신고하고 납부하여야 한다.

(6) 등기·등록을 하려는 경우

위 (1)부터 (5)까지의 신고·납부기한 이내에 재산권과 그 밖의 권리의 취득·이전에 관한 사항을 공부(公簿)에 등기하거나 등록[등재(登載)를 포함한다]하려는 경우에는 등기 또는 등록신청서를 등기·등록관서에 접수하는 날까지 취득세를 신고·납부하여야 한다.

(7) 채권자대위자의 신고납부 시

① 「부동산등기법」 제28조에 따라 채권자대위권에 의한 등기신청을 하려는 채권자대위자는 납세의무자를 대위하여 부동산의 취득에 대한 취득세를 신고·납부할 수 있다. 이 경우 채권자대위자는 행정안전부령으로 정하는 바에 따라 납부확인서를 발급받을 수 있다.

② 지방자치단체의 장은 위 ①에 따른 채권자대위자의 신고납부가 있는 경우 납세의무자에게 그 사실을 즉시 통보하여야 한다.

3 보통징수

(1) 세액의 추징

다음 어느 하나에 해당하는 경우에는 법령에 따른 산출세액 또는 그 부족세액에 「지방세기본법」 규정에 따라 산출한 가산세를 합한 금액을 세액으로 하여 보통징수의 방법으로 징수한다.

> ① 취득세 납세의무자가 신고 또는 납부의무를 다하지 아니한 경우
> ② 일시적 2주택으로 신고하였으나 신규주택 취득일로부터 3년(종전주택 및 신규주택이 모두 조정대상지역에 있는 경우는 2년) 내에 종전 주택을 처분하지 못하여 1주택으로 되지 아니한 경우

(2) 가산세

① 일반가산세

㉠ 무신고가산세

구분	무신고가산세
사기·부정행위로 인한 무신고	무신고납부세액의 100분의 40
일반적인 무신고	무신고납부세액의 100분의 20

ⓛ 과소신고가산세

구분	과소신고가산세
사기, 부정행위로 인한 과소신고	부정과소신고납부세액의 100분의 40
일반적인 과소신고	(과소신고납부세액 – 부정과소신고납부세액)의 100분의 10

ⓒ 납부지연가산세: 납부하지 아니한 세액 또는 과소납부분 세액에 1일 10만분의 22를 곱한 금액

② 중가산세

㉠ 납세의무자가 취득세 과세물건을 사실상 취득한 후 신고를 하지 아니하고 매각하는 경우에는 산출세액에 100분의 80을 가산한 금액을 세액으로 하여 보통징수의 방법으로 징수한다.

ⓛ 다만, 다음의 경우에는 중가산세를 적용하지 아니한다(일반무신고가산세 적용).

- 취득세 과세물건 중 등기 또는 등록이 필요하지 아니하는 과세물건(골프회원권, 승마회원권, 콘도미니엄 회원권, 종합체육시설 이용회원권 및 요트회원권 제외)
  ⚠ 골프회원권 등을 신고하지 않고 매각 시 중가산세를 적용한다.
- 지목변경, 차량·기계장비 또는 선박의 종류 변경, 주식 등의 취득 등 취득으로 보는 과세물건

(3) 수정신고 시 가산세 배제

납세의무자가 신고기한까지 취득세를 시가인정액으로 신고한 후 지방자치단체의 장이 세액을 경정하기 전에 그 시가인정액을 수정신고한 경우에는 「지방세기본법」에 따른 가산세를 부과하지 아니한다.

(4) 법인장부 등의 작성과 보존 불성실 가산세

① 취득세 납세의무가 있는 법인은 취득당시가액을 증명할 수 있는 장부와 관련 증거서류를 작성하여 갖춰두어야 한다.

② 지방자치단체의 장은 취득세 납세의무가 있는 법인이 위 ①에 따른 의무를 이행하지 아니하는 경우에는 산출된 세액 또는 부족세액의 100분의 10에 상당하는 금액을 징수하여야 할 세액에 가산한다.

4 매각통보

다음의 자는 취득세 과세물건을 매각(연부로 매각한 것을 포함한다)하면 매각일부터 30일 이내에 그 물건 소재지를 관할하는 지방자치단체의 장에게 통보하거나 신고하여야 한다.

① 국가, 지방자치단체 또는 지방자치단체조합
② 국가 또는 지방자치단체의 투자기관(재투자기관을 포함한다)
③ 그 밖에 위 ① 및 ②에 준하는 기관 및 단체로서 대통령령으로 정하는 자

5 면세점

① 취득가액이 50만원 이하일 때에는 취득세를 부과하지 아니한다.

② 토지나 건축물을 취득한 자가 그 취득한 날부터 1년 이내에 그에 인접한 토지나 건축물을 취득한 경우에는 각각 그 전후의 취득에 관한 토지나 건축물의 취득을 1건의 토지 취득 또는 1구의 건축물 취득으로 보아 면세점 여부를 판단한다.

6 등기자료의 통보

등기·등록관서의 장은 등기 또는 등록 후에 취득세가 납부되지 아니하였거나 납부부족액을 발견하였을 때에는 다음 달 10일까지 납세지를 관할하는 시장·군수·구청장에게 통보하여야 한다.

7 부가세

(1) 납부 시 부가세

취득세 납부 시 부가세는 다음과 같다.

① **농어촌특별세**: 취득세의 표준세율을 100분의 2로 적용하여 산출한 세액의 100분의 10
② **지방교육세**
　㉠ 표준세율에서 중과기준세율을 뺀 세율을 적용하여 산출한 세액의 100분의 20
　㉡ 1천분의 10~1천분의 30의 세율이 적용되는 주택의 유상거래의 경우 해당 세율에 100분의 50을 곱하여 산출한 세액의 100분의 20

(2) 감면 시 부가세

취득세 감면 시에는 감면세액의 100분의 20을 농어촌특별세로 부과한다.

01 기본 기출

「지방세법」상 취득세가 부과되지 않는 것은? 제30회

① 「주택법」에 따른 공동주택의 개수(건축법에 따른 대수선 제외)로 인한 취득 중 개수로 인한 취득당시 주택의 시가표준액이 9억원 이하인 경우
② 형제 간에 부동산을 상호 교환한 경우
③ 직계존속으로부터 거주하는 주택을 증여받은 경우
④ 파산선고로 인하여 처분되는 부동산을 취득한 경우
⑤ 「주택법」에 따른 주택조합이 해당 조합원용으로 조합주택용 부동산을 취득한 경우

키워드 취득세 비과세

난이도

해설 「주택법」에 따른 공동주택의 개수(건축법에 따른 대수선 제외)로 인한 취득 중 개수로 인한 취득당시 주택의 시가표준액이 9억원 이하인 경우에는 취득세 비과세대상이다.

정답 01 ①

02 기본 기출

「지방세법」상 취득세의 부과 · 징수에 관한 설명으로 틀린 것은? 제25회 수정

① 납세의무자가 취득세 과세물건을 사실상 취득한 후 취득세 신고를 하지 아니하고 매각하는 경우에는 산출세액에 100분의 50을 가산한 금액을 세액으로 하여 보통징수의 방법으로 징수한다.

② 재산권을 공부에 등기하려는 경우에는 등기신청 접수일까지 취득세를 신고 · 납부하여야 한다.

③ 등기 · 등록관서의 장은 취득세가 납부되지 아니하였거나 납부부족액을 발견하였을 때에는 다음 달 10일까지 납세지를 관할하는 시장 · 군수에게 통보하여야 한다.

④ 취득세 납세의무자가 신고 또는 납부의무를 다하지 아니하면 산출세액 또는 그 부족세액에 「지방세기본법」의 규정에 따라 산출한 가산세를 합한 금액을 세액으로 하여 보통징수의 방법으로 징수한다.

⑤ 지방자치단체의 장은 취득세 납세의무가 있는 법인이 장부 등의 작성과 보존의무를 이행하지 아니한 경우에는 산출된 세액 또는 부족세액의 100분의 10에 상당하는 금액을 징수하여야 할 세액에 가산한다.

키워드 납세절차

난이도

해설 납세의무자가 취득세 과세물건을 사실상 취득한 후 취득세 신고를 하지 아니하고 매각하는 경우에는 산출세액에 100분의 80을 가산한 금액을 세액으로 하여 보통징수의 방법으로 징수한다.

정답 02 ①

03 「지방세법」상 취득세에 관한 설명으로 옳은 것은?

제31회 수정

① 국가 및 외국정부의 취득에 대해서는 취득세를 부과한다.

② 토지의 지목변경에 따른 취득은 토지의 지목이 사실상 변경된 날을 취득일로 본다.

③ 국가가 취득세 과세물건을 매각하면 매각일부터 60일 이내에 지방자치단체의 장에게 신고하여야 한다.

④ 법인이 아닌 자가 건축물을 건축하여 취득하는 경우로서 사실상 취득가격이 확인되는 경우에도 시가표준액을 과세표준으로 한다.

⑤ 토지를 취득한 자가 그 취득한 날부터 1년 이내에 그에 인접한 토지를 취득한 경우 그 전후의 취득에 관한 토지의 취득을 1건의 토지 취득으로 보아 취득세에 대한 면세점을 적용한다.

키워드 취득세

난이도

해설 ① 국가 및 외국정부의 취득에 대해서는 취득세를 부과하지 아니한다.

② 토지의 지목변경에 따른 취득은 토지의 지목이 사실상 변경된 날과 공부상 변경된 날 중 빠른 날을 취득일로 본다. 다만, 토지의 지목변경일 이전에 사용하는 부분에 대해서는 그 사실상 사용일을 취득일로 본다.

③ 국가가 취득세 과세물건을 매각하면 매각일부터 30일 이내에 지방자치단체의 장에게 신고하여야 한다.

④ 법인이 아닌 자가 건축물을 건축하여 취득하는 경우로서 사실상 취득가격을 확인할 수 있는 경우에는 사실상 취득가격을 취득세 과세표준으로 한다. 다만, 사실상 취득가격을 확인할 수 없는 경우에는 취득당시가액은 시가표준액으로 한다.

정답 03 ⑤

04 기본 기출

「지방세법」상 취득세의 부과 · 징수에 관한 설명으로 옳은 것은? 제33회

① 취득세의 징수는 보통징수의 방법으로 한다.

② 상속으로 취득세 과세물건을 취득한 자는 상속개시일부터 60일 이내에 산출한 세액을 신고하고 납부하여야 한다.

③ 신고 · 납부기한 이내에 재산권과 그 밖의 권리의 취득 · 이전에 관한 사항을 공부에 등기하거나 등록(등재 포함)하려는 경우에는 등기 또는 등록 신청서를 등기 · 등록관서에 접수하는 날까지 취득세를 신고 · 납부하여야 한다.

④ 취득세 과세물건을 취득한 후에 그 과세물건이 중과세율의 적용대상이 되었을 때에는 중과세율을 적용하여 산출한 세액에서 이미 납부한 세액(가산세 포함)을 공제한 금액을 세액으로 하여 신고 · 납부하여야 한다.

⑤ 법인의 취득당시가액을 증명할 수 있는 장부가 없는 경우 지방자치단체의 장은 그 산출된 세액의 100분의 20을 징수하여야 할 세액에 가산한다.

키워드 납세절차

난이도

해설 ③ 신고·납부기한 이내에 재산권과 그 밖의 권리의 취득·이전에 관한 사항을 공부에 등기하거나 등록(등재 포함)하려는 경우에는 등기 또는 등록 신청서를 등기·등록관서에 접수하는 날까지 취득세를 신고·납부하여야 한다(지방세법 제20조 제4항).

① 취득세의 징수는 신고납부의 방법으로 한다(지방세법 제18조).

② 상속으로 취득세 과세물건을 취득한 자는 상속으로 인한 경우는 상속개시일이 속하는 달의 말일부터 6개월(외국에 주소를 둔 상속인이 있는 경우에는 9개월) 이내에 산출한 세액을 신고하고 납부하여야 한다(지방세법 제20조 제1항).

④ 취득세 과세물건을 취득한 후에 그 과세물건이 중과세율의 적용대상이 되었을 때에는 중과세율을 적용하여 산출한 세액에서 이미 납부한 세액(가산세 제외)을 공제한 금액을 세액으로 하여 신고·납부하여야 한다(지방세법 제20조 제3항).

⑤ 법인의 취득당시가액을 증명할 수 있는 장부가 없는 경우 지방자치단체의 장은 그 산출된 세액의 100분의 10을 징수하여야 할 세액에 가산한다(지방세법 제22조의2 제2항).

정답 04 ③

05 「지방세법」상 취득세에 관한 설명으로 틀린 것은? 제32회

① 「도시 및 주거환경정비법」에 따른 재건축조합이 재건축사업을 하면서 조합원으로부터 취득하는 토지 중 조합원에게 귀속되지 아니하는 토지를 취득하는 경우에는 같은 법에 따른 소유권이전 고시일의 다음 날에 그 토지를 취득한 것으로 본다.

② 취득세 과세물건을 취득한 후에 그 과세물건이 중과세율의 적용대상이 되었을 때에는 취득한 날부터 60일 이내에 중과세율을 적용하여 산출한 세액에서 이미 납부한 세액(가산세 포함)을 공제한 금액을 신고하고 납부하여야 한다.

③ 대한민국 정부기관의 취득에 대하여 과세하는 외국정부의 취득에 대해서는 취득세를 부과한다.

④ 상속으로 인한 취득의 경우에는 상속개시일에 취득한 것으로 본다.

⑤ 부동산의 취득은 「민법」 등 관계 법령에 따른 등기 · 등록 등을 하지 아니한 경우라도 사실상 취득하면 취득한 것으로 본다.

키워드 취득세

난이도

해설 취득세 과세물건을 취득한 후에 그 과세물건이 중과세율의 적용대상이 되었을 때에는 취득한 날부터 60일 이내에 중과세율을 적용하여 산출한 세액에서 이미 납부한 세액(가산세 제외)을 공제한 금액을 신고하고 납부하여야 한다(지방세법 제20조 제2항).

정답 05 ②

06 「지방세법」상 취득세에 관한 설명으로 옳은 것은? 제33회 수정

① 건축물 중 부대설비에 속하는 부분으로서 그 주체구조부와 하나가 되어 건축물로서의 효용가치를 이루고 있는 것에 대하여는 주체구조부 취득자 외의 자가 가설한 경우에도 주체구조부의 취득자가 함께 취득한 것으로 본다.

② 세대별 소유주택 수에 따른 중과세율을 적용함에 있어 주택으로 재산세를 과세하는 오피스텔(2024년 취득)은 해당 오피스텔을 소유한 자의 주택 수에 가산하지 아니한다.

③ 납세의무자가 토지의 지목을 사실상 변경한 후 산출세액에 대한 신고를 하지 아니하고 그 토지를 매각하는 경우에는 산출세액에 100분의 80을 가산한 금액을 세액으로 하여 징수한다.

④ 공사현장사무소 등 임시건축물의 취득에 대하여는 그 존속기간에 관계없이 취득세를 부과하지 아니한다.

⑤ 토지를 취득한 자가 취득한 날부터 1년 이내에 그 에 인접한 토지를 취득한 경우 그 취득가액이 100만원일 때에는 취득세를 부과하지 아니한다.

키워드 취득세

난이도

해설 ① 건축물 중 부대설비에 속하는 부분으로서 그 주체구조부와 하나가 되어 건축물로서의 효용가치를 이루고 있는 것에 대하여는 주체구조부 취득자 외의 자가 가설한 경우에도 주체구조부의 취득자가 함께 취득한 것으로 본다(지방세법 제7조 제3항).

② 세대별 소유주택 수에 따른 중과세율을 적용함에 있어 주택으로 재산세를 과세하는 오피스텔(2024년 취득)은 해당 오피스텔을 소유한 자의 주택 수에 가산한다(지방세법 시행령 제28조의4 제1항).

③ 납세의무자가 토지의 지목을 사실상 변경한 후 산출세액에 대한 신고를 하지 아니하고 그 토지를 매각하는 경우에는 중가산세를 적용하지 아니한다(지방세법 시행령 제37조).

④ 임시흥행장, 공사현장사무소 등(사치성재산은 제외한다) 임시건축물의 취득에 대하여는 취득세를 부과하지 아니한다. 다만, 존속기간이 1년을 초과하는 경우에는 취득세를 부과한다(지방세법 제9조 제5항).

⑤ 취득가액이 50만원 이하일 때에는 취득세를 부과하지 아니한다. 토지나 건축물을 취득한 자가 그 취득한 날부터 1년 이내에 그에 인접한 토지나 건축물을 취득한 경우에는 각각 그 전후의 취득에 관한 토지나 건축물의 취득을 1건의 토지 취득 또는 1구의 건축물 취득으로 보아 면세점을 적용한다(지방세법 제17조).

정답 06 ①

07 완성 기출

「지방세법」상 신탁(신탁법에 따른 신탁으로서 신탁등기가 병행되는 것임)**으로 인한 신탁재산의 취득으로서 취득세를 부과하는 경우는 모두 몇 개인가?** 제29회

> ㉠ 위탁자로부터 수탁자에게 신탁재산을 이전하는 경우
> ㉡ 신탁의 종료로 인하여 수탁자로부터 위탁자에게 신탁재산을 이전하는 경우
> ㉢ 수탁자가 변경되어 신수탁자에게 신탁재산을 이전하는 경우
> ㉣ 「주택법」에 따른 주택조합이 비조합원용 부동산을 취득하는 경우

① 0개
② 1개
③ 2개
④ 3개
⑤ 4개

키워드 〉 신탁재산의 취득세 비과세

난이도 〉

해설 〉 신탁재산의 취득 중 주택조합 등과 조합원 간의 부동산 취득 및 주택조합 등의 비조합원용 부동산 취득은 취득세 비과세대상에서 제외한다(지방세법 제9조 제3항).

정답 07 ②

T H E M E □1회독 □2회독

06 등록면허세

| THEME 키워드 |

등록면허세, 등록면허세 과세대상, 등록에 대한 등록면허세, 등록면허세 과세표준과 세율, 등록면허세 비과세, 중과세율과 납세절차, 취득세·등록면허세의 신고·납부, 등록면허세 종합

기본으로 알아야 하는 **대표기출**

> 기출분석
- **기출회차:** 제32회
- **키워드:** 등록면허세
- **난이도:**

거주자인 개인 乙은 甲이 소유한 부동산(시가 6억원)에 전세기간 2년, 전세보증금 3억원으로 하는 전세계약을 체결하고, 전세권 설정등기를 하였다. 「지방세법」상 등록면허세에 관한 설명으로 옳은 것은?

① 과세표준은 6억원이다.
② 표준세율은 전세보증금의 1천분의 8이다.
③ 납부세액은 6천원이다.
④ 납세의무자는 乙이다.
⑤ 납세지는 甲의 주소지이다.

> 함정을 피하는 TIP
- 등록면허세의 전반적인 구조를 파악해야 한다.

해설

① 과세표준은 전세보증금인 3억원이다.
② 표준세율은 전세보증금의 1천분의 2이다.
③ 납부세액은 60만원이다(3억원×1천분의 2).
⑤ 납세지는 부동산 소재지이다.

정답 ④

단단하게 정리하는 **핵심이론**

01 의의 및 특징

1 의의

(1) 등록면허세는 각종 등록을 하거나 면허를 받는 자에게 그 등록, 면허의 종류에 따라 부과되는 도, 구, 특별자치도, 특별자치세이다.

(2) 등록이란 재산권과 그 밖의 권리의 설정·변경 또는 소멸에 관한 사항을 공부에 등기하거나 등록하는 것을 말한다. 다만, 취득세 과세대상에 해당하는 취득을 원인으로 이루어지는 등기 또는 등록은 제외하되, 다음 어느 하나에 해당하는 등기나 등록은 포함한다.

> ① 광업권·어업권 및 양식업권의 취득에 따른 등록
> ② 외국인 소유의 취득세 과세대상 물건(차량, 기계장비, 항공기 및 선박만 해당한다)의 연부 취득에 따른 등기 또는 등록
> ③ 취득세에 대한 부과제척기간이 경과한 물건의 등기 또는 등록
> ④ 취득세 면세점(취득가액 50만원 이하)에 해당하는 물건의 등기 또는 등록

2 특징

(1) 신고납부

등록면허세는 신고함으로써 납세의무가 확정되는 지방세이다.

(2) 유통세, 행위세, 수수료형 조세

(수수료형 조세: 등기원인 등이 취소되어도 납부한 등록면허세는 환급되지 아니한다.)

등록면허세는 등기, 등록행위에 대하여 과세하는 행위세이고, 재산권의 유통단계에 과세하는 유통세이며 수수료의 성격을 가지고 있는 조세이다.

(3) 형식주의

등록면허세는 외형적 요건만 갖추면 실지권리자 여부와 관계없이 납세의무가 성립하는 형식주의에 의하여 과세하는 조세이다.

(4) 최저세액

면세점이나 소액징수면제 제도를 두고 있지 않고, 부동산 등기의 경우 오히려 세액이 6천원 미만인 경우 6천원을 징수하는 최저세액 규정을 적용하고 있다.

(5) 종가세, 종량세

등록면허세는 대부분 채권금액 등을 과세표준으로 하는 종가세이지만, 권리의 소멸이나 변경 등은 건수를 과세표준으로 하는 종량세로서의 성격도 가지고 있다.

02 납세의무자 및 과세표준

1 납세의무자

(1) 재산권과 그 밖의 권리의 설정·변경 또는 소멸에 관한 사항을 공부에 등기하거나 등록하는 경우에 그 등록을 하는 자가 등록면허세를 납부할 의무를 진다.

① 지상권 설정·이전: 지상권자

② 지역권 설정·이전: 지역권자(요역지 소유자)

③ 저당권 설정·이전: 저당권자(채권자)

④ 전세권 설정·이전: 전세권자

⑤ 임차권 설정·이전: 임차권자(임차인)

⑥ 말소등기: 그 등기의 설정자(저당권의 경우 저당권설정자인 채무자)

⑦ 가등기: 부동산가액 또는 채권금액 등

> **참고**
>
> **대위등기의 납세의무자**
>
> 지방세 체납처분으로 그 소유권을 국가 또는 지방자치단체 명의로 이전하는 경우에 이미 그 물건에 전세권, 가등기, 압류등기 등으로 되어 있는 것을 말소하는 대위적 등기와 성명의 복구나 소유권의 보존 등 일체의 채권자 대위적 등기에 대하여는 그 소유자가 등록면허세를 납부하여야 한다.

(2) 등기·등록이 된 이후 법원의 판결 등에 의해 그 등기 또는 등록이 무효 또는 취소가 되어 등기·등록이 말소된다 하더라도 이미 납부한 등록면허세는 과오납으로 환급할 수 없다.

2 과세표준

(1) 부동산가액

소유권, 지상권, 지역권 등기 시 부동산가액(지역권은 요역지가액)을 과세표준으로 한다.

① 부동산, 선박, 항공기, 자동차 및 건설기계의 등록에 대한 등록면허세의 과세표준은 등록당시의 가액으로 한다.

② 위 ①에 따른 과세표준은 등록자의 신고에 따른다. 다만, 신고가 없거나 신고가액이 시가표준액보다 적은 경우에는 시가표준액을 과세표준으로 한다.

③ 위 ②에도 불구하고 다음에 따른 취득을 원인으로 하는 등록의 경우 취득당시가액을 과세표준으로 한다.

> ㉠ 광업권·어업권 및 양식업권의 취득에 따른 등록
> ㉡ 외국인 소유의 취득세 과세대상 물건(차량, 기계장비, 항공기 및 선박만 해당한다)의 연부 취득에 따른 등기 또는 등록
> ㉢ 취득세에 대한 부과제척기간이 경과한 물건의 등기 또는 등록
> ㉣ 취득세 면세점(취득가액 50만원 이하)에 해당하는 물건의 등기 또는 등록

다만, 등록당시에 자산재평가 이 경우 감가상각 등의 사유로 그 가액이 달라진 경우에는 변경된 가액을 과세표준으로 한다. 또한 자산재평가 또는 감가상각 등의 사유로 변경된 가액을 과세표준으로 할 경우에는 등기일 또는 등록일 현재의 법인장부 또는 결산서 등으로 증명되는 가액을 과세표준으로 한다.

(2) 채권금액

① 저당권, 가압류, 가처분, 경매신청, 저당권에 대한 가등기의 경우 일정한 채권금액이 있으면 채권금액을 과세표준으로 한다.

② 채권금액으로 과세액을 정하는 경우에 일정한 채권금액이 없을 때에는 채권의 목적이 된 것의 가액 또는 처분의 제한의 목적이 된 금액을 그 채권금액으로 본다.

(3) 전세금액, 월임대차금액

전세권은 전세금액, 임차권은 월임대차금액을 과세표준으로 한다.

(4) 건수

말소등기, 지목변경등기, 토지 합필등기, 건물의 구조변경등기 등은 건수를 과세표준으로 하며 이를 기준으로 정액세율을 적용한다.

03 세율

1 표준세율

등록면허세는 등록에 대하여 과세표준에 다음에서 정하는 세율을 적용하여 계산한 금액을 그 세액으로 한다. 지방자치단체의 장은 조례로 정하는 바에 따라 등록면허세의 세율을 다음 표준세율의 100분의 50의 범위에서 가감할 수 있다.

구분		과세표준	세율
소유권 보존등기		부동산가액	1천분의 8
소유권 이전등기	유상(농지 포함)		1천분의 20 (1천분의 10~1천분의 30의 세율이 적용되는 주택의 경우에는 해당 주택의 취득세율에 100분의 50을 곱한 세율)
	상속(농지 포함)		1천분의 8
	상속 이외 무상(비영리사업자 포함)		1천분의 15
소유권 외의 물권과 임차권의 설정 및 이전	지상권	부동산가액	1천분의 2
	지역권	요역지가액	
	전세권	전세금액	
	임차권	월임대차금액	
	저당권, 가압류, 가처분, 경매신청	채권금액	
	가등기	부동산가액 또는 채권금액	
그 밖의 등기(말소, 변경등기 등)		건당	6천원

2 중과세율

(1) 다음 어느 하나에 해당하는 등기를 할 때에는 표준세율의 100분의 300으로 한다.

> ① 대도시에서 법인을 설립(설립 후 또는 휴면법인을 인수한 후 5년 이내에 자본 또는 출자액을 증가하는 경우를 포함한다)하거나 지점이나 분사무소를 설치함에 따른 등기
> ② 대도시 밖에 있는 법인의 본점이나 주사무소를 대도시로 전입(전입 후 5년 이내에 자본 또는 출자액이 증가하는 경우를 포함한다)함에 따른 등기. 이 경우 전입은 법인의 설립으로 보아 세율을 적용한다.

(2) 부동산 등기에 대한 산출세액이 6천원 미만일 때에는 6천원의 100분의 300으로 한다.

(3) 다만, 대도시에 설치가 불가피하다고 인정되는 업종으로서 대통령령으로 정하는 업종(도시형 업종)에 대해서는 중과세율을 적용하지 아니한다.

⚠ 중과 제외 업종: 은행업, 유통산업, 의료법인 등

(4) 대도시 중과 제외 업종으로 법인등기를 한 법인이 정당한 사유 없이 그 등기일부터 2년 이내에 대도시 중과 제외 업종 외의 업종으로 변경하거나 대도시 중과 제외 업종 외의 업종을 추가하는 경우 그 해당 부분에 대하여는 중과세율을 적용한다.

04 비과세

1 국가 등에 대한 비과세

(1) 국가, 지방자치단체, 지방자치단체조합, 외국정부 및 주한국제기구가 자기를 위하여 받는 등록 또는 면허에 대하여는 등록면허세를 부과하지 아니한다.

(2) 다만, 대한민국 정부기관의 등록 또는 면허에 대하여 과세하는 외국정부의 등록 또는 면허의 경우에는 등록면허세를 부과한다.

2 형식적인 등기 · 등록에 대한 비과세

다음 어느 하나에 해당하는 등기·등록에 대하여는 등록면허세를 부과하지 아니한다.

① 회사의 정리 또는 특별청산에 관하여 법원의 촉탁으로 인한 등기 또는 등록. 다만, 법인의 자본금 또는 출자금의 납입, 증자 및 출자전환에 따른 등기 또는 등록은 제외한다.
② 행정구역의 변경, 주민등록번호의 변경, 지적소관청의 지번 변경, 계량단위의 변경, 등기 또는 등록 담당공무원의 착오 및 이와 유사한 사유로 인한 등기 또는 등록으로서 주소, 성명, 주민등록번호, 지번, 계량단위 등의 단순한 표시변경·회복 또는 경정 등기 또는 등록
③ 무덤과 이에 접속된 부속시설물의 부지로 사용되는 토지로서 지적공부상 지목이 묘지인 토지에 관한 등기

05 납세절차

1 납세지

(1) 부동산 등기에 대한 등록면허세의 납세지는 부동산 소재지이다.

(2) 같은 등록에 관계되는 재산이 둘 이상의 지방자치단체에 걸쳐 있어 등록면허세를 지방자치단체별로 부과할 수 없을 때에는 등록관청 소재지를 납세지로 한다.

(3) 같은 채권의 담보를 위하여 설정하는 둘 이상의 저당권을 등록하는 경우에는 이를 하나의 등록으로 보아 그 등록에 관계되는 재산을 처음 등록하는 등록관청 소재지를 납세지로 한다.

(4) 납세지가 분명하지 아니한 경우에는 등록관청 소재지를 납세지로 한다.

2 징수방법

(1) 원칙 – 신고납부

① 일반적인 경우: 등록을 하려는 자는 과세표준에 세율을 적용하여 산출한 세액을 등록을 하기 전까지 납세지를 관할하는 지방자치단체의 장에게 신고하고 납부하여야 한다.

② 중과세대상이 되었을 때: 등록면허세 과세물건을 등록한 후에 해당 과세물건이 중과세율의 적용대상이 되었을 때에는 그 사유발생일부터 60일 이내에 중과세율을 적용하여 산출한 세액에서 이미 납부한 세액(가산세 제외)을 공제한 금액을 세액으로 하여 납세지를 관할하는 지방자치단체의 장에게 신고하고 납부하여야 한다.

③ 비과세 등이 과세대상이 되었을 때: 등록면허세를 비과세, 과세면제 또는 경감받은 후에 해당 과세물건이 등록면허세 부과대상 또는 추징대상이 되었을 때에는 그 사유발생일부터 60일 이내에 해당 과세표준에 해당 세율을 적용하여 산출한 세액[경감받은 경우에는 이미 납부한 세액(가산세 제외)을 공제한 세액]을 납세지를 관할하는 지방자치단체의 장에게 신고하고 납부하여야 한다.

④ 신고의제: 신고의무를 다하지 아니한 경우에도 등록면허세 산출세액을 등록을 하기 전까지 납부하였을 때에는 신고를 하고 납부한 것으로 본다. 이 경우 무신고가산세 및 과소신고가산세를 부과하지 아니한다.

(2) 예외 – 보통징수

① 등록면허세 납세의무자가 신고 또는 납부의무를 다하지 아니하면 산출한 세액 또는 그 부족세액에 「지방세기본법」 규정에 따른 다음의 가산세를 합한 금액을 세액으로 하여 보통징수의 방법으로 징수한다.

㉠ 무신고가산세: 납세의무자가 법정신고기한까지 과세표준신고를 하지 않은 경우에는 다음에 따른 금액을 가산세로 부과한다.

구분	무신고가산세
사기·부정행위로 인한 무신고	무신고납부세액의 100분의 40
일반적인 무신고	무신고납부세액의 100분의 20

ⓛ 과소신고가산세: 납세의무자가 법정신고기한까지 과세표준 신고를 한 경우로서 신고하여야 할 납부세액보다 납부세액을 적게 신고한 경우에는 다음에 따른 금액을 가산세로 부과한다.

구분	과소신고가산세
사기·부정행위로 인한 과소신고	부정과소신고납부세액의 100분의 40
일반적인 과소신고	(과소신고납부세액 – 부정과소신고납부세액)의 100분의 10

ⓒ 납부지연가산세: 납부하지 아니한 세액 또는 과소납부분 세액에 1일 10만분의 22를 곱한 금액

② 등기·등록관서의 장은 등기 또는 등록 후에 등록면허세가 납부되지 아니하였거나 납부부족액을 발견하였을 때에는 다음 달 10일까지 납세지를 관할하는 시장·군수·구청장에게 통보하여야 한다.

(3) 채권자대위자의 신고납부 시

① 채권자대위자는 납세의무자를 대위하여 부동산의 등기에 대한 등록면허세를 신고납부할 수 있다. 이 경우 채권자대위자는 행정안전부령으로 정하는 바에 따라 납부확인서를 발급받을 수 있다.

② 지방자치단체의 장은 위 ①에 따른 채권자대위자의 신고납부가 있는 경우 납세의무자에게 그 사실을 즉시 통보하여야 한다.

3 부가세 등

(1) 납부 시 부가세

등록면허세 납부세액의 100분의 20을 지방교육세로 부과한다.

(2) 감면 시 부가세

등록면허세 감면 시 감면세액의 100분의 20을 농어촌특별세로 부과한다.

(3) 최저세액

부동산 등기의 경우 세액이 6천원 미만일 때에는 6천원으로 한다.

기본문제와 완성문제로 **단단기출**

01 기본 기출

「지방세법」상 부동산 등기에 대한 등록면허세의 과세표준과 표준세율로서 틀린 것은? (단, 부동산 등기에 대한 표준세율을 적용하여 산출한 세액이 그 밖의 등기 또는 등록세율보다 크다고 가정하며, 중과세 및 비과세와 지방세특례제한법은 고려하지 않음) 제31회 수정

① 소유권 보존: 부동산가액의 1천분의 8
② 가처분(저당권과 관련됨): 부동산가액의 1천분의 2
③ 지역권 설정: 요역지가액의 1천분의 2
④ 전세권 이전: 전세금액의 1천분의 2
⑤ 상속으로 인한 소유권 이전: 부동산가액의 1천분의 8

키워드 〉 등록면허세 과세표준과 세율

난이도 〉

해설 〉 가처분(저당권과 관련됨): 채권금액의 1천분의 2

02 

「지방세법」상 등록면허세에 관한 설명으로 틀린 것은? 제28회 수정

① 같은 등록에 관계되는 재산이 둘 이상의 지방자치단체에 걸쳐 있어 등록면허세를 지방자치단체별로 부과할 수 없을 때에는 등록관청 소재지를 납세지로 한다.
② 「여신전문금융업법」 제2조 제12호에 따른 할부금융업을 영위하기 위하여 대도시에서 법인을 설립함에 따른 등기를 할 때에는 그 세율을 해당 세율의 100분의 300으로 한다. 단, 그 등기일부터 2년 이내에 업종변경이나 업종추가는 없다.
③ 무덤과 이에 접속된 부속시설물의 부지로 사용되는 토지로서 지적공부상 지목이 묘지인 토지에 관한 등기에 대하여는 등록면허세를 부과하지 아니한다.
④ 재산권 기타 권리의 설정 · 변경 또는 소멸에 관한 사항을 공부에 등기 또는 등록을 받는 등기 · 등록부상에 기재된 명의자는 등록면허세를 납부할 의무를 진다.
⑤ 지방자치단체의 장은 조례로 정하는 바에 따라 등록면허세의 세율을 부동산등기에 대한 표준세율의 100분의 50의 범위에서 가감할 수 있다.

키워드 〉 중과세율과 납세절차

난이도 〉

해설 〉 할부금융업은 중과 제외 업종으로 중과세율을 적용하지 아니한다.

정답 01 ② 02 ②

03

기본 기출

甲이 乙 소유 부동산에 관해 전세권설정등기를 하는 경우 「지방세법」상 등록에 대한 등록면허세에 관한 설명으로 틀린 것은? 제29회

① 등록면허세의 납세의무자는 전세권자인 甲이다.

② 부동산 소재지와 乙의 주소지가 다른 경우 등록면허세의 납세지는 乙의 주소지로 한다.

③ 전세권 설정등기에 대한 등록면허세의 표준세율은 전세금액의 1,000분의 2이다.

④ 전세권 설정등기에 대한 등록면허세의 산출세액이 건당 6천원보다 적을 때에는 등록면허세의 세액은 6천원으로 한다.

⑤ 만약 丙이 甲으로부터 전세권을 이전받아 등기하는 경우라면 등록면허세의 납세의무자는 丙이다.

키워드 등록면허세

난이도

해설 부동산 소재지와 乙의 주소지가 다른 경우 등록면허세의 납세지는 부동산 소재지이다.

04

기본 기출

지방세법령상 등록에 대한 등록면허세가 비과세되는 경우로 틀린 것은? 제34회

① 지방자치단체조합이 자기를 위하여 받는 등록

② 무덤과 이에 접속된 부속시설물의 부지로 사용되는 토지로서 지적공부상 지목이 묘지인 토지에 관한등기

③ 회사의 정리 또는 특별청산에 관하여 법원의 촉탁으로 인한 등기(법인의 자본금 또는 출자금의 납입, 증자 및 출자전환에 따른 등기 제외)

④ 대한민국 정부기관의 등록에 대하여 과세하는 외국정부의 등록

⑤ 등기 담당 공무원의 착오로 인한 주소 등의 단순한 표시변경 등기

키워드 등록면허세 비과세

난이도

해설 국가, 지방자치단체, 지방자치단체조합, 외국정부 및 주한국제기구가 자기를 위하여 받는 등록 또는 면허에 대하여는 등록면허세를 부과하지 아니한다. 다만, 대한민국 정부기관의 등록 또는 면허에 대하여 과세하는 외국정부의 등록 또는 면허의 경우에는 등록면허세를 부과한다(지방세법 제26조 제1항).

정답 03 ② 04 ④

05 완성 기출

「지방세법」상 등록면허세가 과세되는 등기 또는 등록이 아닌 것은? (단, 2023년 1월 1일 이후 등기 또는 등록한 것으로 가정함) 제29회 수정

① 광업권의 취득에 따른 등록

② 외국인 소유의 선박을 직접 사용하기 위하여 연부취득조건으로 수입하는 선박의 등록

③ 취득세 부과제척기간이 지난 주택의 등기

④ 취득가액이 50만원 이하인 차량의 등록

⑤ 사실상의 잔금지급일을 2023년 12월 1일로 하는 부동산(취득가액 1억원)의 소유권 이전등기

키워드 등록면허세 과세대상

난이도

해설 사실상의 잔금지급일을 2023년 12월 1일로 하는 부동산(취득가액 1억원)의 소유권 이전등기는 취득세만 과세되며, 등록면허세가 별도로 과세되지 아니한다.

정답 05 ⑤

06 완성 기출

「지방세법」상 취득세 또는 등록면허세의 신고 · 납부에 관한 설명으로 옳은 것은? (단, 비과세 및 지방세특례제한법은 고려하지 않음) 제31회

① 상속으로 취득세 과세물건을 취득한 자는 상속개시일로부터 6개월 이내에 과세표준과 세액을 신고 · 납부하여야 한다.

② 취득세 과세물건을 취득한 후 중과세대상이 되었을 때에는 표준세율을 적용하여 산출한 세액에서 이미 납부한 세액(가산세 포함)을 공제한 금액을 세액으로 하여 신고 · 납부하여야 한다.

③ 지목변경으로 인한 취득세 납세의무자가 신고를 하지 아니하고 매각하는 경우 산출세액에 100분의 80을 가산한 금액을 세액으로 하여 징수한다.

④ 등록을 하려는 자가 등록면허세 신고의무를 다하지 않고 산출세액을 등록 전까지 납부한 경우 「지방세기본법」에 따른 무신고가산세를 부과한다.

⑤ 등기 · 등록관서의 장은 등기 또는 등록 후에 등록면허세가 납부되지 아니하였거나 납부부족액을 발견한 경우에는 다음 달 10일까지 납세지를 관할하는 시장 · 군수 · 구청장에게 통보하여야 한다.

키워드 취득세 · 등록면허세의 신고 · 납부

난이도

해설 ① 상속으로 취득세 과세물건을 취득한 자는 상속개시일이 속하는 달의 말일로부터 6개월 이내에 과세표준과 세액을 신고 · 납부하여야 한다.

② 취득세 과세물건을 취득한 후 중과세대상이 되었을 때에는 표준세율을 적용하여 산출한 세액에서 이미 납부한 세액(가산세 제외)을 공제한 금액을 세액으로 하여 신고 · 납부하여야 한다.

③ 지목변경으로 인한 취득세 납세의무자가 신고를 하지 아니하고 매각하는 경우에는 중가산세 부과대상이 아니다.

④ 등록을 하려는 자가 등록면허세 신고의무를 다하지 않고 산출세액을 등록 전까지 납부한 경우 신고를 하고 납부한 것으로 본다. 즉, 무신고가산세가 부과되지 아니한다.

정답 06 ⑤

07 완성 기출

「지방세법」상 등록면허세에 관한 설명으로 틀린 것은? 제30회

① 부동산 등기에 대한 등록면허세의 납세지는 부동산 소재지이다.

② 등록을 하려는 자가 법정신고기한까지 등록면허세 산출세액을 신고하지 않은 경우로서 등록 전까지 그 산출세액을 납부한 때에도 「지방세기본법」에 따른 무신고가산세가 부과된다.

③ 등기 담당공무원의 착오로 인한 지번의 오기에 대한 경정등기에 대해서는 등록면허세를 부과하지 아니한다.

④ 채권금액으로 과세액을 정하는 경우에 일정한 채권금액이 없을 때에는 채권의 목적이 된 것의 가액 또는 처분의 제한의 목적이 된 금액을 그 채권금액으로 본다.

⑤ 「한국은행법」 및 「한국수출입은행법」에 따른 은행업을 영위하기 위하여 대도시에서 법인을 설립함에 따른 등기를 한 법인이 그 등기일부터 2년 이내에 업종변경이나 업종 추가가 없는 때에는 등록면허세의 세율을 중과하지 아니한다.

키워드 등록면허세

난이도

해설 등록을 하려는 자가 법정신고기한까지 등록면허세 산출세액을 신고하지 않은 경우로서 등록 전까지 그 산출세액을 납부한 때에는 신고하고 납부한 것으로 본다. 따라서 신고불성실가산세가 부과되지 아니한다.

정답 07 ②

08 완성 기출

지방세법령상 등록에 대한 등록면허세에 관한 설명으로 틀린 것은? (단, 지방세관계법령상 감면 및 특례는 고려하지 않음) 제34회

① 같은 등록에 관계되는 재산이 둘 이상의 지방자치단체에 걸쳐 있어 등록면허세를 지방자치단체별로 부과할 수 없을 때에는 등록관청 소재지를 납세지로 한다.

② 지방자치단체의 장은 조례로 정하는 바에 따라 등록면허세의 세율을 부동산 등기에 따른 표준세율의 100분의 50의 범위에서 가감할 수 있다.

③ 주택의 토지와 건축물을 한꺼번에 평가하여 토지나 건축물에 대한 과세표준이 구분되지 아니하는 경우에는 한꺼번에 평가한 개별주택가격을 토지나 건축물의 가액비율로 나눈 금액을 각각 토지와 건축물의 과세표준으로 한다.

④ 부동산의 등록에 대한 등록면허세의 과세표준은 등록자가 신고한 당시의 가액으로 하고, 신고가 없거나 신고가액이 시가표준액보다 많은 경우에는 시가표준액으로 한다.

⑤ 채권자대위자는 납세의무자를 대위하여 부동산의 등기에 대한 등록면허세를 신고납부할 수 있다.

키워드 〉 등록면허세 종합

난이도 〉

해설 〉 부동산의 등록에 대한 등록면허세의 과세표준은 조례로 정하는 바에 따라 등록자의 신고에 따른다. 다만, 신고가 없거나 신고가액이 시가표준액보다 적은 경우에는 시가표준액을 과세표준으로 한다(지방세법 제27조 제2항).

정답 08 ④

09 「지방세법」상 등록에 대한 등록면허세에 관한 설명으로 틀린 것은? 제33회

완성 기출

① 채권금액으로 과세액을 정하는 경우에 일정한 채권금액이 없을 때에는 채권의 목적이 된 것의 가액 또는 처분의 제한의 목적이 된 금액을 그 채권금액으로 본다.

② 같은 채권의 담보를 위하여 설정하는 둘 이상의 저당권을 등록하는 경우에는 이를 하나의 등록으로 보아 그 등록에 관계되는 재산을 처음 등록하는 등록관청 소재지를 납세지로 한다.

③ 부동산등기에 대한 등록면허세의 납세지가 분명하지 아니한 경우에는 등록관청 소재지를 납세지로 한다.

④ 지상권등기의 경우에는 특별징수의무자가 징수할 세액을 납부기한까지 부족하게 납부하면 특별징수의무자에게 과소납부분 세액의 100분의 1을 가산세로 부과한다.

⑤ 지방자치단체의 장은 채권자대위자의 부동산의 등기에 대한 등록면허세 신고납부가 있는 경우 납세의무자에게 그 사실을 즉시 통보하여야 한다.

키워드 〉 등록에 대한 등록면허세

난이도 〉

해설 〉 ④ 특별징수의무자가 징수하였거나 징수할 세액을 기한까지 납부하지 아니하거나 부족하게 납부하더라도 특별징수의무자에게 가산세는 부과하지 아니한다(지방세법 제31조 제4항).

① 채권금액으로 과세액을 정하는 경우에 일정한 채권금액이 없을 때에는 채권의 목적이 된 것의 가액 또는 처분의 제한의 목적이 된 금액을 그 채권금액으로 본다(지방세법 제27조 제4항).

② 같은 채권의 담보를 위하여 설정하는 둘 이상의 저당권을 등록하는 경우에는 이를 하나의 등록으로 보아 그 등록에 관계되는 재산을 처음 등록하는 등록관청 소재지를 납세지로 한다(지방세법 제25조 제1항 제17호).

③ 부동산등기에 대한 등록면허세의 납세지가 분명하지 아니한 경우에는 등록관청 소재지를 납세지로 한다(지방세법 제25조 제1항 제18호).

⑤ 지방자치단체의 장은 채권자대위자의 부동산의 등기에 대한 등록면허세 신고납부가 있는 경우 납세의무자에게 그 사실을 즉시 통보하여야 한다(지방세법 제30조 제6항).

정답 09 ④

THEME

□1회독 □2회독

07 재산세 특징, 과세대상, 납세의무자

| THEME 키워드 |

과세대상, 주택의 과세, 납세의무자

기본으로 알아야 하는 대표기출

> 기출분석

- 기출회차: 제31회 수정
- 키워드: 과세대상
- 난이도:

「지방세법」상 재산세의 과세대상 및 납세의무자에 관한 설명으로 옳은 것은? (단, 비과세는 고려하지 않음)

① 「신탁법」에 따른 신탁재산에 속하는 종합합산과세대상 토지는 위탁자의 토지와 합산한다.

② 토지와 주택에 대한 재산세 과세대상은 종합합산과세대상, 별도합산과세대상 및 분리과세대상으로 구분한다.

③ 국가가 선수금을 받아 조성하는 매매용 토지로서 사실상 조성이 완료된 토지의 사용권을 무상으로 받은 자는 재산세를 납부할 의무가 없다.

④ 주택 부속토지의 경계가 명백하지 아니한 경우 그 주택의 바닥면적의 20배에 해당하는 토지를 주택의 부속토지로 한다.

⑤ 재산세 과세대상인 건축물의 범위에는 주택을 포함한다.

해설

② 종합합산과세대상, 별도합산과세대상 및 분리과세대상으로 구분하는 것은 토지만 해당한다.

③ 국가가 선수금을 받아 조성하는 매매용 토지로서 사실상 조성이 완료된 토지의 사용권을 무상으로 받은 자는 재산세를 납부할 의무가 있다.

④ 주택 부속토지의 경계가 명백하지 아니한 경우 그 주택의 바닥면적의 10배에 해당하는 토지를 주택의 부속토지로 한다.

⑤ 재산세 과세대상인 건축물의 범위에는 주택을 제외한다.

정답 ①

> 함정을 피하는 TIP

- 재산세 과세방식을 이해해야 한다.

단단하게 정리하는 **핵심이론**

01 의의 및 특징

1 의의

재산세는 토지, 건축물, 주택, 선박, 항공기의 보유에 대하여 과세기준일(매년 6월 1일) 현재 보유자에게 정기적으로 부과하는 시, 군, 구세이다(특별시는 구와 공동과세).

2 특징

(1) 보통징수

재산세는 과세관청에서 세액을 결정하여 보통징수방식으로 징수한다.

(2) 보유세

재산세는 과세대상 물건을 보유하는 동안 매년 부과하는 보유세이다.

(3) 실질과세

과세대상 물건의 공부상 등재현황과 사실상의 현황이 다를 경우에는 사실상 현황에 의하여 재산세를 부과한다. 다만, 재산세의 과세대상 물건을 공부상 등재현황과 달리 이용함으로써 재산세 부담이 낮아지는 다음의 경우에는 공부상 등재현황에 따라 재산세를 부과한다.

> ① 관계 법령에 따라 허가 등을 받아야 함에도 불구하고 허가 등을 받지 않고 재산세의 과세대상 물건을 이용하는 경우로서 사실상 현황에 따라 재산세를 부과하면 오히려 재산세 부담이 낮아지는 경우
> ② 재산세 과세기준일 현재의 사용이 일시적으로 공부상 등재현황과 달리 사용하는 것으로 인정되는 경우

02 과세대상

1 토지

토지란 「공간정보의 구축 및 관리 등에 관한 법률」에 따라 지적공부의 등록대상이 되는 토지와 그 밖에 사용되고 있는 사실상의 토지를 말한다. 다만, 주택의 부속토지는 주택분 재산세로 과세되므로 제외한다.

2 건축물

(1) 건축물이란 「건축법」에 따른 건축물과 토지에 정착하거나 지하 또는 다른 구조물에 설치하는 레저시설, 저장시설, 도크(dock)시설, 접안시설, 도관시설, 급수·배수시설, 에너지 공급시설 및 그 밖에 이와 유사한 시설(이에 딸린 시설을 포함한다)을 말한다.

(2) 공부상 등재되지 아니한 건축물이나 「건축법」상 허가를 받지 않은 건축물에 대해서도 과세한다. 다만, 주거용 건축물은 주택분 재산세로 과세하므로 제외한다.

3 주택

(1) 주택이란 세대(世帶)의 구성원이 장기간 독립된 주거생활을 할 수 있는 구조로 된 건축물의 전부 또는 일부 및 그 부속토지를 말하며, 단독주택과 공동주택으로 구분한다. 이 경우 토지와 건축물의 범위에서 주택은 제외한다. 즉, 주택 및 부속토지는 토지분, 건축물분이 아닌 주택분 재산세로 과세된다.

(2) 주택의 부속토지의 경계가 명백하지 아니한 경우에는 그 주택의 바닥면적의 10배에 해당하는 토지를 주택의 부속토지로 한다.

(3) 다가구주택

다가구주택은 1가구가 독립하여 구분사용할 수 있도록 분리된 부분을 1구의 주택으로 본다. 이 경우 그 부속토지는 건물면적의 비율에 따라 각각 나눈 면적을 1구의 부속토지로 본다.

(4) 겸용주택 등

① 1동(棟)의 건물이 주거와 주거 외의 용도로 사용되고 있는 경우에는 주거용으로 사용되는 부분만을 주택으로 본다. 이 경우 건물의 부속토지는 주거와 주거 외의 용도로 사용되는 건물의 면적비율에 따라 각각 안분하여 주택의 부속토지와 건축물의 부속토지로 구분한다.

② 1구(構)의 건물이 주거와 주거 외의 용도로 사용되고 있는 경우에는 주거용으로 사용되는 면적이 전체의 100분의 50 이상인 경우에는 주택으로 본다.

③ 건축물에서 허가 등이나 사용승인(임시사용승인을 포함한다)을 받지 아니하고 주거용으로 사용하는 면적이 전체 건축물 면적(허가 등이나 사용승인을 받은 면적을 포함한다)의 100분의 50 이상인 경우에는 그 건축물 전체를 주택으로 보지 아니하고, 그 부속토지는 종합합산과세대상 토지로 본다.

4 항공기

항공기란 사람이 탑승·조종하여 항공에 사용하는 비행기, 비행선, 활공기(滑空機), 회전익(回轉翼) 항공기 및 그 밖에 이와 유사한 비행기구를 말한다.

5 선박

선박이란 기선, 범선, 부선(艀船) 및 그 밖에 명칭에 관계없이 모든 배를 말한다.

03 원칙적인 납세의무자

1 일반적인 경우

재산세 과세기준일 현재 재산을 사실상 소유하고 있는 자는 재산세를 납부할 의무가 있다.

(1) 공유재산인 경우

그 지분에 해당하는 부분(지분의 표시가 없는 경우에는 지분이 균등한 것으로 본다)에 대해서는 그 지분권자

(2) 주택의 건물과 부속토지의 소유자가 다를 경우

그 주택에 대한 산출세액을 건축물과 그 부속토지의 시가표준액 비율로 안분계산한 부분에 대해서는 그 소유자

2 의제납세의무자

재산세 과세기준일 현재 다음 어느 하나에 해당하는 자는 재산세를 납부할 의무가 있다.

(1) 공부상의 소유자

① 매매 등의 사유로 소유권이 변동되었는데도 신고하지 아니하여 사실상의 소유자를 알 수 없을 때

② 공부상에 개인 등의 명의로 등재되어 있는 사실상의 종중재산으로서 종중소유임을 신고하지 아니하였을 때

③ 「채무자 회생 및 파산에 관한 법률」에 따른 파산선고 이후 파산종결의 결정까지 파산재단에 속하는 재산의 경우

「민법」상 상속지분이 가장 높은 사람으로 하되, 상속지분이 가장 높은 사람이 두 명 이상이면 그중 나이가 가장 많은 사람으로 한다.

(2) 주된 상속자

상속이 개시된 재산으로서 상속등기가 이행되지 아니하고 사실상의 소유자를 신고하지 아니하였을 때

(3) 매수계약자

① 국가, 지방자치단체, 지방자치단체조합과 재산세 과세대상 재산을 연부(年賦)로 매매계약을 체결하고 그 재산의 사용권을 무상으로 받은 경우

② 국가, 지방자치단체 및 지방자치단체조합이 선수금을 받아 조성하는 매매용 토지로서 사실상 조성이 완료된 토지의 사용권을 무상으로 받은 자가 있는 경우에는 그 자를 매수계약자로 본다.

(4) 「신탁법」에 따른 수탁자의 명의로 등기 또는 등록된 신탁재산의 경우에는 위탁자(주택법에 따른 지역주택조합 및 직장주택조합이 조합원이 납부한 금전으로 매수하여 소유하고 있는 신탁재산의 경우에는 해당 지역주택조합 및 직장주택조합을 위탁자로 한다)가 신탁재산을 소유한 것으로 본다.

(5) 사업시행자

도시개발사업 및 정비사업(재개발사업만 해당한다)의 시행에 따른 환지계획에서 일정한 토지를 환지로 정하지 아니하고 체비지 또는 보류지로 정한 경우에는 사업시행자

(6) 수입자

외국인 소유의 항공기 또는 선박을 임차하여 수입하는 경우에는 수입하는 자

(7) 사용자

재산세 과세기준일 현재 소유권의 귀속이 분명하지 아니하여 사실상의 소유자를 확인할 수 없는 경우

01 기본 기출

「지방세법」상 재산세 과세대상의 구분에 있어 주거용과 주거 외의 용도를 겸하는 건물 등에 관한 설명으로 옳은 것을 모두 고른 것은? 제33회

> ㉠ 1동(棟)의 건물이 주거와 주거 외의 용도로 사용되고 있는 경우에는 주거용으로 사용되는 부분만을 주택으로 본다.
> ㉡ 1구(構)의 건물이 주거와 주거 외의 용도로 사용되고 있는 경우 주거용으로 사용되는 면적이 전체의 100분의 60인 경우에는 주택으로 본다.
> ㉢ 주택의 부속토지의 경계가 명백하지 아니한 경우에는 그 주택의 바닥면적의 10배에 해당하는 토지를 주택의 부속토지로 한다.

① ㉠　　② ㉢
③ ㉠, ㉡　　④ ㉡, ㉢
⑤ ㉠, ㉡, ㉢

키워드 주택의 과세

난이도

해설 ㉠ 1동(棟)의 건물이 주거와 주거 외의 용도로 사용되고 있는 경우에는 주거용으로 사용되는 부분만을 주택으로 본다(지방세법 제106조 제2항 제1호).
㉡ 1구(構)의 건물이 주거와 주거 외의 용도로 사용되고 있는 경우 주거용으로 사용되는 면적이 전체의 100분의 50 이상인 경우에는 주택으로 본다(지방세법 제106조 제2항 제2호).
㉢ 주택의 부속토지의 경계가 명백하지 아니한 경우에는 그 주택의 바닥면적의 10배에 해당하는 토지를 주택의 부속토지로 한다(지방세법 시행령 제105조).

정답 01 ⑤

02 「지방세법」상 재산세의 과세기준일 현재 납세의무자에 관한 설명으로 틀린 것은? 제28회

① 공유재산인 경우 그 지분에 해당하는 부분(지분의 표시가 없는 경우에는 지분이 균등한 것으로 본다)에 대해서는 그 지분권자를 납세의무자로 본다.

② 소유권의 귀속이 분명하지 아니하여 사실상의 소유자를 확인할 수 없는 경우에는 그 사용자가 납부할 의무가 있다.

③ 지방자치단체와 재산세 과세대상 재산을 연부로 매매계약을 체결하고 그 재산의 사용권을 무상으로 받은 경우에는 그 매수계약자를 납세의무자로 본다.

④ 공부상에 개인 등의 명의로 등재되어 있는 사실상의 종중재산으로서 종중소유임을 신고하지 아니하였을 때에는 공부상 소유자를 납세의무자로 본다.

⑤ 상속이 개시된 재산으로서 상속등기가 이행되지 아니하고 사실상의 소유자를 신고하지 아니하였을 때에는 공동상속인 각자가 받았거나 받을 재산에 따라 납부할 의무를 진다.

키워드 납세의무자

난이도

해설 상속이 개시된 재산으로서 상속등기가 이행되지 아니하고 사실상의 소유자를 신고하지 아니하였을 때에는 주된 상속자가 납부할 의무를 진다.

정답 02 ⑤

03 「지방세법」상 재산세의 납세의무자에 관한 설명으로 <u>틀린</u> 것은? 제25회 수정

기본 기출

① 상속이 개시된 재산으로서 상속등기가 이행되지 아니하고 사실상의 소유자를 신고하지 아니하였을 경우: 「민법」상 상속지분이 가장 높은 상속자(상속지분이 가장 높은 상속자가 두 명 이상인 경우에는 그중 나이가 많은 자)

② 「신탁법」에 따라 수탁자 명의로 등기 · 등록된 신탁재산의 경우: 그 수탁자

③ 국가가 선수금을 받아 조성하는 매매용 토지로서 사실상 조성이 완료된 토지의 사용권을 무상으로 받은 경우: 그 사용권을 무상으로 받은 자

④ 「도시개발법」에 따라 시행하는 환지방식에 의한 도시개발사업 및 「도시 및 주거환경정비법」에 따른 주택재개발사업의 시행에 따른 환지계획에서 일정한 토지를 환지로 정하지 아니하고 체비지로 정한 경우: 사업시행자

⑤ 공부상의 소유자가 매매 등의 사유로 소유권이 변동되었는데도 신고하지 아니하여 사실상의 소유자를 알 수 없을 때: 공부상 소유자

키워드 납세의무자

난이도

해설 「신탁법」에 따른 수탁자의 명의로 등기 또는 등록된 신탁재산의 경우에는 그 위탁자(주택법에 따른 지역주택조합 및 직장주택조합이 조합원이 납부한 금전으로 매수하여 소유하고 있는 신탁재산의 경우에는 해당 지역주택조합 및 직장주택조합을 위탁자로 한다)를 납세의무자로 한다.

정답 03 ②

04 「지방세법」상 재산세의 납세의무자에 관한 설명으로 틀린 것은? 제21회

① 재산세 납세의무자인지의 해당 여부를 판단하는 기준시점은 재산세 과세기준일 현재로 한다.

② 재산세 과세대상 재산의 공부상 소유자를 그 재산에 대한 재산세 납세의무자로 하는 경우가 있다.

③ 재산세 과세대상 재산의 사용자를 그 재산에 대한 납세의무자로 하는 경우가 있다.

④ 지방자치단체와 재산세 과세대상 재산을 연부로 매매계약을 체결하고 그 재산의 사용권을 무상으로 부여받은 경우, 그 매수계약자를 납세의무자로 한다.

⑤ 재산세 과세대상 재산을 여러 사람이 공유하는 경우, 관할 지방자치단체가 지정하는 공유자 중 1인을 납세의무자로 본다.

키워드 납세의무자

난이도

해설 그 지분에 해당하는 부분(지분의 표시가 없는 경우에는 지분이 균등한 것으로 본다)에 대하여 그 지분권자를 납세의무자로 본다.

05 「지방세법」상 2024년 재산세 과세기준일 현재 납세의무자가 아닌 것을 모두 고른 것은? 제26회 수정

완성 기출

> ㉠ 5월 31일에 재산세 과세대상 재산의 매매잔금을 수령하고 소유권 이전등기를 한 매도인
> ㉡ 공유물분할등기가 이루어지지 아니한 공유토지의 지분권자
> ㉢ 「신탁법」에 따라 수탁자 명의로 등기·등록된 신탁재산의 수탁자
> ㉣ 도시환경정비사업시행에 따른 환지계획에서 일정한 토지를 환지로 정하지 아니하고 체비지로 정한 경우 종전 토지소유자

① ㉠, ㉢ ② ㉡, ㉣

③ ㉠, ㉡, ㉣ ④ ㉠, ㉢, ㉣

⑤ ㉡, ㉢, ㉣

키워드 납세의무자

난이도

해설 ㉠ 6월 1일 현재 소유자인 매수인이 납세의무자이다.
㉢ 위탁자가 납세의무자이다.
㉣ 사업시행자가 납세의무자이다.

정답 04 ⑤ 05 ④

06 「지방세법」상 재산세 납세의무에 관한 설명으로 옳은 것은? 제24회

완성 기출

① 재산세 과세기준일 현재 소유권의 귀속이 분명하지 아니하여 사실상의 소유자를 확인할 수 없는 경우 그 사용자가 재산세를 납부할 의무가 있다.

② 주택의 건물과 부속토지의 소유자가 다를 경우 그 주택에 대한 산출세액을 건축물과 그 부속토지의 면적비율로 안분계산한 부분에 대하여 그 소유자를 납세의무자로 본다.

③ 국가와 재산세 과세대상 재산을 연부로 매수계약을 체결하고 그 재산의 사용권을 무상으로 받은 경우 매도계약자가 재산세를 납부할 의무가 있다.

④ 공부상에 개인 등의 명의로 등재되어 있는 사실상의 종중재산으로서 종중소유임을 신고하지 아니한 경우 종중을 납세의무자로 본다.

⑤ 공유재산인 경우 그 지분에 해당하는 부분에 대하여 그 지분권자를 납세의무자로 보되, 지분의 표시가 없는 경우 공유자 중 최연장자를 납세의무자로 본다.

키워드 납세의무자

난이도

해설 ② 주택의 건물과 부속토지의 소유자가 다를 경우 그 주택에 대한 산출세액을 건축물과 그 부속토지의 시가표준액 비율로 안분계산한 부분에 대하여 그 소유자를 납세의무자로 본다.

③ 국가와 재산세 과세대상 재산을 연부로 매수계약을 체결하고 그 재산의 사용권을 무상으로 받은 경우 매수계약자가 재산세를 납부할 의무가 있다.

④ 공부상에 개인 등의 명의로 등재되어 있는 사실상의 종중재산으로서 종중소유임을 신고하지 아니한 경우 공부상 소유자를 납세의무자로 본다.

⑤ 공유재산인 경우 그 지분에 해당하는 부분에 대하여 그 지분권자를 납세의무자로 보되, 지분의 표시가 없는 경우 지분이 균등한 것으로 본다.

정답 06 ①

THEME ☐1회독 ☐2회독

08 재산세 과세표준 및 세율, 비과세

| THEME 키워드 |

과세표준과 세율, 재산세 세율, 재산세 비과세

기본으로 알아야 하는 대표기출

> 기출분석
- 기출회차: 제31회 수정
- 키워드: 과세표준과 세율
- 난이도:

「지방세법」상 2024년도 재산세의 과세표준과 세율에 관한 설명으로 옳은 것을 모두 고른 것은? (단, 법령에 따른 재산세의 경감은 고려하지 않음)

㉠ 지방자치단체의 장은 조례로 정하는 바에 따라 표준세율의 100분의 50의 범위에서 가감할 수 있으며, 가감한 세율은 해당 연도부터 3년간 적용한다.
㉡ 법령이 정한 고급오락장용 토지의 표준세율은 1천분의 40이다.
㉢ 주택의 과세표준은 법령에 따른 시가표준액에 공정시장가액비율(시가표준액의 100분의 60)을 곱하여 산정한 가액으로 한다.

① ㉠　② ㉢
③ ㉠, ㉡　④ ㉡, ㉢
⑤ ㉠, ㉡, ㉢

> 함정을 피하는 TIP
- 재산세 과세표준과 세율에 대해 숙지해야 한다.

해설

㉠의 경우 해당 연도에 한하여 적용한다.

정답 ④

단단하게 정리하는 **핵심이론**

01 과세표준 및 세율

1 과세표준

재산세 과세표준은 과세기준일(매년 6월 1일) 현재의 시가표준액을 기준으로 산정한다.

(1) 토지, 건축물, 주택

토지·건축물·주택에 대한 재산세의 과세표준은 시가표준액에 부동산 시장의 동향과 지방재정 여건 등을 고려하여 다음 어느 하나에서 정한 범위에서 대통령령으로 정하는 공정시장가액비율을 곱하여 산정한 가액으로 한다.

> ① **토지 및 건축물**: 시가표준액의 100분의 50부터 100분의 90까지(2024년은 70%)
> ② **주택**: 시가표준액의 100분의 40부터 100분의 80까지, 다만 1세대 1주택은 100분의 30부터 100분의 70까지(2024년은 60%)

(2) 선박, 항공기

선박 및 항공기에 대한 재산세의 과세표준은 시가표준액으로 한다.

(3) 주택의 과세표준 상한

위 (1)에 따라 산정한 주택의 과세표준이 다음 계산식에 따른 과세표준상한액보다 큰 경우에는 위 (1)에도 불구하고 해당 주택의 과세표준은 과세표준상한액으로 한다.

> • 과세표준상한액 = 대통령령으로 정하는 직전 연도 해당 주택의 과세표준 상당액 + (과세기준일 당시 시가표준액으로 산정한 과세표준 × 과세표준상한율)
> • 과세표준상한율 = 소비자물가지수, 주택가격변동률, 지방재정 여건 등을 고려하여 0에서 100분의 5 범위 이내로 대통령령으로 정하는 비율

2 세율

(1) 세율 적용

① 재산세는 물건별로 세율을 적용하는 것이 원칙이지만, 토지는 분리과세대상, 별도합산과세대상, 종합합산과세대상으로 구분하여 합산과세대상토지는 관할 구역 내 소유자의 토지가액을 합산하여 세율을 적용한다.

② 별도합산과세대상, 종합합산과세대상 토지는 「지방자치법」에 따라 둘 이상의 지방자치단체가 통합된 경우에는 통합 지방자치단체의 조례로 정하는 바에 따라 5년의 범위에서 통합 이전 지방자치단체 관할 구역별로 세율을 적용할 수 있다.

③ 재산세는 다음과 같이 세율을 적용한다.

<table>
<tr><th>구분</th><th colspan="2">세율</th></tr>
<tr><td rowspan="3">토지</td><td>분리과세대상 토지는 해당 토지의 가액을 과세표준으로 하여 비례세율을 적용한다.</td><td>물건별 개별과세
(물세)</td></tr>
<tr><td>별도합산과세대상 토지는 납세의무자가 소유하고 있는 해당 지방자치단체 관할 구역에 있는 별도합산과세대상 토지의 가액을 모두 합한 금액을 과세표준으로 하여 초과누진세율을 적용한다.</td><td rowspan="2">소유자별
관할 구역 내
합산 적용
(인세)</td></tr>
<tr><td>종합합산과세대상 토지는 납세의무자가 소유하고 있는 해당 지방자치단체 관할 구역에 있는 종합합산과세대상 토지의 가액을 모두 합한 금액을 과세표준으로 하여 초과누진세율을 적용한다.</td></tr>
<tr><td>주택</td><td>주택별로 표준세율 또는 특례세율을 적용한다.
㉠ 주택을 2명 이상이 공동으로 소유하거나 토지와 건물의 소유자가 다를 경우 해당 주택에 대한 세율을 적용할 때 해당 주택의 토지와 건물의 가액을 합산한 과세표준에 표준세율 또는 특례세율을 적용한다.
㉡ 다가구주택은 1가구가 독립하여 구분사용할 수 있도록 분리된 부분을 1구의 주택으로 본다. 이 경우 그 부속토지는 건물면적의 비율에 따라 각각 나눈 면적을 1구의 부속토지로 본다.</td><td rowspan="2">물건별 개별과세
(물세)</td></tr>
<tr><td>건축물, 선박, 항공기</td><td>해당 재산별로 그 과세표준액에 비례세율을 적용한다.</td></tr>
</table>

(2) 표준세율

재산세 표준세율은 다음과 같다. 단, 지방자치단체의 장은 특별한 재정수요나 재해 등의 발생으로 재산세의 세율 조정이 불가피하다고 인정되는 경우 조례로 정하는 바에 따라 표준세율의 100분의 50의 범위에서 가감할 수 있다. 다만, 가감한 세율은 해당 연도에만 적용한다.

① 분리과세대상 토지

구분	표준세율
전 · 답 · 과수원 · 목장용지 · 임야	과세표준의 1,000분의 0.7
공장용 토지, 산업용 토지, 염전, 터미널 등	과세표준의 1,000분의 2
회원제 골프장 및 고급오락장용 토지	과세표준의 1,000분의 40

② 별도합산과세대상 토지: 과세표준에 따라 다음의 3단계 초과누진세율을 적용한다.

과세표준	세율
2억원 이하	1,000분의 2
2억원 초과 10억원 이하	40만원 + 2억원 초과금액의 1,000분의 3
10억원 초과	280만원 + 10억원 초과금액의 1,000분의 4

③ 종합합산과세대상 토지: 과세표준에 따라 다음의 3단계 초과누진세율을 적용한다.

과세표준	세율
5천만원 이하	1,000분의 2
5천만원 초과 1억원 이하	10만원 + 5천만원 초과금액의 1,000분의 3
1억원 초과	25만원 + 1억원 초과금액의 1,000분의 5

④ 건축물

㉠ 다음 ㉡, ㉢을 제외한 일반건축물: 1천분의 2.5

㉡ 특별시·광역시(군 지역 제외)·특별자치시(읍·면 지역 제외)·특별자치도(읍·면 지역 제외) 또는 시(읍·면 지역 제외) 지역에서 「국토의 계획 및 이용에 관한 법률」과 그 밖의 관계 법령에 따라 지정된 주거지역 및 해당 지방자치단체의 조례로 정하는 지역의 대통령령으로 정하는 공장용 건축물: 1천분의 5

㉢ 회원제 골프장, 고급오락장용 건축물: 1천분의 40

⑤ 주택(부속토지 포함): 과세표준에 따라 다음의 4단계 초과누진세율을 적용한다.

과세표준	세율
6천만원 이하	1,000분의 1
6천만원 초과 1억 5천만원 이하	6만원 + 6천만원 초과금액의 1,000분의 1.5
1억 5천만원 초과 3억원 이하	19만 5천원 + 1억 5천만원 초과금액의 1,000분의 2.5
3억원 초과	57만원 + 3억원 초과금액의 1,000분의 4

- 1세대 1주택에 대한 특례세율(지방세법 제111조의2)

ⓐ 대통령령으로 정하는 1세대 1주택으로 시가표준액이 9억원 이하인 주택에 대해서는 다음의 4단계 초과누진세율을 적용한다.

과세표준	세율
6천만원 이하	1,000분의 0.5
6천만원 초과 1억 5천만원 이하	3만원 + 6천만원 초과금액의 1,000분의 1
1억 5천만원 초과 3억원 이하	12만원 + 1억 5천만원 초과금액의 1,000분의 2
3억원 초과	42만원 + 3억원 초과금액의 1,000분의 3.5

ⓑ 1세대 1주택의 해당 여부를 판단할 때 「신탁법」에 따라 신탁된 주택은 위탁자의 주택 수에 가산한다.

ⓒ 지방자치단체의 장이 조례로 정하는 바에 따라 가감한 세율을 적용한 세액이 위 ⓐ의 특례세율을 적용한 세액보다 적은 경우에는 위 ⓐ의 특례세율을 적용하지 아니한다.

ⓓ 「지방세특례제한법」에도 불구하고 동일한 주택이 위 ⓐ의 특례세율과 「지방세특례제한법」에 따른 재산세 경감 규정(자동이체 등 납부에 대한 세액공제은 제외한다)의 적용대상이 되는 경우에는 중복하여 적용하지 아니하고 둘 중 경감 효과가 큰 것 하나만을 적용한다.

⑥ 선박 및 항공기

㉠ 선박

- 고급선박: 1천분의 50
- 그 밖의 선박: 1천분의 3

㉡ 항공기: 1천분의 3

(3) 중과세율

① 과세대상: 「수도권정비계획법」에 따른 과밀억제권역(산업집적활성화 및 공장설립에 관한 법률을 적용받는 산업단지 및 유치지역과 국토의 계획 및 이용에 관한 법률을 적용받는 공업지역은 제외한다)에서 행정안전부령으로 정하는 공장 신설·증설에 해당하는 경우 그 건축물

⚠ 취득세에서 과밀억제권역의 공장신설·증설에 대해 중과되는 공장의 범위와 재산세 중과세율 적용대상 공장의 범위는 같다.

② 적용세율: 최초의 과세기준일부터 5년간 1천분의 2.5의 100분의 500에 해당하는 세율(즉, 1천분의 12.5)로 한다.

(4) 재산세 도시지역분

① 지방자치단체의 장은 「국토의 계획 및 이용에 관한 법률」에 따른 도시지역 중 해당 지방의회의 의결을 거쳐 고시한 지역 안에 있는 토지, 건축물 또는 주택에 대하여는 조례로 정하는 바에 따라 다음 ㉠에 따른 세액에 ㉡에 따른 세액을 합산하여 산출한 세액을 재산세액으로 부과할 수 있다.

> ㉠ 과세표준에 재산세 세율을 적용하여 산출한 세액
> ㉡ 과세표준에 1천분의 1.4를 적용하여 산출한 세액

> 재산세액 = 토지 등의 과세표준 × 재산세율 또는 특례세율 + 토지 등의 과세표준×1천분의 1.4(0.14%)

② 지방자치단체의 장은 해당 세율을 조례로 정하는 바에 따라 1천분의 2.3을 초과하지 아니하는 범위에서 다르게 정할 수 있다.

02 비과세

1 국가 등에 대한 비과세

(1) 국가 등이 소유한 재산

국가, 지방자치단체, 지방자치단체조합, 외국정부 및 주한국제기구의 소유에 속하는 재산에 대하여는 재산세를 부과하지 아니한다. 다만, 다음 어느 하나에 해당하는 재산에 대하여는 재산세를 부과한다.

> ① 대한민국 정부기관의 재산에 대하여 과세하는 외국정부의 재산
> ② 국가 등과 연부로 매매계약을 체결하고 무상사용권을 받음에 따라 매수계약자에게 납세의무가 있는 재산

(2) 국가 등이 무상사용하는 재산

국가, 지방자치단체 또는 지방자치단체조합이 1년 이상 공용 또는 공공용으로 사용(1년 이상 사용할 것이 계약서 등에 의하여 입증되는 경우를 포함한다)하는 재산에 대하여는 재산세를 부과하지 아니한다. 다만, 다음의 어느 하나에 해당하는 경우에는 재산세를 부과한다.

> ① 유료로 사용하는 경우
> ② 소유권의 유상이전을 약정한 경우로서 그 재산을 취득하기 전에 미리 사용하는 경우

2 용도구분에 의한 비과세

다음에 따른 재산(사치성재산은 제외한다)에 대하여는 재산세를 부과하지 아니한다. 다만, 대통령령으로 정하는 수익사업에 사용하는 경우와 해당 재산이 유료로 사용되는 경우의 그 재산[다음 (3) 및 (5)의 재산은 제외한다] 및 해당 재산의 일부가 그 목적에 직접 사용되지 아니하는 경우의 그 일부 재산에 대하여는 재산세를 부과한다.

(1) 대통령령으로 정하는 도로 · 하천 · 제방(특정인이 전용 시 과세) · 구거 · 유지 및 묘지

(2) 「산림보호법」에 따른 산림보호구역, 그 밖에 공익상 재산세를 부과하지 아니할 타당한 이유가 있는 다음의 토지

> ① 「군사기지 및 군사시설 보호법」에 따른 군사기지 및 군사시설 보호구역 중 통제보호구역에 있는 토지. 다만, 전 · 답 · 과수원 및 대지는 제외한다.
> ② 「산림보호법」에 따라 지정된 산림보호구역 및 「산림자원의 조성 및 관리에 관한 법률」에 따라 지정된 채종림 · 시험림
> ③ 「자연공원법」에 따른 공원자연보존지구의 임야
> ④ 「백두대간 보호에 관한 법률」 제6조에 따라 지정된 백두대간보호지역의 임야

(3) 임시로 사용하기 위하여 건축된 건축물로서 재산세 과세기준일 현재 1년 미만의 것

(4) 비상재해구조용, 무료도선용, 선교(船橋) 구성용 및 본선에 속하는 전마용(傳馬用) 등으로 사용하는 선박

(5) 재산세를 부과하는 해당 연도에 철거하기로 계획이 확정되어 재산세 과세기준일 현재 행정관청으로부터 철거명령을 받았거나 철거보상계약이 체결된 건축물 또는 주택(건축법 제2조 제1항 제2호에 따른 건축물 부분으로 한정한다). 이 경우 건축물 또는 주택의 일부분을 철거하는 때에는 그 철거하는 부분으로 한정한다(단, 부속토지는 과세한다).

기본문제와 완성문제로 **단단기출**

01 「지방세법」상 재산세 표준세율이 초과누진세율로 되어 있는 재산세 과세대상을 모두 고른 것은?

제30회

> ㉠ 별도합산과세대상 토지
> ㉡ 분리과세대상 토지
> ㉢ 광역시(군 지역은 제외) 지역에서 「국토의 계획 및 이용에 관한 법률」과 그 밖의 관계 법령에 따라 지정된 주거지역의 대통령령으로 정하는 공장용 건축물
> ㉣ 주택

① ㉠, ㉡　　② ㉠, ㉢
③ ㉠, ㉣　　④ ㉡, ㉢
⑤ ㉢, ㉣

키워드 재산세 세율

난이도

해설 ㉠ 별도합산과세대상 토지: 1천분의 2~1천분의 4(3단계 초과누진세율)
㉣ 주택: 1천분의 1~1천분의 4(1세대 1주택으로 시가표준액 9억원 이하의 경우는 1천분의 0.5~1천분의 3.5)(4단계 초과누진세율)
㉡ 분리과세대상 토지: 1천분의 0.7, 1천분의 2, 1천분의 40(비례세율)
㉢ 광역시(군 지역은 제외) 지역에서 「국토의 계획 및 이용에 관한 법률」과 그 밖의 관계 법령에 따라 지정된 주거지역의 대통령령으로 정하는 공장용 건축물: 1천분의 5(비례세율)

정답 01 ③

02 「지방세법」상 재산세 과세대상에 대한 표준세율 적용에 관한 설명으로 <u>틀린</u> 것은? 제27회

① 납세의무자가 해당 지방자치단체 관할 구역에 소유하고 있는 종합합산과세대상 토지의 가액을 모두 합한 금액을 과세표준으로 하여 종합합산과세대상의 세율을 적용한다.

② 납세의무자가 해당 지방자치단체 관할 구역에 소유하고 있는 별도합산과세대상 토지의 가액을 모두 합한 금액을 과세표준으로 하여 별도합산과세대상의 세율을 적용한다.

③ 분리과세대상이 되는 해당 토지의 가액을 과세표준으로 하여 분리과세대상의 세율을 적용한다.

④ 납세의무자가 해당 지방자치단체 관할 구역에 2개 이상의 주택을 소유하고 있는 경우 그 주택의 가액을 모두 합한 금액을 과세표준으로 하여 주택의 세율을 적용한다.

⑤ 주택에 대한 토지와 건물의 소유자가 다를 경우 해당 주택의 토지와 건물의 가액을 합산한 과세표준에 주택의 세율을 적용한다.

키워드 재산세 세율

난이도

해설 납세의무자가 해당 지방자치단체 관할 구역에 2개 이상의 주택을 소유하고 있는 경우 그 주택별 과세표준에 주택의 세율을 적용한다.

03 「지방세법」상 재산세 비과세대상에 해당하는 것은? (단, 주어진 조건 외에는 고려하지 않음) 제30회

기본 기출

① 지방자치단체가 1년 이상 공용으로 사용하는 재산으로서 유료로 사용하는 재산

② 「한국농어촌공사 및 농지관리기금법」에 따라 설립된 한국농어촌공사가 같은 법에 따라 농가에 공급하기 위하여 소유하는 농지

③ 「공간정보의 구축 및 관리 등에 관한 법률」에 따른 제방으로서 특정인이 전용하는 제방

④ 「군사기지 및 군사시설 보호법」에 따른 군사기지 및 군사시설 보호구역 중 통제보호구역에 있는 전 · 답

⑤ 「산림자원의 조성 및 관리에 관한 법률」에 따라 지정된 채종림 · 시험림

키워드 재산세 비과세

난이도

해설 ① 지방자치단체가 1년 이상 공용으로 사용하는 재산으로서 무료로 사용하는 재산은 비과세한다.
② 분리과세대상이다.
③ 「공간정보의 구축 및 관리 등에 관한 법률」에 따른 제방으로서 특정인이 전용하는 제방은 비과세되지 아니한다.
④ 「군사기지 및 군사시설 보호법」에 따른 군사기지 및 군사시설 보호구역 중 통제보호구역에 있는 전 · 답 · 과수원 · 대지는 비과세되지 아니한다.

정답 02 ④ 03 ⑤

04 기본 기출

「지방세법」상 재산세의 비과세대상이 아닌 것은? (단, 아래의 답항별로 주어진 자료 외의 비과세 요건은 충족된 것으로 가정함) 제28회

① 임시로 사용하기 위하여 건축된 건축물로서 재산세 과세기준일 현재 1년 미만의 것
② 재산세를 부과하는 해당 연도에 철거하기로 계획이 확정되어 재산세 과세기준일 현재 행정관청으로부터 철거명령을 받은 주택과 그 부속토지인 대지
③ 농업용 구거와 자연유수의 배수처리에 제공하는 구거
④「군사기지 및 군사시설 보호법」에 따른 군사기지 및 군사시설 보호구역 중 통제보호구역에 있는 토지(전 · 답 · 과수원 및 대지는 제외)
⑤「도로법」에 따른 도로와 그 밖에 일반인의 자유로운 통행을 위하여 제공할 목적으로 개설한 사설도로(건축법 시행령 제80조의2에 따른 대지 안의 공지는 제외)

키워드 재산세 비과세

난이도

해설 재산세를 부과하는 해당 연도에 철거하기로 계획이 확정되어 재산세 과세기준일 현재 행정관청으로부터 철거명령을 받은 건축물 및 주택에 대해 비과세하지만, 부속토지에 대해서는 과세한다.

05 완성 기출

「지방세법」상 다음의 재산세 과세표준에 적용되는 표준세율 중 가장 낮은 것은? 제27회 수정

① 과세표준 5천만원인 종합합산과세대상 토지
② 과세표준 2억원인 별도합산과세대상 토지
③ 과세표준 20억원인 분리과세대상 목장용지
④ 과세표준 6천만원인 주택. 단, 1세대 1주택은 아님
⑤ 과세표준 10억원인 분리과세대상 공장용지

키워드 재산세 세율

난이도

해설 ③ 과세표준 20억원인 분리과세대상 목장용지: 1천분의 0.7
①②⑤ 1천분의 2
④ 1천분의 1

정답 04 ② 05 ③

06 완성 기출

「지방세법」상 다음에 적용되는 재산세의 표준세율이 가장 높은 것은? (단, 재산세 도시지역분은 제외하고, 지방세관계법에 의한 특례는 고려하지 않음) 제32회

① 과세표준이 5천만원인 종합합산과세대상 토지
② 과세표준이 2억원인 별도합산과세대상 토지
③ 과세표준이 1억원인 광역시의 군 지역에서 「농지법」에 따른 농업법인이 소유하는 농지로서 과세기준일 현재 실제 영농에 사용되고 있는 농지
④ 과세표준이 5억원인 「수도권정비계획법」에 따른 과밀억제권역 외의 읍·면 지역의 공장용 건축물
⑤ 과세표준이 1억 5천만원인 주택(1세대 1주택에 해당되지 않음)

키워드 재산세 세율

난이도

해설 ④ 과세표준이 5억원인 「수도권정비계획법」에 따른 과밀억제권역 외의 읍·면 지역의 공장용 건축물: 1천분의 2.5
① 과세표준이 5천만원인 종합합산과세대상 토지: 1천분의 2
② 과세표준이 2억원인 별도합산과세대상 토지: 1천분의 2
③ 과세표준이 1억원인 광역시의 군 지역에서 「농지법」에 따른 농업법인이 소유하는 농지로서 과세기준일 현재 실제 영농에 사용되고 있는 농지: 1천분의 0.7
⑤ 과세표준이 1억 5천만원인 주택(1세대 1주택에 해당되지 않음): 1천분의 1.5

정답 06 ④

07 완성 기출

지방세법령상 재산세의 표준세율에 관한 설명으로 틀린 것은? (단, 지방세관계법령상 감면 및 특례는 고려하지 않음) 제34회

① 법령에서 정하는 고급선박 및 고급오락장용 건축물의 경우 고급선박의 표준세율이 고급오락장용 건축물의 표준세율보다 높다.

② 특별시 지역에서 「국토의 계획 및 이용에 관한 법률」과 그 밖의 관계 법령에 따라 지정된 주거지역 및 해당 지방자치단체의 조례로 정하는 지역의 대통령령으로 정하는 공장용 건축물의 표준세율은 과세표준의 1천분의 5이다.

③ 주택(법령으로 정하는 1세대 1주택 아님) 경우 표준세율은 최저 1천분의 1에서 최고 1천분의 4까지 4단계 초과누진세율로 적용한다.

④ 항공기의 표준세율은 1천분의 3으로 법령에서 정하는 고급선박을 제외한 그 밖의 선박의 표준세율과 동일하다.

⑤ 지방자치단체의 장은 특별한 재정수요나 재해 등의 발생으로 재산세의 세율 조정이 불가피하다고 인정되는 경우 조례로 정하는 바에 따라 표준세율의 100분의 50의 범위에서 가감할 수 있다. 다만, 가감한 세율은 해당 연도를 포함하여 3년간 적용한다.

키워드 재산세 세율

난이도 

해설 ⑤ 지방자치단체의 장은 특별한 재정수요나 재해 등의 발생으로 재산세의 세율 조정이 불가피하다고 인정되는 경우 조례로 정하는 바에 따라 표준세율의 100분의 50의 범위에서 가감할 수 있다. 다만, 가감한 세율은 해당 연도에만 적용한다(지방세법 제111조).

① 고급선박: 1천분의 50
고급오락장용 건축물: 1천분의 40

④ 항공기 및 선박(고급선박 제외): 1천분의 3

정답 07 ⑤

THEME □1회독 □2회독

09 재산세 납세절차 및 토지의 분류

| THEME 키워드 |

재산세, 재산세 납세절차, 재산세 부과·징수, 재산세 물납, 토지의 분류

기본으로 알아야 하는 대표기출

> 기출분석
- 기출회차: 제32회 수정
- 키워드: 재산세
- 난이도:

「지방세법」상 재산세에 관한 설명으로 틀린 것은? (단, 주어진 조건 외에는 고려하지 않음)

① 토지에 대한 재산세의 과세표준은 시가표준액에 공정시장가액비율(100분의 70)을 곱하여 산정한 가액으로 한다.

② 지방자치단체가 1년 이상 공용으로 사용하는 재산으로서 유료로 사용하는 경우에는 재산세를 부과한다.

③ 재산세 물납신청을 받은 시장 · 군수 · 구청장이 물납을 허가하는 경우 물납을 허가하는 부동산의 가액은 물납허가일 현재의 시가로 한다.

④ 주택의 토지와 건물 소유자가 다를 경우 해당 주택에 대한 세율을 적용할 때 해당 주택의 토지와 건물의 가액을 합산한 과세표준에 주택의 세율을 적용한다.

⑤ 개인소유 주택공시가격이 6억원인 주택에 대한 재산세의 산출세액이 직전 연도의 해당 주택에 대한 재산세액 상당액의 100분의 110을 초과하는 경우에는 100분의 110에 해당하는 금액을 해당 연도에 징수할 세액으로 한다.

> 함정을 피하는 TIP
- 재산세 전반에 관해 숙지해야 한다.

해설

재산세 물납신청을 받은 시장 · 군수 · 구청장이 물납을 허가하는 경우 물납을 허가하는 부동산의 가액은 과세기준일 현재의 시가로 한다.

정답 ③

단단하게 정리하는 **핵심이론**

01 납세절차

1 과세기준일 및 납부기한

(1) 과세기준일

재산세의 과세기준일은 매년 6월 1일로 한다.

(2) 납부기한

① 정기분 재산세의 납기는 다음과 같다.

㉠ **토지**: 매년 9월 16일부터 9월 30일까지

㉡ **건축물**: 매년 7월 16일부터 7월 31일까지

㉢ **주택**: 해당 연도에 부과·징수할 세액의 2분의 1은 매년 7월 16일부터 7월 31일까지, 나머지 2분의 1은 9월 16일부터 9월 30일까지. 다만, 해당 연도에 부과할 세액이 20만원 이하인 경우에는 조례로 정하는 바에 따라 납기를 7월 16일부터 7월 31일까지로 하여 한꺼번에 부과·징수할 수 있다.

㉣ **선박**: 매년 7월 16일부터 7월 31일까지

㉤ **항공기**: 매년 7월 16일부터 7월 31일까지

② **수시부과**: 지방자치단체의 장은 과세대상 누락, 위법 또는 착오 등으로 인하여 이미 부과한 세액을 변경하거나 수시부과하여야 할 사유가 발생하면 수시로 부과·징수할 수 있다.

2 납세지

재산세는 다음의 납세지를 관할하는 지방자치단체에서 부과한다.

① **토지**: 토지의 소재지
② **건축물**: 건축물의 소재지
③ **주택**: 주택의 소재지
④ **선박**: 「선박법」에 따른 선적항의 소재지. 다만, 선적항이 없는 경우에는 정계장(定繫場) 소재지(정계장이 일정하지 아니한 경우에는 선박 소유자의 주소지)로 한다.
⑤ **항공기**: 「항공안전법」에 따른 등록원부에 기재된 정치장의 소재지(항공안전법에 따라 등록을 하지 아니한 경우에는 소유자의 주소지)

3 징수방법

(1) 보통징수

① 재산세는 관할 지방자치단체의 장이 세액을 산정하여 보통징수의 방법으로 부과·징수한다.

② 재산세를 징수하려면 토지, 건축물, 주택, 선박 및 항공기로 구분한 납세고지서에 과세표준과 세액을 적어 늦어도 납기개시 5일 전까지 발급하여야 한다.

(2) 병기세

소방분 지역자원시설세의 납기와 재산세의 납기가 같을 때에는 재산세의 납세고지서에 나란히 적어 고지할 수 있다. 또한 재산세를 분할납부하는 경우에 한하여 소방분지역자원시설세도 재산세 기준을 준용하여 분할납부할 수 있다.

⚠ 소방분 지역자원시설세만 단독으로 분할납부신청할 수 없다.

(3) 수탁자의 물적납세의무

신탁재산의 위탁자가 신탁재산의 재산세·가산금 또는 체납처분비를 체납한 경우로서 그 위탁자의 다른 재산에 대하여 체납처분을 하여도 징수할 금액에 미치지 못할 때에는 해당 신탁재산의 수탁자는 그 신탁재산으로써 위탁자의 재산세 등을 납부할 의무가 있다.

(4) 신고의무

다음 어느 하나에 해당하는 자는 과세기준일부터 15일 이내에 그 소재지를 관할하는 지방자치단체의 장에게 그 사실을 알 수 있는 증거자료를 갖추어 신고하여야 한다.

① 재산의 소유권 변동 또는 과세대상 재산의 변동사유가 발생하였으나 과세기준일까지 그 등기·등록이 되지 아니한 재산의 공부상 소유자
② 상속이 개시된 재산으로서 상속등기가 되지 아니한 경우에는 주된 상속자
③ 사실상 종중재산으로서 공부상에는 개인 명의로 등재되어 있는 재산의 공부상 소유자
④ 수탁자 명의로 등기·등록된 신탁재산의 수탁자
⑤ 1세대가 둘 이상의 주택을 소유하고 있음에도 불구하고 1세대 1주택에 대한 세율특례를 적용받으려는 경우에는 그 세대원
⑥ 공부상 등재현황과 사실상의 현황이 다르거나 사실상의 현황이 변경된 경우에는 해당 재산의 사실상 소유자

4 세부담의 상한 및 소액징수 면제

(1) 세부담의 상한

직전 연도의 해당 재산에 대한 재산세액 상당액의 100분의 150

(2) 소액징수 면제

고지서 1장당 재산세로 징수할 세액이 2천원 미만인 경우에는 해당 재산세를 징수하지 아니한다.

5 분할납부

(1) 분할납부 신청기준

지방자치단체의 장은 납기별로 재산세의 납부세액(재산세 도시지역분 포함)이 250만원을 초과하는 경우에는 납부할 세액의 일부를 납부기한이 지난날부터 2개월 이내에 분할납부하게 할 수 있다.

(2) 분할납부세액의 기준

① 납부할 세액이 500만원 이하인 경우: 250만원을 초과하는 금액

② 납부할 세액이 500만원을 초과하는 경우: 그 세액의 100분의 50 이하의 금액

(3) 분할납부 신청기한

분할납부하려는 자는 재산세의 납부기한까지 행정안전부령으로 정하는 신청서를 시장·군수·구청장에게 제출하여야 한다.

(4) 분할납부 신청 시 과세관청의 처분

시장·군수·구청장은 분할납부 신청을 받았을 때에는 이미 고지한 납세고지서를 납부기한 내에 납부하여야 할 납세고지서와 분할납부 기간 내에 납부하여야 할 납세고지서로 구분하여 수정 고지하여야 한다.

6 물납

(1) 물납 신청기준

지방자치단체의 장은 납기별로 재산세의 납부세액(재산세 도시지역분 포함)이 1천만원을 초과하는 경우에는 납세의무자의 신청을 받아 해당 지방자치단체의 관할 구역에 있는 부동산에 대하여만 물납을 허가할 수 있다.

(2) 물납 신청기한

재산세를 물납하려는 자는 행정안전부령으로 정하는 서류를 갖추어 그 납부기한 10일 전까지 납세지를 관할하는 시장·군수·구청장에게 신청하여야 한다.

(3) 물납의 허가

① 물납 신청을 받은 시장·군수·구청장은 신청을 받은 날부터 5일 이내에 납세의무자에게 그 허가 여부를 서면으로 통지하여야 한다.

② 물납허가를 받은 부동산을 행정안전부령으로 정하는 바에 따라 물납하였을 때에는 납부기한 내에 납부한 것으로 본다.

PART 02

(4) 물납의 불허가

① 시장·군수·구청장은 물납 신청을 받은 부동산이 관리·처분하기가 부적당하다고 인정되는 경우에는 허가하지 아니할 수 있다.

② 시장·군수·구청장은 불허가 통지를 받은 납세의무자가 그 통지를 받은 날부터 10일 이내에 해당 시·군·구의 관할 구역에 있는 부동산으로서 관리·처분이 가능한 다른 부동산으로 변경 신청하는 경우에는 변경하여 허가할 수 있다.

③ 위 ②에 따라 허가한 부동산을 행정안전부령으로 정하는 바에 따라 물납하였을 때에는 납부기한 내에 납부한 것으로 본다.

(5) 물납허가 부동산의 평가

① 물납을 허가하는 부동산의 가액은 재산세 과세기준일 현재의 시가로 한다.

② 시가는 다음의 어느 하나에서 정하는 가액에 따른다.

㉠ 토지 및 주택: 시가표준액

㉡ 건축물: 시가표준액

㉢ 다만, 수용·공매가액 및 감정가액 등으로서 재산세의 과세기준일 전 6개월부터 과세기준일 현재까지의 기간 중에 확정된 가액으로서 다음의 어느 하나에 해당하는 것은 시가로 본다.

- 해당 부동산에 대하여 수용 또는 공매사실이 있는 경우: 그 보상가액 또는 공매가액
- 해당 부동산에 대하여 둘 이상의 감정평가법인 등(감정평가 및 감정평가사에 관한 법률 제2조 제4호에 따른 감정평가법인 등)이 평가한 감정가액이 있는 경우: 그 감정가액의 평균액
- 국가, 지방자치단체 또는 지방자치단체조합으로부터의 취득 또는 판결문·법인장부 등에 따라 취득가격이 증명되는 취득으로서 그 사실상의 취득가격이 있는 경우: 그 취득가격

㉣ 시가로 인정되는 가액이 둘 이상인 경우에는 재산세의 과세기준일부터 가장 가까운 날에 해당하는 가액에 의한다.

③ 위 ②를 적용할 때 「상속세 및 증여세법」에 따른 부동산의 평가방법이 따로 있어 국세청장이 고시한 가액이 증명되는 경우에는 그 고시가액을 시가로 본다.

7 부가세

납부하여야 할 재산세액(재산세 도시지역분 제외)의 100분의 20을 지방교육세로 부과한다.

참 고

납부유예(지방세법 제118조의2)

1. 지방자치단체의 장은 다음의 요건을 모두 충족하는 납세의무자가 제111조의2에 따른 1세대 1주택의 재산세액(해당 재산세를 징수하기 위하여 함께 부과하는 지방세를 포함하며, 이하 이 조에서 '주택 재산세'라 한다)의 납부유예를 그 납부기한 만료 3일 전까지 신청하는 경우 이를 허가할 수 있다. 이 경우 납부유예를 신청한 납세의무자는 그 유예할 주택 재산세에 상당하는 담보를 제공하여야 한다.
   ① 과세기준일 현재 제111조의2에 따른 1세대 1주택의 소유자일 것
   ② 과세기준일 현재 만 60세 이상이거나 해당 주택을 5년 이상 보유하고 있을 것
   ③ 다음의 어느 하나에 해당하는 소득 기준을 충족할 것
      ㉠ 직전 과세기간의 총급여액이 7천만원 이하일 것(직전 과세기간에 근로소득만 있거나 근로소득 및 종합소득과세표준에 합산되지 아니하는 종합소득이 있는 자로 한정한다)
      ㉡ 직전 과세기간의 종합소득과세표준에 합산되는 종합소득금액이 6천만원 이하일 것(직전 과세기간의 총급여액이 7천만원을 초과하지 아니하는 자로 한정한다)
   ④ 해당 연도의 납부유예 대상 주택에 대한 재산세의 납부세액이 100만원을 초과할 것
   ⑤ 지방세, 국세 체납이 없을 것
2. 지방자치단체의 장은 위 1.에 따른 신청을 받은 경우 납부기한 만료일까지 대통령령으로 정하는 바에 따라 납세의무자에게 납부유예 허가 여부를 통지하여야 한다.
3. 지방자치단체의 장은 위 1.에 따라 주택 재산세의 납부가 유예된 납세의무자가 다음의 어느 하나에 해당하는 경우에는 그 납부유예 허가를 취소하여야 한다.
   ① 해당 주택을 타인에게 양도하거나 증여하는 경우
   ② 사망하여 상속이 개시되는 경우
   ③ 위 1.의 ①의 요건을 충족하지 아니하게 된 경우
   ④ 담보의 변경 또는 그 밖에 담보 보전에 필요한 지방자치단체의 장의 명령에 따르지 아니한 경우
   ⑤ 「지방세징수법」 제22조 제1항 각 호의 어느 하나에 해당되어 그 납부유예와 관계되는 세액의 전액을 징수할 수 없다고 인정되는 경우
   ⑥ 납부유예된 세액을 납부하려는 경우
4. 지방자치단체의 장은 위 3.에 따라 주택 재산세의 납부유예 허가를 취소하는 경우 납세의무자(납세의무자가 사망한 경우에는 그 상속인 또는 상속재산관리인을 말한다.)에게 그 사실을 즉시 통지하여야 한다.
5. 지방자치단체의 장은 위 3.에 따라 주택 재산세의 납부유예 허가를 취소한 경우에는 대통령령으로 정하는 바에 따라 해당 납세의무자에게 납부를 유예받은 세액과 이자상당가산액을 징수하여야 한다. 다만, 상속인 또는 상속재산관리인은 상속으로 받은 재산의 한도에서 납부를 유예받은 세액과 이자상당가산액을 납부할 의무를 진다.
6. 지방자치단체의 장은 위 1.에 따라 납부유예를 허가한 날부터 위 5.에 따라 징수할 세액의 고지일까지의 기간 동안에는 「지방세기본법」 제55조에 따른 납부지연가산세를 부과하지 아니한다.
7. 위 1.부터 6.까지에서 규정한 사항 외에 납부유예에 필요한 절차 등에 관한 사항은 대통령령으로 정한다.

02 재산세 과세대상 토지의 분류

1 의의 및 과세대상 토지의 구분

(1) 의의

토지에 대한 재산세 과세대상은 다음에 따라 분리과세대상, 별도합산과세대상 및 종합합산과세대상으로 구분한다.

(2) 과세대상 토지의 구분

구분	분리과세	별도합산과세	종합합산과세
농지, 목장용지, 임야	1천분의 0.7(0.07%)	–	–
공장용지 및 산업용토지	1천분의 2(0.2%)	–	–
회원제 골프장 및 고급오락장용토지	1천분의 40(4%)	–	–
일반건축물의 부속토지 및 경제적활용토지	–	1천분의 2~1천분의 4 (0.2~0.4%)	–
분리, 별도 이외의 토지	–	–	1천분의 2~1천분의 5 (0.2~0.5%)

2 분리과세대상 토지

(1) 농지(전, 답, 과수원): 1천분의 0.7의 세율을 적용하여 분리과세

① **개인소유의 농지**: 과세기준일 현재 실제 영농에 사용되고 있는 도시지역 밖에 소재하거나 도시지역의 농지는 개발제한구역과 녹지지역(국토의 계획 및 이용에 관한 법률 제6조 제1호에 따른 도시지역 중 같은 법 제36조 제1항 제1호 각 목의 구분에 따른 세부 용도지역이 지정되지 않은 지역을 포함한다)에 있는 농지인 경우를 말한다.

> **참고**
>
> **종합합산과세 대상**
> 1. 도시지역 밖에 소재하고 있으나 실제 영농에 사용하지 않는 경우
> 2. 실제 영농에 사용하고 있으나 도시지역 내 주거지역, 상업지역, 공업지역에 소재하는 경우

② **법인소유의 농지**: 법인소유의 농지는 원칙적으로 종합합산과세대상으로 분류하지만, 다음의 경우는 분리과세대상으로 분류한다.

㉠「농지법」에 따른 농업법인이 소유하는 농지로서 과세기준일 현재 실제 영농에 사용되고 있는 농지. 다만, 특별시·광역시(군 지역 제외)·특별자치시·특별자치도 및 시지역(읍·면 지역 제외)의 도시지역의 농지는 개발제한구역과 녹지지역에 있는 것으로 한정한다.

㉡「한국농어촌공사 및 농지관리기금법」에 따라 설립된 한국농어촌공사가 같은 법에 따라 농가에 공급하기 위하여 소유하는 농지

㉢ 1990년 5월 31일 이전부터 관계 법령에 따른 사회복지사업자가 복지시설이 소비목적으로 사용할 수 있도록 하기 위하여 소유하는 농지

㉣ 법인이 매립·간척으로 취득한 농지로서, 과세기준일 현재 실제 영농에 사용되고 있는 해당 법인 소유농지. 다만, 특별시·광역시(군 지역 제외)·특별자치시·특별자치도 및 시 지역(읍·면 지역 제외)의 도시지역의 농지는 개발제한구역과 녹지지역에 있는 것으로 한정한다.

㉤ 1990년 5월 31일 이전부터 종중(宗中)이 소유하는 농지

③ 농지의 재산세 과세구분

구분	소재지		실제 영농 여부	과세구분
개인소유	도시지역 밖		○	분리과세
			×	종합과세
	도시지역 내	주거·상업·공업지역	무조건	종합과세
		녹지·개발제한·미지정지역	○	분리과세
			×	종합과세
법인소유	일반적인 경우			종합과세
	㉠ 농업법인이 실제영농에 사용 ㉡ 한국농어촌공사가 농가에 공급하기 위해 소유 ㉢ 종중소유(1990년 5월 31일 이전 취득) ㉣ 매립·간척 후 실제 영농에 사용 ㉤ 사회복지사업자가 소비목적으로 소유(1990년 5월 31일 이전 취득)			분리과세

(2) 목장용지: 1천분의 0.7의 세율을 적용하여 분리과세

① 개인이나 법인이 축산용으로 사용하는 도시지역 안의 개발제한구역·녹지지역과 도시지역 밖의 목장용지로서 과세기준일이 속하는 해의 직전 연도를 기준으로 다음 표에서 정하는 축산용 토지 및 건축물의 기준을 적용하여 계산한 토지면적의 범위에서 소유하는 토지는 분리과세한다.

② 목장용지의 재산세 과세구분

<table>
<tr><th>구분</th><th colspan="2">소재지</th><th>기준면적</th><th>과세구분</th></tr>
<tr><td rowspan="5">개인, 법인 구분 없음</td><td colspan="2" rowspan="2">도시지역 밖</td><td>기준면적 이내</td><td>분리과세</td></tr>
<tr><td>기준면적 초과</td><td>종합합산과세</td></tr>
<tr><td rowspan="3">도시지역 내</td><td rowspan="2">녹지지역, 개발제한구역</td><td>기준면적 이내</td><td>분리과세</td></tr>
<tr><td>기준면적 초과</td><td>종합합산과세</td></tr>
<tr><td>주거·상업·공업지역</td><td>무조건</td><td>종합합산과세</td></tr>
<tr><td colspan="5">단, 도시지역 내 녹지, 개발제한구역의 경우는 1989.12.31. 이전부터 소유(1990.1.1. 이후에 상속 또는 법인의 합병으로 인하여 취득하는 경우 포함)한 것으로 한정한다.</td></tr>
</table>

(3) 임야: 1천분의 0.7의 세율을 적용하여 분리과세

임야는 종합합산과세를 원칙으로 하지만, 다음의 임야에 대해서는 분리과세를 적용한다.

① **생산임야**: 특수산림사업지구로 지정된 임야와 보전산지에 있는 임야로서 산림경영계획의 인가를 받아 실행 중인 임야

② 「문화재보호법」에 따른 지정문화재 및 문화재 보호구역 안의 임야

③ 「자연공원법」에 따라 지정된 공원자연환경지구의 임야

④ 종중이 소유하고 있는 임야(1990.5.31. 이전부터 소유한 것에 한정, 1990.6.1. 이후 상속받은 것 포함)

⑤ 다음 어느 하나에 해당하는 임야(1989.12.31. 이전부터 소유한 것에 한정, 1990.1.1. 이후 상속 및 법인의 합병으로 취득한 것 포함)

> ㉠ 「개발제한구역의 지정 및 관리에 관한 특별조치법」에 따른 개발제한구역의 임야
> ㉡ 「군사기지 및 군사시설 보호법」에 따른 군사기지 및 군사시설 보호구역 중 제한보호구역의 임야 및 그 제한보호구역에서 해제된 날부터 2년이 지나지 아니한 임야
> ㉢ 「도로법」에 따라 지정된 접도구역의 임야
> ㉣ 「철도안전법」에 따른 철도보호지구의 임야
> ㉤ 「도시공원 및 녹지 등에 관한 법률」에 따른 도시공원의 임야
> ㉥ 「국토의 계획 및 이용에 관한 법률」에 따른 도시자연공원구역의 임야
> ㉦ 「하천법」 제12조에 따라 홍수관리구역으로 고시된 지역의 임야

⑥ 「수도법」에 따른 상수원보호구역의 임야(1990.5.31. 이전부터 소유한 것에 한정, 1990.6.1. 이후 상속받은 것 포함)

(4) 공장용지: 1천분의 2의 세율을 적용하여 분리과세

① **군, 읍·면 지역 및 도시지역의 산업단지, 공업지역 내 소재**: 공장용 건축물의 부속토지(건축 중인 경우 포함, 과세기준일 현재 건축기간이 지났거나 정당한 사유 없이 6개월 이상 공사가 중단된 경우 제외)로서 공장입지기준면적 범위의 토지는 분리과세한다.

② 도시지역 내 상업지역, 주거지역 소재: 공장용 건축물의 부속토지로서 행정안전부령으로 정하는 공장입지기준면적 범위의 토지는 별도합산과세한다.

③ 다만, 법령에 따라 허가 등을 받아야 하는 건축물로서 허가 등을 받지 않은 공장용 건축물이나 사용승인을 받아야 하는 건축물로서 사용승인(임시사용승인 포함)을 받지 않고 사용 중인 공장용 건축물의 부속토지는 소재지와 관계없이 무조건 종합과세한다.

④ 공장용지 재산세 과세구분

소재지		기준면적	과세구분
군, 읍·면 지역		기준면적 이내	분리과세
		기준면적 초과	종합합산과세
도시지역 내	산업단지, 공업지역	기준면적 이내	분리과세
		기준면적 초과	종합합산과세
	상업지역, 주거지역, 녹지지역	기준면적 이내	별도합산과세
		기준면적 초과	종합합산과세

(5) 산업용 토지: 1천분의 2의 세율을 적용하여 분리과세

① 국가 및 지방자치단체 지원을 위한 특정 목적 사업용 토지

② 에너지·자원의 공급 및 방송·통신·교통 등의 기반시설용 토지

③ 국토의 효율적 이용을 위한 개발사업용 토지

④ 그 밖에 지역경제의 발전, 공익성의 정도 등을 고려하여 분리과세하여야 할 타당한 이유가 있는 토지

⑤ 과세기준일 현재 계속 염전으로 실제 사용하고 있거나 계속 염전으로 사용하다가 사용을 폐지한 토지(염전 사용을 폐지한 후 다른 용도로 사용하는 토지는 제외한다)

⑥ 「여객자동차 운수사업법」 및 「물류시설의 개발 및 운영에 관한 법률」에 따라 면허 또는 인가를 받은 자가 계속하여 사용하는 여객자동차터미널 및 물류터미널용 토지

(6) 회원제 골프장용 토지 및 고급오락장용 토지

① 1천분의 40의 세율을 적용하여 분리과세한다.

② 회원제 골프장용 토지로서 「체육시설의 설치·이용에 관한 법률」에 따라 구분등록의 대상이 되는 토지 및 사치성재산에 해당하는 고급오락장용 건축물의 부속토지를 말한다.

3 별도합산과세대상 토지

(1) 건축물의 부속토지

① 공장용 건축물의 부속토지: 도시지역의 주거지역이나 상업지역에 소재하는 공장용 건축물의 부속토지로서 기준면적 이내의 토지

② 일반건축물의 부속토지: 건축물의 바닥면적에 용도지역별 적용배율을 곱하여 산정한 면적 범위의 토지

③ 기타

㉠ 공장용건축물과 주거용건축물을 제외한 건축물의 시가표준액이 해당 부속토지의 시가표준액의 100분의 2에 미달하는 건축물의 부속토지 중 그 건축물의 바닥면적까지는 별도합산과세대상이다(바닥면적을 초과하는 부분은 종합합산과세대상).

㉡ 과세기준일 현재 건축물 또는 주택이 사실상 철거·멸실된 날(사실상 철거·멸실된 날을 알 수 없는 경우에는 공부상 철거·멸실된 날)부터 6개월이 지나지 아니한 건축물 또는 주택의 부속토지는 별도합산과세대상이다(6개월 경과 시 종합합산과세대상).

㉢ 「건축법」 등 관계 법령에 따라 허가 등을 받아야 할 건축물로서 허가 등을 받지 아니한 건축물 또는 사용승인을 받아야 할 건축물로서 사용승인(임시사용승인 포함)을 받지 아니하고 사용 중인 건축물의 부속토지는 종합합산과세대상이다.

핵심단단 **별도합산과세대상 건축물의 부속토지**

❶ 일반건축물의 부속토지로 기준면적 이내
❷ 공장용건축물의 부속토지로 주거, 상업지역 내 기준면적 이내
❸ 토지시가표준액 대비 건축물의 시가표준액이 100분의 2에 미달 시 바닥면적 이내
❹ 철거 후 6개월 이내
* 무허가 또는 기준면적 초과 ⇨ 종합합산과세대상

(2) 기타 별도합산과세대상 토지

차고용 토지 등 자동차관련 토지, 보세창고용 토지, 시험·연구·검사용 토지, 스키장, 골프장용 토지 중 원형보전임야, 물류단지시설용 토지 등 공지상태(空地狀態)나 해당 토지의 이용에 필요한 시설 등을 설치하여 업무 또는 경제활동에 활용되는 토지는 별도합산과세대상이다.

4 종합합산과세대상 토지

(1) 과세기준일 현재 납세의무자가 소유하고 있는 토지 중 별도합산과세대상 또는 분리과세대상이 되는 토지는 말한다.

(2) 종합합산과세대상 토지 사례

나대지, 무허가건축물의 부속토지, 기준면적 초과분 등

기본문제와 완성문제로 **단단기출**

01 기본 기출

「지방세법」상 2024년도 귀속 재산세의 부과 · 징수에 관한 설명으로 틀린 것은? (단, 세액변경이나 수시부과사유는 없음) 제29회 수정

① 토지분 재산세 납기는 매년 9월 16일부터 9월 30일까지이다.
② 선박분 재산세 납기는 매년 7월 16일부터 7월 31일까지이다.
③ 재산세를 징수하려면 재산세 납세고지서를 납기개시 5일 전까지 발급하여야 한다.
④ 주택분 재산세로서 해당 연도에 부과할 세액이 20만원 이하인 경우 9월 30일 납기로 한꺼번에 부과 · 징수한다.
⑤ 재산세를 물납하려는 자는 납부기한 10일 전까지 납세지를 관할하는 시장 · 군수 · 구청장에게 물납을 신청하여야 한다.

키워드 재산세 부과 · 징수

난이도

해설 주택분 재산세로서 해당 연도에 부과할 세액이 20만원 이하인 경우 7월 31일 납기로 한꺼번에 부과 · 징수한다.

02

「지방세법」상 재산세의 부과 · 징수에 관한 설명으로 옳은 것은 모두 몇 개인가? (단, 비과세는 고려하지 않음) 제31회

- 재산세의 과세기준일은 매년 6월 1일로 한다.
- 토지의 재산세 납기는 매년 7월 16일부터 7월 31일까지이다.
- 지방자치단체의 장은 재산세의 납부할 세액이 500만원 이하인 경우 250만원을 초과하는 금액은 납부기한이 지난 날부터 2개월 이내 분할납부하게 할 수 있다.
- 재산세는 관할 지방자치단체의 장이 세액을 산정하여 특별징수의 방법으로 부과 · 징수한다.

① 0개 ② 1개 ③ 2개
④ 3개 ⑤ 4개

키워드 재산세 부과 · 징수

난이도

해설
- 토지의 재산세 납기는 매년 9월 16일부터 9월 30일까지이다.
- 재산세는 관할 지방자치단체의 장이 세액을 산정하여 보통징수의 방법으로 부과 · 징수한다.

정답 01 ④ 02 ③

03 지방세법령상 재산세의 부과 · 징수에 관한 설명으로 틀린 것은? 제34회

기본 기출

① 주택에 대한 재산세의 경우 해당 연도에 부과 · 징수할 세액의 2분의 1은 매년 7월 16일부터 7월 31일까지, 나머지 2분의 1은 9월 16일부터 9월 30일까지를 납기로 한다. 다만, 해당 연도에 부과할 세액이 20만원 이하인 경우에는 조례로 정하는 바에 따라 납기를 9월 16일부터 9월 30일까지로 하여 한꺼번에 부과 · 징수할 수 있다.

② 재산세는 관할 지방자치단체의 장이 세액을 산정하여 보통징수의 방법으로 부과 · 징수한다.

③ 재산세를 징수하려면 토지, 건축물, 주택, 선박 및 항공기로 구분한 납세고지서에 과세표준과 세액을 적어 늦어도 납기개시 5일 전까지 발급하여야 한다.

④ 재산세의 과세기준일은 매년 6월 1일로 한다.

⑤ 고지서 1장당 재산세로 징수할 세액이 2천원 미만인 경우에는 해당 재산세를 징수하지 아니한다.

키워드 재산세 부과 · 징수

난이도

해설 주택에 대한 재산세의 경우 해당 연도에 부과 · 징수할 세액의 2분의 1은 매년 7월 16일부터 7월 31일까지, 나머지 2분의 1은 9월 16일부터 9월 30일까지를 납기로 한다. 다만, 해당 연도에 부과할 세액이 20만원 이하인 경우에는 조례로 정하는 바에 따라 납기를 7월 16일부터 7월 31일까지로 하여 한꺼번에 부과 · 징수할 수 있다(지방세법 제115조 제1항 제3호).

정답 03 ①

04 「지방세법」상 재산세의 물납에 관한 설명으로 틀린 것은? 제28회

기본 기출

① 「지방세법」상 물납의 신청 및 허가 요건을 충족하고 재산세의 납부세액이 1천만원을 초과하는 경우 물납이 가능하다.

② 서울특별시 강남구와 경기도 성남시에 부동산을 소유하고 있는 자의 성남시 소재 부동산에 대하여 부과된 재산세의 물납은 성남시 내에 소재하는 부동산만 가능하다.

③ 물납허가를 받은 부동산을 행정안전부령으로 정하는 바에 따라 물납하였을 때에는 납부기한 내에 납부한 것으로 본다.

④ 물납하려는 자는 행정안전부령으로 정하는 서류를 갖추어 그 납부기한 10일 전까지 납세지를 관할하는 시장 · 군수 · 구청장에게 신청하여야 한다.

⑤ 물납 신청 후 불허가 통지를 받은 경우에 해당 시 · 군 · 구의 다른 부동산으로의 변경 신청은 허용되지 않으며 금전으로만 납부하여야 한다.

키워드 재산세 물납

난이도

해설 시장·군수·구청장은 불허가 통지를 받은 납세의무자가 그 통지를 받은 날부터 10일 이내에 해당 시·군·구의 관할 구역에 있는 부동산으로서 관리·처분이 가능한 다른 부동산으로 변경 신청하는 경우에는 변경하여 허가할 수 있다.

정답 04 ⑤

05 「지방세법」상 재산세에 관한 설명으로 옳은 것은? 제27회 수정

기본 기출

① 과세기준일은 매년 7월 1일이다.

② 주택의 정기분 납부세액이 50만원인 경우 세액의 2분의 1은 7월 16일부터 7월 31일까지, 나머지는 10월 16일부터 10월 31일까지를 납기로 한다.

③ 토지의 정기분 납부세액이 18만원인 경우 조례에 따라 납기를 7월 16일부터 7월 31일까지로 하여 한꺼번에 부과 · 징수할 수 있다.

④ 과세기준일 현재 공부상의 소유자가 매매로 소유권이 변동되었는데도 신고하지 아니하여 사실상의 소유자를 알 수 없는 경우 그 공부상의 소유자가 아닌 사용자에게 재산세 납부의무가 있다.

⑤ 지방자치단체의 장은 재산세의 납부세액이 250만원을 초과하는 경우 법령에 따라 납부할 세액의 일부를 납부기한이 지난 날부터 2개월 이내에 분납하게 할 수 있다.

키워드 재산세 납세절차

난이도

해설
① 과세기준일은 매년 6월 1일이다.
② 주택의 정기분 납부세액이 50만원인 경우 세액의 2분의 1은 7월 16일부터 7월 31일까지, 나머지는 9월 16일부터 9월 30일까지를 납기로 한다.
③ 토지의 재산세 납부기한은 9월 16일부터 9월 30일까지이다.
④ 과세기준일 현재 공부상의 소유자가 매매로 소유권이 변동되었는데도 신고하지 아니하여 사실상의 소유자를 알 수 없는 경우 그 공부상의 소유자가 재산세 납부의무를 진다.

정답 05 ⑤

06 기본 기출

「지방세법」상 토지에 대한 재산세를 부과함에 있어서 과세대상의 구분(종합합산과세대상, 별도합산과세대상, 분리과세대상)**이 같은 것으로만 묶인 것은?** 제25회 수정

> ㉠ 1990년 5월 31일 이전부터 종중이 소유하고 있는 임야
> ㉡ 「체육시설의 설치·이용에 관한 법률 시행령」에 따른 골프장용 토지 중 원형이 보전되는 임야
> ㉢ 과세기준일 현재 계속 염전으로 실제 사용하고 있는 토지
> ㉣ 「도로교통법」에 따라 등록된 자동차운전학원의 자동차운전학원용 토지로서 같은 법에서 정하는 시설을 갖춘 구역 안의 토지

① ㉠, ㉡
② ㉡, ㉢
③ ㉡, ㉣
④ ㉠, ㉡, ㉢
⑤ ㉠, ㉢, ㉣

키워드 토지의 분류

난이도

해설 ㉡㉣ 별도합산과세대상이다.
㉠㉢ 분리과세대상이다.

정답 06 ③

07 「지방세법」상 재산세에 관한 설명으로 틀린 것은? (단, 주어진 조건 외에는 고려하지 않음) 제33회

① 재산세 과세기준일 현재 공부상에 개인 등의 명의로 등재되어 있는 사실상의 종중재산으로서 종중소유임을 신고하지 아니하였을 때에는 공부상 소유자는 재산세를 납부할 의무가 있다.

② 지방자치단체가 1년 이상 공용으로 사용하는 재산에 대하여는 소유권의 유상이전을 약정한 경우로서 그 재산을 취득하기 전에 미리 사용하는 경우 재산세를 부과하지 아니한다.

③ 재산세 과세기준일 현재 소유권의 귀속이 분명하지 아니하여 사실상의 소유자를 확인할 수 없는 경우에는 그 사용자가 재산세를 납부할 의무가 있다.

④ 재산세의 납기는 토지의 경우 매년 9월 16일부터 9월 30일까지이며, 건축물의 경우 매년 7월 16일부터 7월 31일까지이다.

⑤ 재산세의 납기에도 불구하고 지방자치단체의 장은 과세대상 누락, 위법 또는 착오 등으로 인하여 이미 부과한 세액을 변경하거나 수시부과하여야 할 사유가 발생하면 수시로 부과 · 징수할 수 있다.

키워드 재산세

난이도

해설 ② 국가, 지방자치단체 또는 지방자치단체조합이 1년 이상 공용 또는 공공용으로 사용(1년 이상 사용할 것이 계약서 등에 의하여 입증되는 경우를 포함한다)하는 재산에 대하여는 재산세를 부과하지 아니한다. 다만, 다음의 어느 하나에 해당하는 경우에는 재산세를 부과한다(지방세법 제109조 제2항).

> 1. 유료로 사용하는 경우
> 2. 소유권의 유상이전을 약정한 경우로서 그 재산을 취득하기 전에 미리 사용하는 경우

① 재산세 과세기준일 현재 공부상에 개인 등의 명의로 등재되어 있는 사실상의 종중재산으로서 종중소유임을 신고하지 아니하였을 때에는 공부상 소유자는 재산세를 납부할 의무가 있다(지방세법 제107조 제2항 제3호).

③ 재산세 과세기준일 현재 소유권의 귀속이 분명하지 아니하여 사실상의 소유자를 확인할 수 없는 경우에는 그 사용자가 재산세를 납부할 의무가 있다(지방세법 제107조 제3항).

④ 재산세의 납기는 토지의 경우 매년 9월 16일부터 9월 30일까지이며, 건축물의 경우 매년 7월 16일부터 7월 31일까지이다(지방세법 제115조 제1항).

⑤ 재산세의 납기에도 불구하고 지방자치단체의 장은 과세대상 누락, 위법 또는 착오 등으로 인하여 이미 부과한 세액을 변경하거나 수시부과하여야 할 사유가 발생하면 수시로 부과·징수할 수 있다(지방세법 제115조 제2항).

정답 07 ②

08 「지방세법」상 재산세에 관한 설명으로 옳은 것은?

제30회 수정

① 건축물에 대한 재산세의 납기는 매년 9월 16일에서 9월 30일이다.

② 재산세의 과세대상 물건이 공부상 등재 현황과 사실상의 현황이 다른 경우에는 공부상 등재 현황에 따라 재산세를 부과하는 것이 원칙이다.

③ 주택에 대한 재산세는 납세의무자별로 해당 지방자치단체의 관할 구역에 있는 주택의 과세표준을 합산하여 주택의 세율을 적용한다.

④ 지방자치단체의 장은 재산세의 납부세액(재산세 도시지역분 포함)이 1천만원을 초과하는 경우에는 납세의무자의 신청을 받아 해당 지방자치단체의 관할 구역에 있는 부동산에 대하여만 대통령령으로 정하는 바에 따라 물납을 허가할 수 있다.

⑤ 주택에 대한 재산세의 과세표준은 시가표준액의 100분의 70으로 한다.

키워드 재산세

난이도

해설 ① 건축물에 대한 재산세의 납기는 매년 7월 16일에서 7월 31일이다.
② 재산세의 과세대상 물건이 공부상 등재 현황과 사실상의 현황이 다른 경우에는 사실상 등재 현황에 따라 재산세를 부과하는 것이 원칙이다. 다만, 공부상 등재 현황과 달리 이용함으로써 재산세 부담이 낮아지는 경우 등 대통령령이 정하는 경우에는 공부상 등재 현황에 따라 부과한다.
③ 주택에 대한 재산세는 납세의무자별로 해당 지방자치단체의 관할 구역에 있는 주택별 과세표준에 주택의 세율을 적용한다.
⑤ 주택에 대한 재산세의 과세표준은 시가표준액의 100분의 60으로 한다.

09 「지방세법」상 재산세 종합합산과세대상 토지는?

제29회 수정

①「문화재보호법」 제2조 제2항에 따른 지정문화재 안의 임야

② 국가가 국방상의 목적 외에는 그 사용 및 처분 등을 제한하는 공장 구내의 토지

③「건축법」 등 관계 법령에 따라 허가 등을 받아야 할 건축물로서 허가 등을 받지 아니한 공장용 건축물의 부속토지

④「자연공원법」에 따라 지정된 공원자연환경지구의 임야

⑤ 1989년 12월 31일 이전부터 소유한 「개발제한구역의 지정 및 관리에 관한 특별조치법」에 따른 개발제한구역의 임야

키워드 토지의 분류

난이도

해설 ①②④⑤ 분리과세대상이다.

정답 08 ④ 09 ③

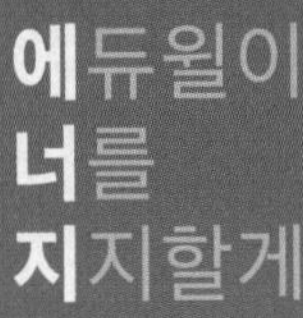

ENERGY

잘 시작하는 것은 중요합니다.
잘 마무리하는 것은 더 중요합니다.

– 조정민, 『인생은 선물이다』, 두란노

PART 03

국세

최근 5개년 출제비중 및 학습전략

PART 03 **50%**

최근 2개년 기출에서 계산문제는 2문제가 출제되었습니다. 이에 비해 양도소득세는 학습 시 난도에 비해서는 평이한 문제가 주로 출제되었습니다. 종합부동산세는 주택 부분 위주로, 양도소득세는 계산구조를 중심으로 전체적인 흐름에 중점을 두어 학습하시기를 바랍니다.

단단 부동산세법

THEME 10 종합부동산세

THEME 11 종합소득세

THEME 12 양도소득세 과세대상 및 양도의 개념

THEME 13 양도 및 취득시기

THEME 14 비과세 양도소득

THEME 15 양도소득세 과세표준과 세율

THEME 16 미등기양도 및 납세절차, 국외자산 양도소득

THEME

□1회독 □2회독

10 종합부동산세

| THEME 키워드 |

종합부동산세, 재산세와 종합부동산세, 종합부동산세 과세대상, 종합부동산세 과세대상 및 납세절차, 종합부동산세 계산구조, 납세의무자, 납세지, 과소신고가산세, 1세대 1주택자의 종합부동산세, 주택분 종합부동산세 과세표준, 주택에 대한 종합부동산세, 종합부동산세 부과·징수, 토지 및 주택에 대한 과세와 부과·징수

기본으로 알아야 하는 **대표기출**

> 기출분석

- **기출회차:** 제32회 수정
- **키워드:** 종합부동산세
- **난이도:**

2024년 귀속 토지분 종합부동산세에 관한 설명으로 옳은 것은? (단, 감면과 비과세와 지방세특례제한법 또는 조세특례제한법은 고려하지 않음)

① 재산세 과세대상 중 분리과세대상 토지는 종합부동산세 과세대상이다.

② 종합부동산세의 분납은 허용되지 않는다.

③ 종합부동산세의 물납은 허용되지 않는다.

④ 납세자에게 부정행위가 없으며 특례제척기간에 해당하지 않는 경우 원칙적으로 납세의무 성립일부터 3년이 지나면 종합부동산세를 부과할 수 없다.

⑤ 별도합산과세대상인 토지의 재산세로 부과된 세액이 세부담 상한을 적용받는 경우 그 상한을 적용받기 전의 세액을 별도합산과세대상 토지분 종합부동산세액에서 공제한다.

해 설

① 재산세 과세대상토지 중 종합합산과세대상, 별도합산과세대상 토지만 종합부동산세 과세대상토지이다.

② 납부할 세액이 250만원을 초과하는 경우 분할납부를 신청할 수 있다.

④ 납세자에게 부정행위가 없으며 특례제척기간에 해당하지 않는 경우 원칙적으로 납세의무 성립일부터 5년이 지나면 종합부동산세를 부과할 수 없다.

⑤ 별도합산과세대상인 토지의 재산세로 부과된 세액이 세부담 상한을 적용받는 경우 그 상한을 적용받은 세액을 별도합산과세대상 토지분 종합부동산세액에서 공제한다.

정답 ③

> 함정을 피하는 TIP

- 종합부동산세 전반에 관해 숙지해야 한다.

단단하게 정리하는 핵심이론

01 과세대상

종합부동산세는 「지방세법」상 재산세 과세대상인 주택(별장 제외)과 토지(분리과세대상 토지 제외)를 과세대상으로 한다.

핵심단단 과세대상

구분		재산세	종합부동산세
토지	종합합산과세대상	0.2～0.5% 초과누진세율	과세대상
	별도합산과세대상	0.2～0.4% 초과누진세율	과세대상
	분리과세대상	0.07%, 0.2%, 4%	과세대상 제외
건축물		0.25%, 0.5%, 4%	과세대상 제외
주택		0.1～0.4% 등 초과누진세율	과세대상

02 납세의무자

1 주택에 대한 납세의무자

과세기준일(매년 6월 1일) 현재 주택분 재산세의 납세의무자는 종합부동산세를 납부할 의무가 있다.

2 토지에 대한 납세의무자

과세기준일 현재 토지분 재산세의 납세의무자로서 다음 어느 하나에 해당하는 자는 해당 토지에 대한 종합부동산세를 납부할 의무가 있다.

① 종합합산과세대상인 경우에는 국내에 소재하는 해당 과세대상토지의 공시가격을 합한 금액이 5억원을 초과하는 자
② 별도합산과세대상인 경우에는 국내에 소재하는 해당 과세대상토지의 공시가격을 합한 금액이 80억원을 초과하는 자

참고

신탁재산의 납세의무자

1. 수탁자의 명의로 등기 또는 등록된 신탁재산은 위탁자가 종합부동산세를 납부할 의무가 있다. 이 경우 위탁자가 신탁재산을 소유한 것으로 본다.
2. 신탁재산의 위탁자가 종합부동산세 등을 체납한 경우로서 그 위탁자의 다른 재산에 대하여 강제징수를 하여도 징수할 금액에 미치지 못할 때에는 해당 신탁재산의 수탁자는 그 신탁재산으로써 위탁자의 종합부동산세 등을 납부할 의무가 있다.

03 주택에 대한 종합부동산세

〈주택분 종합부동산세 계산구조〉

계산식	비고
주택의 공시가격 합계	
(−) 9억원	1세대 1주택자는 12억원, 법인은 공제 없음
= 과세기준초과금액	
× 공정시장가액비율	2024년 60%
= 과세표준	
× 세율	초과누진세율 또는 비례세율
= 산출세액	
− 세액공제	1세대 1주택자 연령별세액공제 및 보유기간별 세액공제
− 세부담상한초과세액	직전 연도 총부담세액(재산세+종합부동산세) 대비 150%(법인은 상한선 없음)
= 납부세액	

1 과세표준

(1) 개인 소유 주택의 과세표준

주택에 대한 종합부동산세의 과세표준은 납세의무자별로 주택의 공시가격을 합산한 금액에서 9억원을 공제한 금액에 부동산 시장의 동향과 재정 여건 등을 고려하여 100분의 60부터 100분의 100까지의 범위에서 대통령령으로 정하는 공정시장가액비율을 곱한 금액으로 한다. 다만, 그 금액이 영(0)보다 작은 경우에는 영(0)으로 본다.

과세표준 = (주택의 공시가격 합계액 − 9억원) × 공정시장가액 비율(2024년 60%)

(2) 1세대 1주택의 경우(단독소유)

① 과세기준일 현재 세대원 중 1인이 해당 주택을 단독으로 소유한 경우로서 1세대 1주택자의 경우에는 주택의 공시가격을 합산한 금액에서 12억원을 공제(납세의무자가 법인 또는 법인으로 보는 단체 제외)한 금액에 부동산 시장의 동향과 재정 여건 등을 고려하여 100분의 60부터 100분의 100까지의 범위에서 대통령령으로 정하는 공정시장가액비율을 곱한 금액으로 한다. 다만, 그 금액이 영(0)보다 작은 경우에는 영(0)으로 본다.

과세표준 = (주택의 공시가격 합계액 − 12억원) × 공정시장가액 비율(2024년 60%)

② 1세대 1주택의 범위

㉠ 1세대 1주택자란 세대원 중 1명만이 주택분 재산세 과세대상인 1주택만을 소유한 경우로서 그 주택을 소유한 「소득세법」에 따른 거주자를 말한다. 이 경우 「건축법 시행령」에 따른 다가구주택은 1주택으로 보되, 합산배제 임대주택으로 신고한 경우에는 1세대가 독립하여 구분 사용할 수 있도록 구획된 부분을 각각 1주택으로 본다.

㉡ 1세대 1주택자 여부를 판단할 때 다음의 주택은 1세대가 소유한 주택 수에서 제외한다. 다만, ⓐ는 다음 ⓐ, ⓑ의 주택 외의 주택을 소유하는 자가 과세기준일 현재 그 주택에 주민등록이 되어 있고 실제로 거주하고 있는 경우에 한정하여 적용한다.

> ⓐ 합산배제 신고한 법정 합산배제임대주택
> ⓑ 합산배제 신고한 합산배제 사원용주택 등(기숙사, 사택, 노인복지주택, 미분양주택, 문화재주택, 어린이집, 향교 등)

③ 다음 어느 하나에 해당하는 경우에는 1세대 1주택자로 본다.

> ㉠ 1주택(주택의 부속토지만을 소유한 경우 제외)과 다른 주택의 부속토지(주택의 건물과 부속 토지의 소유자가 다른 경우의 그 부속토지)를 함께 소유하고 있는 경우
> ㉡ 1세대 1주택자가 1주택을 양도하기 전에 다른 주택을 대체취득하여 일시적으로 2주택이 된 경우로서 대통령령으로 정하는 경우

참 고

위 ③의 ㉡에서 '대통령령으로 정하는 경우'란 1세대 1주택자가 보유하고 있는 주택을 양도하기 전에 다른 신규 주택을 취득(자기가 건설하여 취득하는 경우를 포함한다)하여 2주택이 된 경우로서 과세기준일 현재 신규 주택을 취득한 날부터 3년이 경과하지 않은 경우를 말한다.

Ⓒ 1주택과 상속받은 주택으로서 대통령령으로 정하는 주택(상속주택)을 함께 소유하고 있는 경우

> **참고**
>
> 위 Ⓒ에서 '대통령령으로 정하는 주택'이란 상속을 원인으로 취득한 주택(소득세법 제88조 제9호에 따른 조합원입주권 또는 같은 조 제10호에 따른 분양권을 상속받아 사업시행 완료 후 취득한 신축주택을 포함한다)으로서 다음의 어느 하나에 해당하는 주택을 말한다.
> 1. 과세기준일 현재 상속개시일부터 5년이 경과하지 않은 주택
> 2. 지분율이 100분의 40 이하인 주택
> 3. 지분율에 상당하는 공시가격이 6억원(수도권 밖의 지역에 소재하는 주택의 경우에는 3억원) 이하인 주택

Ⓡ 1주택과 주택 소재 지역, 주택 가액 등을 고려하여 대통령령으로 정하는 지방 저가주택을 함께 소유하고 있는 경우

> **참고**
>
> 위 Ⓡ에서 '대통령령으로 정하는 지방 저가주택'이란 다음의 요건을 모두 충족하는 1주택을 말한다.
> 1. 공시가격이 3억원 이하일 것
> 2. 수도권 밖의 지역으로서 다음의 어느 하나에 해당하는 지역에 소재하는 주택일 것
>   ① 광역시 및 특별자치시가 아닌 지역
>   ② 광역시에 소속된 군
>   ③ 「세종특별자치시 설치 등에 관한 특별법」 제6조 제3항에 따른 읍·면

Ⓜ 위 Ⓛ부터 Ⓡ까지의 규정을 적용받으려는 납세의무자는 해당 연도 9월 16일부터 9월 30일까지 대통령령으로 정하는 바에 따라 관할 세무서장에게 신청하여야 한다.

(3) 과세표준 계산 시 합산배제 주택

다음에 해당하는 주택은 과세표준 합산의 대상이 되는 주택의 범위에 포함되지 아니하는 것으로 본다.

> ① 「민간임대주택에 관한 특별법」에 따른 민간임대주택, 「공공주택 특별법」에 따른 공공임대주택 또는 대통령령으로 정하는 다가구 임대주택으로서 임대기간, 주택의 수, 가격, 규모 등을 고려하여 대통령령으로 정하는 주택
> ② 종업원의 주거에 제공하기 위한 기숙사 및 사원용 주택, 주택건설사업자가 건축하여 소유하고 있는 미분양주택, 가정어린이집용 주택, 「수도권정비계획법」에 따른 수도권 외 지역에 소재하는 1주택 등 종합부동산세를 부과하는 목적에 적합하지 아니한 것으로서 대통령령으로 정하는 주택(기숙사, 사택, 노인복지주택, 미분양주택, 문화재주택, 어린이집, 향교 등)
> ③ 합산배제 주택을 보유한 납세의무자는 해당 연도 9월 16일부터 9월 30일까지 대통령령으로 정하는 바에 따라 납세지 관할 세무서장에게 해당 주택의 보유현황을 신고하여야 한다.

(4) 법인소유 주택의 과세표준

주택의 공시가격을 합산한 금액에 부동산 시장의 동향과 재정 여건 등을 고려하여 100분의 60부터 100분의 100까지의 범위에서 대통령령으로 정하는 공정시장가액비율을 곱한 금액으로 한다. 다만, 그 금액이 영(0)보다 작은 경우에는 영(0)으로 본다.

과세표준 = 주택의 공시가격 합계액 × 공정시장가액 비율(2024년 60%)

PART 03

2 세율 및 세액

(1) 세율

① 납세의무자가 2주택 이하를 소유한 경우

과세표준	세율
3억원 이하	1천분의 5
3억원 초과 6억원 이하	150만원 + (3억원을 초과하는 금액의 1천분의 7)
6억원 초과 12억원 이하	360만원 + (6억원을 초과하는 금액의 1천분의 10)
12억원 초과 25억원 이하	960만원 + (12억원을 초과하는 금액의 1천분의 13)
25억원 초과 50억원 이하	2,650만원 + (25억원을 초과하는 금액의 1천분의 15)
50억원 초과 94억원 이하	6,400만원 + (50억원을 초과하는 금액의 1천분의 20)
94억원 초과	1억 5,200만원 + (94억원을 초과하는 금액의 1천분의 27)

② 납세의무자가 3주택 이상을 소유한 경우

과세표준	세율
3억원 이하	1천분의 5
3억원 초과 6억원 이하	150만원 + (3억원을 초과하는 금액의 1천분의 7)
6억원 초과 12억원 이하	360만원 + (6억원을 초과하는 금액의 1천분의 10)
12억원 초과 25억원 이하	960만원 + (12억원을 초과하는 금액의 1천분의 20)
25억원 초과 50억원 이하	3,560만원 + (25억원을 초과하는 금액의 1천분의 30)
50억원 초과 94억원 이하	1억 1,060만원 + (50억원을 초과하는 금액의 1천분의 40)
94억원 초과	2억 8,660만원 + (94억원을 초과하는 금액의 1천분의 50)

③ 납세의무자가 법인 또는 법인으로 보는 단체인 경우 과세표준에 다음에 따른 세율을 적용하여 계산한 금액을 주택분 종합부동산세액으로 한다.

㉠ 「상속세 및 증여세법」 제16조에 따른 공익법인 등('공익법인 등')이 직접 공익목적사업에 사용하는 주택만을 보유한 경우와 「공공주택 특별법」 제4조에 따른 공공주택사업자 등 사업의 특성을 고려하여 대통령령으로 정하는 경우: 위 ①에 따른 세율(1천분의 5~1천분의 27)

㉡ 공익법인 등으로서 ㉠에 해당하지 아니하는 경우: 위 ①에 따른 세율(1천분의 5~1천분의 27)

㉢ 위 ㉠ 및 ㉡ 외의 경우: 다음에 따른 세율

- **2주택 이하를 소유한 경우**: 1천분의 27
- **3주택 이상을 소유한 경우**: 1천분의 50

(2) 주택 수의 계산

주택분 종합부동산세액을 계산할 때와 세부담상한 적용 시 적용해야 하는 주택 수는 다음에 따라 계산한다.

① 1주택을 여러 사람이 공동으로 소유한 경우 공동소유자 각자가 그 주택을 소유한 것으로 본다.

② 「건축법 시행령」에 따른 다가구주택은 1주택으로 본다.

③ 다음의 주택은 주택 수에 포함하지 않는다.

㉠ 과세표준계산 시 합산배제 주택

㉡ 상속을 원인으로 취득한 주택(소득세법에 따른 조합원입주권 또는 분양권을 상속받아 사업시행 완료 후 취득한 신축주택을 포함한다)으로서 다음의 어느 하나에 해당하는 주택

- 과세기준일 현재 상속개시일부터 5년이 경과하지 않은 주택
- 지분율이 100분의 40 이하인 주택
- 지분율에 상당하는 공시가격이 6억원(수도권 밖의 지역에 소재한 주택의 경우에는 3억원) 이하인 주택

㉢ 토지의 소유권 또는 지상권 등 토지를 사용할 수 있는 권원이 없는 자가 「건축법」 등 관계 법령에 따른 허가 등을 받지 않거나 신고를 하지 않고 건축하여 사용 중인 주택(주택을 건축한 자와 사용 중인 자가 다른 주택을 포함한다)의 부속토지

㉣ 1세대 1주택자로 보는 자가 소유한 신규주택

참고

위 ㉣에서 '신규주택'이란 1세대 1주택자가 보유하고 있는 주택을 양도하기 전에 다른 신규주택을 취득(자기가 건설하여 취득하는 경우를 포함한다)하여 2주택이 된 경우로서 과세기준일 현재 신규주택을 취득한 날부터 3년이 경과하지 않은 경우를 말한다.

ⓜ 1세대 1주택자로 보는 자가 소유한 지방 저가주택

> **참고**
>
> 위 ⓜ에서 '지방 저가주택'이란 다음의 요건을 모두 충족하는 1주택을 말한다.
> 1. 공시가격이 3억원 이하일 것
> 2. 수도권 밖의 지역으로서 다음의 어느 하나에 해당하는 지역에 소재하는 주택일 것
>   ① 광역시 및 특별자치시가 아닌 지역
>   ② 광역시에 소속된 군
>   ③ 「세종특별자치시 설치 등에 관한 특별법」 제6조 제3항에 따른 읍·면

(3) 이중과세 조정

주택분 과세표준 금액에 대하여 해당 과세대상 주택의 주택분 재산세로 부과된 세액(지방세법에 따라 가감조정된 세율이 적용된 경우에는 그 세율이 적용된 세액, 세부담 상한을 적용받은 경우에는 그 상한을 적용받은 세액)은 주택분 종합부동산세액에서 이를 공제한다.

(4) 세액공제

주택분 종합부동산세 납세의무자가 1세대 1주택자에 해당하는 경우의 주택분 종합부동산세액은 산출된 세액에서 다음 ①, ②에 따른 1세대 1주택자에 대한 공제액을 공제한 금액으로 한다. 이 경우 ①, ② 세액공제는 공제율 합계 100분의 80의 범위에서 중복하여 적용할 수 있다.

① **연령별 세액공제**: 과세기준일 현재 만 60세 이상인 1세대 1주택자의 공제액은 산출된 세액에 다음 연령별 공제율을 곱한 금액으로 한다.

연령	공제율
만 60세 이상 만 65세 미만	100분의 20
만 65세 이상 만 70세 미만	100분의 30
만 70세 이상	100분의 40

② **보유기간별 공제**: 1세대 1주택자로서 해당 주택을 과세기준일 현재 5년 이상 보유한 자의 공제액은 산출된 세액에 다음에 따른 보유기간별 공제율을 곱한 금액으로 한다.

보유기간	공제율
5년 이상 10년 미만	100분의 20
10년 이상 15년 미만	100분의 40
15년 이상	100분의 50

참 고

보유기간의 계산

1. 소실(燒失)·도괴(倒壞)·노후(老朽) 등으로 인하여 멸실되어 재건축 또는 재개발하는 주택에 대하여는 그 멸실된 주택을 취득한 날부터 보유기간을 계산한다.
2. 배우자로부터 상속받은 주택에 대하여는 피상속인이 해당 주택을 취득한 날부터 보유기간을 계산한다.

3 세부담의 상한

종합부동산세의 납세의무자가 해당 연도에 납부하여야 할 주택분 재산세액상당액(신탁주택의 경우 재산세의 납세의무자가 납부하여야 할 주택분 재산세액상당액을 말한다)과 주택분 종합부동산세액상당액의 합계액(주택에 대한 총세액상당액)으로서 대통령령으로 정하는 바에 따라 계산한 세액이 해당 납세의무자에게 직전년도에 해당 주택에 부과된 주택에 대한 총세액상당액으로서 대통령령으로 정하는 바에 따라 계산한 세액의 100분의 150을 초과하는 경우에는 그 초과하는 세액에 대해서는 이를 없는 것으로 본다. 다만, 납세의무자가 법인 또는 법인으로 보는 단체로서 1천분의 27 또는 1천분의 50의 세율이 적용되는 경우는 그러하지 아니하다.

04 토지에 대한 종합부동산세

토지에 대한 종합부동산세는 국내에 소재하는 토지에 대하여 「지방세법」에 따른 종합합산과세대상과 별도합산과세대상으로 구분하여 과세한다.

〈토지분 종합부동산세 계산구조〉

계산식	비고
토지의 공시가격 합계	
(−) 5억원 또는 80억원	종합합산과세대상 5억원, 별도합산과세대상 80억원
= 과세기준초과금액	
× 공정시장가액비율	2024년 100%
= 과세표준	
× 세율	초과누진세율
= 산출세액	
− 세부담상한초과세액	직전연도 총부담세액(재산세 + 종합부동산세) 대비 150%
= 납부세액	

1 종합합산과세대상 토지분 종합부동산세

(1) 과세표준

종합합산과세대상인 토지에 대한 종합부동산세의 과세표준은 납세의무자별로 해당 과세대상토지의 공시가격을 합산한 금액에서 5억원을 공제한 금액에 부동산 시장의 동향과 재정 여건 등을 고려하여 100분의 60부터 100분의 100까지의 범위에서 대통령령으로 정하는 공정시장가액비율(2024년 100%)을 곱한 금액으로 한다. 다만, 그 금액이 영(0)보다 작은 경우에는 영(0)으로 본다.

(2) 세율 및 세액

① 세율: 종합합산과세대상인 토지에 대한 종합부동산세의 세액은 과세표준에 다음의 세율을 적용하여 계산한 금액으로 한다.

과세표준	세율
15억원 이하	1,000분의 10
15억원 초과 45억원 이하	1,500만원 + (15억원 초과금액의 1,000분의 20)
45억원 초과	7,500만원 + (45억원 초과금액의 1,000분의 30)

② 이중과세조정: 종합합산과세대상인 토지의 과세표준 금액에 대하여 해당 과세대상 토지의 토지분 재산세로 부과된 세액(지방세법에 따라 가감조정된 세율이 적용된 경우에는 그 세율이 적용된 세액, 세부담 상한을 적용받은 경우에는 그 상한을 적용받은 세액)은 토지분 종합합산세액에서 이를 공제한다.

(3) 세부담의 상한

종합합산과세대상인 토지에 대하여 해당 연도에 납부하여야 할 재산세액상당액과 토지분 종합합산세액상당액의 합계(종합합산과세대상인 토지에 대한 총세액상당액)이 직전년도에 해당 토지에 부과된 종합합산과세대상인 토지에 대한 총세액상당액의 100분의 150을 초과하는 경우에는 그 초과하는 세액에 대해서는 이를 없는 것으로 본다.

2 별도합산과세대상 토지분 종합부동산세

(1) 과세표준

별도합산과세대상인 토지에 대한 종합부동산세의 과세표준은 납세의무자별로 해당 과세대상토지의 공시가격을 합산한 금액에서 80억원을 공제한 금액에 부동산 시장의 동향과 재정 여건 등을 고려하여 100분의 60부터 100분의 100까지의 범위에서 대통령령으로 정하는 공정시장가액비율(2024년 100%)을 곱한 금액으로 한다. 단, 그 금액이 영(0)보다 작은 경우에는 영(0)으로 본다.

(2) 세율 및 세액

① 세율: 별도합산과세대상인 토지에 대한 종합부동산세의 세액은 과세표준에 다음의 세율을 적용하여 계산한 금액으로 한다.

과세표준	세율
200억원 이하	1,000분의 5
200억원 초과 400억원 이하	1억원 + (200억원 초과금액의 1,000분의 6)
400억원 초과	2억 2,000만원 + (400억원 초과금액의 1,000분의 7)

② 이중과세 조정: 별도합산과세대상인 토지의 과세표준 금액에 대하여 해당 과세대상 토지의 토지분 재산세로 부과된 세액(지방세법에 따라 가감조정된 세율이 적용된 경우에는 그 세율이 적용된 세액, 세부담 상한을 적용받은 경우에는 그 상한을 적용받은 세액)은 토지분 별도합산세액에서 이를 공제한다.

(3) 세부담의 상한

별도합산과세대상인 토지에 대하여 해당 연도에 납부하여야 할 재산세액상당액과 토지분 별도합산세액상당액의 합계액(별도합산과세대상인 토지에 대한 총세액상당액)이 직전년도에 해당 토지에 부과된 별도합산과세대상인 토지에 대한 총세액상당액의 100분의 150을 초과하는 경우에는 그 초과하는 세액에 대해서는 이를 없는 것으로 본다.

05 비과세 등

재산세의 법률에 의한 비과세, 조례에 의한 비과세 등 특별한 경우를 제외하고 이를 준용한다.

06 납세절차

1 과세기준일 및 납세지

(1) 과세기준일

종합부동산세의 과세기준일은 매년 6월 1일로 한다.

(2) 납세지

① 종합부동산세의 납세의무자가 개인 또는 법인으로 보지 아니하는 단체인 경우 다음과 같다(소득세법 제6조 규정 준용).

㉠ 거주자의 소득세 납세지는 그 주소지로 한다. 다만, 주소지가 없는 경우에는 그 거소지로 한다.

㉡ 비거주자의 소득세 납세지는 국내사업장의 소재지로 한다. 다만, 국내사업장이 둘 이상 있는 경우에는 주된 국내사업장의 소재지로 하고, 국내사업장이 없는 경우에는 국내원천소득이 발생하는 장소로 한다.

② 종합부동산세의 납세의무자가 법인 또는 법인으로 보는 단체인 경우에는 「법인세법」 규정을 준용하여 납세지를 정한다(본점소재지 등).

③ 종합부동산세의 납세의무자가 비거주자인 개인 또는 외국법인으로서 국내사업장이 없고 국내원천소득이 발생하지 아니하는 주택 및 토지를 소유한 경우에는 그 주택 또는 토지의 소재지(주택 또는 토지가 둘 이상인 경우에는 공시가격이 가장 높은 주택 또는 토지의 소재지)를 납세지로 정한다.

2 납세절차

(1) 부과징수

① 원칙 – 정부부과

㉠ 관할 세무서장은 납부하여야 할 종합부동산세의 세액을 결정하여 해당 연도 12월 1일부터 12월 15일까지 부과·징수한다.

㉡ 관할 세무서장은 종합부동산세를 징수하려면 납부고지서에 주택 및 토지로 구분한 과세표준과 세액을 기재하여 납부기간 개시 5일 전까지 발급하여야 한다.

② **예외 – 신고납부선택**: 종합부동산세를 신고납부방식으로 납부하고자 하는 납세의무자는 종합부동산세의 과세표준과 세액을 해당 연도 12월 1일부터 12월 15일까지 관할 세무서장에게 신고하여야 한다. 이 경우 세무서장의 결정은 없었던 것으로 본다.

③ **가산세**: 종합부동산세는 원칙적으로 정부부과방식의 세목이므로 종합부동산세의 과세표준과 세액을 신고하지 아니하더라도 「국세기본법」에 의한 무신고가산세는 부과하지 아니한다. 다만, 과소신고가산세(10%, 부정 40%) 및 납부지연가산세(1일 10만분의 22)는 부과될 수 있다.

(2) 분할납부

관할 세무서장은 종합부동산세로 납부하여야 할 세액이 250만원을 초과하는 경우에는 그 세액의 일부를 납부기한이 지난날부터 6개월 이내에 분납하게 할 수 있다.

① **분할납부할 수 있는 세액**: 분납할 수 있는 세액은 다음의 금액을 말한다.

> ㉠ 납부하여야 할 세액이 250만원 초과 5백만원 이하인 때에는 해당 세액에서 250만원을 차감한 금액
> ㉡ 납부하여야 할 세액이 5백만원을 초과하는 때에는 해당 세액의 100분의 50 이하의 금액

② **신청기한**: 납부고지서를 받은 자가 분납하려는 때에는 종합부동산세의 납부기한까지 관할 세무서장에게 제출해야 한다.

(3) 공동명의 1주택자의 납세의무 등에 관한 특례

① 요건: 과세기준일 현재 세대원 중 1인이 그 배우자와 공동으로 1주택을 소유하고 해당 세대원 및 다른 세대원이 다른 주택을 소유하지 아니한 경우로서 대통령령으로 정하는 경우에는 배우자와 공동으로 1주택을 소유한 자 또는 그 배우자 중 주택에 대한 지분율이 높은 사람(지분율이 같은 경우에는 공동 소유자간 합의에 따른 사람)을 해당 1주택에 대한 납세의무자로 할 수 있다. 다만, 공동명의 1주택자의 배우자가 다른 주택의 부속토지(주택의 건물과 부속토지의 소유자가 다른 경우의 그 부속토지)를 소유하고 있는 경우는 제외한다.

② 신청기한: 1세대 1주택자로 적용받으려는 납세의무자는 당해 연도 9월 16일부터 9월 30일까지 관할 세무서장에게 신청하여야 한다.

③ 공동명의 1주택자에 대한 세법 적용

㉠ 과세표준 및 세액을 산정하는 경우에는 그 배우자 소유의 주택지분을 합산하여 계산한다.

㉡ 공동명의 1주택자에 대하여 주택분 종합부동산세액에서 주택분 재산세로 부과된 세액을 공제하거나 세부담의 상한을 적용할 경우 적용되는 재산세 부과액 및 재산세상당액은 해당 과세대상 1주택 지분 전체에 대하여 계산한 금액으로 한다.

㉢ 공동명의 1주택자에 대하여 1세대 1주택자에 대한 공제액을 정할 때 공동명의 1주택자의 연령 및 보유기간을 기준으로 한다.

(4) 납부유예 규정

법령

종합부동산세 납부유예(종합부동산세법 제20조의 2)

1. 관할 세무서장은 다음의 요건을 모두 충족하는 납세의무자가 주택분 종합부동산세액의 납부유예를 그 납부기한 만료 3일 전까지 신청하는 경우 이를 허가할 수 있다. 이 경우 납부유예를 신청한 납세의무자는 그 유예할 주택분 종합부동산세액에 상당하는 담보를 제공하여야 한다.
   ① 과세기준일 현재 1세대 1주택자일 것
   ② 과세기준일 현재 만 60세 이상이거나 해당 주택을 5년 이상 보유하고 있을 것
   ③ 다음의 어느 하나에 해당하는 소득 기준을 충족할 것
      ㉠ 직전 과세기간의 총급여액이 7천만원 이하일 것(직전 과세기간에 근로소득만 있거나 근로소득 및 종합소득과세표준에 합산되지 아니하는 종합소득이 있는 자로 한정한다)
      ㉡ 직전 과세기간의 종합소득과세표준에 합산되는 종합소득금액이 6천만원 이하일 것(직전 과세기간의 총급여액이 7천만원을 초과하지 아니하는 자로 한정한다)
   ④ 해당 연도의 주택분 종합부동산세액이 100만원을 초과할 것
2. 관할 세무서장은 주택분 종합부동산세액의 납부가 유예된 납세의무자가 다음의 어느 하나에 해당하는 경우에는 그 납부유예 허가를 취소하여야 한다.
   ① 해당 주택을 타인에게 양도하거나 증여하는 경우
   ② 사망하여 상속이 개시되는 경우
   ③ 과세기준일 현재 1세대1주택의 요건을 충족하지 아니하게 된 경우
   ④ 담보의 변경 또는 그 밖에 담보 보전에 필요한 관할 세무서장의 명령에 따르지 아니한 경우
   ⑤ 「국세징수법」 제9조 제1항 각 호의 어느 하나에 해당되어 그 납부유예와 관계되는 세액의 전액을 징수할 수 없다고 인정되는 경우
   ⑥ 납부유예된 세액을 납부하려는 경우
3. 관할 세무서장은 주택분 종합부동산세액의 납부유예 허가를 취소한 경우에는 해당 납세의무자에게 납부를 유예받은 세액과 이자상당가산액을 징수하여야 한다. 다만, 상속인 또는 상속재산관리인은 상속으로 받은 재산의 한도에서 납부를 유예받은 세액과 이자상당가산액을 납부할 의무를 진다.
4. 관할 세무서장은 납부유예를 허가한 연도의 납부기한이 지난 날부터 징수할 세액의 고지일까지의 기간 동안에는 「국세기본법」에 따른 납부지연가산세를 부과하지 아니한다.

(5) 부가세

종합부동산세 납세의무가 있는 경우에는 해당 세액에 대하여 100분의 20의 농어촌특별세가 부가된다.

기본문제와 완성문제로 **단단기출**

01 기본 기출

종합부동산세의 과세기준일 현재 종합부동산세가 과세되지 아니한 것을 모두 고른 것은? (단, 주어진 조건 외에는 고려하지 않음) 제26회 수정

> ㉠ 여객자동차운송사업 면허를 받은 자가 그 면허에 따라 사용하는 차고용 토지(자동차운송사업의 최저 보유차고면적기준의 1.5배에 해당하는 면적 이내의 토지)의 공시가격이 100억원인 경우
> ㉡ 국내에 있는 부부공동명의(지분비율이 동일함)로 된 1세대 1주택의 공시가격이 16억원인 경우
> ㉢ 공장용 건축물
> ㉣ 회원제 골프장용 토지(회원제 골프장업의 등록 시 구분등록의 대상이 되는 토지)의 공시가격이 100억원인 경우

① ㉠, ㉡ ② ㉢, ㉣
③ ㉠, ㉡, ㉢ ④ ㉠, ㉢, ㉣
⑤ ㉡, ㉢, ㉣

키워드 종합부동산세 과세대상

난이도

해설 ㉡ 종합부동산세는 인별 과세로 각각 소유하고 있는 주택의 공시가격이 9억원을 넘지 않으므로 과세대상에 해당하지 않는다.
㉢ 건축물은 과세대상에 해당하지 않는다.
㉣ 분리과세대상토지는 과세대상에 해당하지 않는다.
㉠ 별도합산과세대상토지로 공시가격의 합계가 80억원을 초과하는 경우 납세의무가 있다.

정답 01 ⑤

02 기본 기출

「종합부동산세법」상 종합부동산세에 관한 설명으로 틀린 것은? (단, 감면 및 비과세와 지방세특례제한법 또는 조세특례제한법은 고려하지 않음) 제31회

① 종합부동산세의 과세기준일은 매년 6월 1일로 한다.

② 종합부동산세의 납세의무자가 비거주자인 개인으로서 국내사업장이 없고 국내원천소득이 발생하지 아니하는 1주택을 소유한 경우 그 주택 소재지를 납세지로 정한다.

③ 과세기준일 현재 토지분 재산세의 납세의무자로서 국내에 소재하는 종합합산과세대상 토지의 공시가격을 합한 금액이 5억원을 초과하는 자는 해당 토지에 대한 종합부동산세를 납부할 의무가 있다.

④ 종합합산과세대상 토지의 재산세로 부과된 세액이 세부담 상한을 적용받는 경우 그 상한을 적용받기 전의 세액을 종합합산과세대상 토지분 종합부동산세액에서 공제한다.

⑤ 관할 세무서장은 종합부동산세를 징수하고자 하는 때에는 납세고지서에 주택 및 토지로 구분한 과세표준과 세액을 기재하여 납부기간 개시 5일 전까지 발부하여야 한다.

키워드 종합부동산세 계산구조

난이도

해설 종합합산과세대상 토지의 재산세로 부과된 세액이 세부담 상한을 적용받는 경우 그 상한을 적용받은 세액을 종합합산과세대상 토지분 종합부동산세액에서 공제한다.

정답 02 ④

03 기본 기출

「종합부동산세법」상 1세대 1주택자에 관한 설명으로 옳은 것은? 제32회 수정

① 과세기준일 현재 세대원 중 1인과 그 배우자만이 공동으로 1주택을 소유하고 해당 세대원 및 다른 세대원이 다른 주택을 소유하지 아니한 경우 신청하지 않더라도 공동명의 1주택자를 해당 1주택에 대한 납세의무자로 한다.

② 합산배제 신고한 「문화재보호법」에 따른 국가등록문화재에 해당하는 주택은 1세대가 소유한 주택 수에서 제외한다.

③ 1세대가 일반 주택과 합산배제 신고한 임대주택을 각각 1채씩 소유한 경우 해당 일반 주택에 그 주택소유자가 실제 거주하지 않더라도 1세대 1주택자에 해당한다.

④ 1세대 1주택자는 주택의 공시가격을 합산한 금액에서 9억원을 공제한 금액에 공정시장가액비율을 곱한 금액을 과세표준으로 한다.

⑤ 1세대 1주택자에 대하여는 주택분 종합부동산세 산출세액에서 소유자의 연령과 주택 보유기간에 따른 공제액을 공제율 합계 100분의 70의 범위에서 중복하여 공제한다.

키워드 1세대 1주택자의 종합부동산세

난이도

해설 ① 9월 16일부터 9월 30일까지 납세지 관할 세무서장에게 신청하여야 한다.

③ 1세대가 일반 주택과 합산배제 신고한 임대주택을 각각 1채씩 소유한 경우 해당 일반 주택에 그 주택소유자가 실제 거주하여야 1세대 1주택자에 해당한다.

④ 1세대 1주택자는 주택의 공시가격을 합산한 금액에서 12억원을 공제한 금액에 공정시장가액비율을 곱한 금액을 과세표준으로 한다.

⑤ 1세대 1주택자에 대하여는 주택분 종합부동산세 산출세액에서 소유자의 연령과 주택 보유기간에 따른 공제액을 공제율 합계 100분의 80의 범위에서 중복하여 공제한다.

정답 03 ②

04 기본 기출

종합부동산세법령상 주택의 과세표준 계산과 관련한 내용으로 틀린 것은? (단, 2023년 납세의무 성립분임) 제34회

① 대통령령으로 정하는 1세대 1주택자(공동명의 1주택자 제외)의 경우 주택에 대한 종합부동산세의 과세표준은 납세의무자별로 주택의 공시가격을 합산한 금액에서 12억원을 공제한 금액에 100분의 60을 곱한 금액으로 한다. 다만, 그 금액이 영보다 작은 경우에는 영으로 본다.

② 대통령령으로 정하는 다가구 임대주택으로서 임대기간, 주택의 수, 가격, 규모 등을 고려하여 대통령령으로 정하는 주택은 과세표준 합산의 대상이 되는 주택의 범위에 포함되지 아니하는 것으로 본다.

③ 1주택(주택의 부속토지만을 소유한 경우는 제외)과 다른 주택의 부속토지(주택의 건물과 부속토지의 소유자가 다른 경우의 그 부속토지)를 함께 소유하고 있는 경우는 1세대 1주택자로 본다.

④ 혼인으로 인한 1세대 2주택의 경우 납세의무자가 해당 연도 9월 16일부터 9월 30일까지 관할세무서장에게 합산배제를 신청하면 1세대 1주택자로 본다.

⑤ 2주택을 소유하여 1천분의 27의 세율이 적용되는 법인의 경우 주택에 대한 종합부동산세의 과세표준은 납세의무자별로 주택의 공시가격을 합산한 금액에서 0원을 공제한 금액에 100분의 60을 곱한 금액으로 한다. 다만, 그 금액이 영보다 작은 경우에는 영으로 본다.

키워드 주택분 종합소득세 과세표준

난이도

해설 ④ 혼인으로 인한 1세대 2주택의 경우 신청 시 1세대 1주택자로 보는 규정은 없다.

⑤ 「종합부동산세법」 제8조 제4항 제2호부터 제4호까지의 규정을 적용받으려는 납세의무자는 해당 연도 9월 16일부터 9월 30일까지 대통령령으로 정하는 바에 따라 관할세무서장에게 신청하여야 한다.

보충 다음의 어느 하나에 해당하는 경우에는 1세대 1주택자로 본다(종합부동산세법 제8조 제4항).

1. 1주택(주택의 부속토지만을 소유한 경우는 제외한다)과 다른 주택의 부속토지(주택의 건물과 부속토지의 소유자가 다른 경우의 그 부속토지를 말한다)를 함께 소유하고 있는 경우
2. 1세대 1주택자가 1주택을 양도하기 전에 다른 주택을 대체취득하여 일시적으로 2주택이 된 경우로서 대통령령으로 정하는 경우
3. 1주택과 상속받은 주택으로서 대통령령으로 정하는 주택을 함께 소유하고 있는 경우
4. 1주택과 주택 소재 지역, 주택 가액 등을 고려하여 대통령령으로 정하는 지방 저가주택을 함께 소유하고 있는 경우

정답 04 ④

05 기본 기출

「종합부동산세법」상 주택에 대한 과세 및 납세지에 관한 설명으로 옳은 것은? 제33회 수정

① 납세의무자가 법인(공익법인 등에 해당하지 아니함)이며 3주택 이상을 소유한 경우 소유한 주택 수에 따라 과세표준에 0.5%~5.0%의 세율을 적용하여 계산한 금액을 주택분 종합부동산세액으로 한다.

② 납세의무자가 법인으로 보지 않는 단체인 경우 주택에 대한 종합부동산세 납세지는 해당 주택의 소재지로 한다.

③ 과세표준 합산의 대상에 포함되지 않는 주택을 보유한 납세의무자는 해당 연도 10월 16일부터 10월 31일까지 관할 세무서장에게 해당 주택의 보유현황을 신고하여야 한다.

④ 종합부동산세 과세대상 1세대 1주택자로서 과세기준일 현재 해당 주택을 12년 보유한 자의 보유기간별 세액공제에 적용되는 공제율은 100분의 50이다.

⑤ 과세기준일 현재 주택분 재산세의 납세의무자는 종합부동산세를 납부할 의무가 있다.

키워드 주택에 대한 종합부동산세

난이도

해설 ⑤ 과세기준일 현재 주택분 재산세의 납세의무자는 종합부동산세를 납부할 의무가 있다(종합부동산세법 제7조 제1항).

① 납세의무자가 법인 또는 법인으로 보는 단체인 경우 과세표준에 다음에 따른 세율을 적용하여 계산한 금액을 주택분 종합부동산세액으로 한다(종합부동산세법 제9조 제2항).

> 1. 「상속세 및 증여세법」 제16조에 따른 공익법인 등('공익법인 등')이 직접 공익목적사업에 사용하는 주택만을 보유한 경우와 「공공주택 특별법」 제4조에 따른 공공주택사업자 등 사업의 특성을 고려하여 대통령령으로 정하는 경우: 1천분의 5~1천분의 27
> 2. 공익법인 등으로서 위 1.에 해당하지 아니하는 경우: 1천분의 5~1천분의 27
> 3. 위 1. 및 2. 외의 경우: 다음에 따른 세율
>   - 2주택 이하를 소유한 경우: 1천분의 27
>   - 3주택 이상을 소유한 경우: 1천분의 50

② 종합부동산세의 납세의무자가 개인 또는 법인으로 보지 아니하는 단체인 경우에는 「소득세법」 제6조의 규정을 준용하여 납세지를 정한다(종합부동산세법 제4조 제1항).

> 1. 거주자의 소득세 납세지는 그 주소지로 한다. 다만, 주소지가 없는 경우에는 그 거소지로 한다.
> 2. 비거주자의 소득세 납세지는 제120조에 따른 국내사업장(이하 '국내사업장'이라 한다)의 소재지로 한다. 다만, 국내사업장이 둘 이상 있는 경우에는 주된 국내사업장의 소재지로 하고, 국내사업장이 없는 경우에는 국내원천소득이 발생하는 장소로 한다.
> 3. 납세지가 불분명한 경우에는 대통령령으로 정하는 바에 따라 납세지를 결정한다.

③ 과세표준 합산의 대상에 포함되지 않는 주택을 보유한 납세의무자는 해당 연도 9월 16일부터 9월 30일까지 관할 세무서장에게 해당 주택의 보유현황을 신고하여야 한다(종합부동산세법 제8조 제5항).

④ 종합부동산세 과세대상 1세대 1주택자로서 과세기준일 현재 해당 주택을 12년 보유한 자의 보유기간별 세액공제에 적용되는 공제율은 100분의 40이다(종합부동산세법 제9조 제8항).

정답 05 ⑤

06 「종합부동산세법」상 토지 및 주택에 대한 과세와 부과 · 징수에 관한 설명으로 옳은 것은? 제33회

① 종합합산과세대상인 토지에 대한 종합부동산세의 세액은 과세표준에 1%～5%의 세율을 적용하여 계산한 금액으로 한다.

② 종합부동산세로 납부해야 할 세액이 200만원인 경우 관할 세무서장은 그 세액의 일부를 납부기한이 지난 날부터 6개월 이내에 분납하게 할 수 있다.

③ 관할 세무서장이 종합부동산세를 징수하려면 납부기간 개시 5일 전까지 주택분과 토지분을 합산한 과세표준과 세액을 납부고지서에 기재하여 발급하여야 한다.

④ 종합부동산세를 신고납부방식으로 납부하고자 하는 납세의무자는 종합부동산세의 과세표준과 세액을 해당 연도 12월 1일부터 12월 15일까지 관할 세무서장에게 신고하여야 한다.

⑤ 별도합산과세대상인 토지에 대한 종합부동산세의 세액은 과세표준에 0.5%～0.8%의 세율을 적용하여 계산한 금액으로 한다.

키워드 토지 및 주택에 대한 과세와 부과 · 징수

난이도

해설 ④ 종합부동산세를 신고납부방식으로 납부하고자 하는 납세의무자는 종합부동산세의 과세표준과 세액을 해당 연도 12월 1일부터 12월 15일까지 관할세무서장에게 신고하여야 한다(종합부동산세법 제16조 제3항).

① 종합합산과세대상인 토지에 대한 종합부동산세의 세액은 과세표준에 1%～3%의 세율을 적용하여 계산한 금액으로 한다(종합부동산세법 제14조 제1항).

② 관할 세무서장은 종합부동산세로 납부하여야 할 세액이 250만원을 초과하는 경우에는 대통령령으로 정하는 바에 따라 그 세액의 일부를 납부기한이 지난 날부터 6개월 이내에 분납하게 할 수 있다(종합부동산세법 제20조).

③ 관할 세무서장은 종합부동산세를 징수하려면 납부고지서에 주택 및 토지로 구분한 과세표준과 세액을 기재하여 납부기간 개시 5일 전까지 발급하여야 한다(종합부동산세법 제16조 제2항).

⑤ 별도합산과세대상인 토지에 대한 종합부동산세의 세액은 과세표준에 0.5%～0.7%의 세율을 적용하여 계산한 금액으로 한다(종합부동산세법 제14조 제4항).

정답 06 ④

07 2024년 귀속 종합부동산세에 관한 설명으로 틀린 것은? 제29회 수정

① 과세대상 토지가 매매로 유상이전되는 경우로서 매매계약서 작성일이 2023년 6월 1일이고, 잔금지급 및 소유권 이전등기일이 2023년 6월 29일인 경우, 종합부동산세의 납세의무자는 매도인이다.

② 납세의무자가 국내에 주소를 두고 있는 개인의 경우 납세지는 주소지이다.

③ 납세자에게 부정행위가 없으며 특례제척기간에 해당하지 않는 경우, 원칙적으로 납세의무 성립일부터 5년이 지나면 종합부동산세를 부과할 수 없다.

④ 납세의무자는 선택에 따라 신고·납부할 수 있으나, 신고를 함에 있어 납부세액을 과소하게 신고한 경우라도 과소신고가산세가 적용되지 않는다.

⑤ 종합부동산세는 물납이 허용되지 않는다.

키워드 납세의무자, 납세지, 과소신고가산세

난이도

해설 종합부동산세는 정부부과방식을 원칙으로 하므로 무신고가산세가 적용되지 않지만, 과소신고 시 과소신고가산세 및 납부지연가산세는 적용된다.

08 2024년 귀속 종합부동산세에 관한 설명으로 틀린 것은? 제30회 수정

① 과세기준일 현재 토지분 재산세의 납세의무자로서 「자연공원법」에 따라 지정된 공원자연환경지구의 임야를 소유하는 자는 토지에 대한 종합부동산세를 납부할 의무가 있다.

② 주택분 종합부동산세 납세의무자가 1세대 1주택자에 해당하는 경우의 주택분 종합부동산세액 계산 시 연령에 따른 세액공제와 보유기간에 따른 세액공제는 공제율 합계 100분의 80의 범위에서 중복하여 적용할 수 있다.

③ 「문화재보호법」에 따른 등록문화재에 해당하는 주택은 과세표준 합산의 대상이 되는 주택의 범위에 포함되지 않는 것으로 본다.

④ 관할 세무서장은 종합부동산세로 납부하여야 할 세액이 400만원인 경우 최대 150만원의 세액을 납부기한이 지난 날부터 6개월 이내에 분납하게 할 수 있다.

⑤ 주택분 종합부동산세액을 계산할 때 1주택을 여러 사람이 공동으로 매수하여 소유한 경우 공동 소유자 각자가 그 주택을 소유한 것으로 본다.

키워드 종합부동산세 과세대상 및 납세절차

난이도

해설 「자연공원법」에 따라 지정된 공원자연환경지구의 임야는 재산세 분리과세대상으로 종합부동산세 납세의무가 없다.

정답 07 ④ 08 ①

09 완성 기출

거주자 개인 甲은 A주택을 3년간 소유하며 직접 거주하고 있다. 甲이 A주택에 대하여 납부하게 되는 2024년 귀속 재산세와 종합부동산세에 관한 설명으로 틀린 것은? (단, 甲은 종합부동산세법상 납세의무자로서 만 61세이며 1세대 1주택자라 가정함) 제29회 수정

① 재산세 및 종합부동산세의 과세기준일은 매년 6월 1일이다.

② 甲의 고령자 세액공제액은 「종합부동산세법」에 따라 산출된 세액에 100분의 20을 곱한 금액으로 한다.

③ 7월 정기분 재산세 납부세액이 300만원인 경우, 50만원은 납부기한이 지난 날부터 2개월 이내에 분납할 수 있다.

④ 재산세 산출세액은 지방세법령에 따라 계산한 직전 연도 해당 재산에 대한 재산세액 상당액의 100분의 150에 해당하는 금액을 한도로 한다.

⑤ 만약 甲이 A주택을 「신탁법」에 따라 수탁자 명의로 신탁등기하게 하는 경우로서 A주택이 위탁자별로 구분된 재산이라면, 위탁자를 재산세 납세의무자로 본다.

키워드 재산세와 종합부동산세

난이도

해설 주택의 경우 재산세 상한선 규정을 적용하지 않는다.

정답 09 ④

10 완성 기출

거주자인 개인 甲은 국내에 주택 2채(다가구주택 아님) **및 상가건물 1채를 각각 보유하고 있다. 甲의 2024년 귀속 재산세 및 종합부동산세에 관한 설명으로 틀린 것은?** (단, 甲의 주택은 종합부동산세법상 합산배제주택에 해당하지 아니하며, 지방세관계법상 재산세 특례 및 감면은 없음)

제32회 수정

① 甲의 주택에 대한 재산세는 주택별로 표준세율을 적용한다.
② 甲의 상가건물에 대한 재산세는 시가표준액에 법령이 정하는 공정시장가액비율을 곱하여 산정한 가액을 과세표준으로 하여 비례세율로 과세한다.
③ 甲의 주택분 종합부동산세액의 결정세액은 주택분 종합부동산세액에서 '(주택의 공시가격 합산액 − 9억원) × 종합부동산세 공정시장가액비율 × 재산세 표준세율'의 산식에 따라 산정한 재산세액을 공제하여 계산한다.
④ 甲의 상가건물에 대해서는 종합부동산세를 과세하지 아니한다.
⑤ 甲의 주택에 대한 종합부동산세는 甲이 보유한 주택의 공시가격을 합산한 금액에서 9억원을 공제한 금액에 공정시장가액비율(100분의 60)을 곱한 금액(영보다 작은 경우는 영)을 과세표준으로 하여 누진세율로 과세한다.

키워드 재산세와 종합부동산세

난이도

해설 주택분 종합부동산세액에서 공제하는 주택분 과세표준 금액에 대한 주택분 재산세로 부과된 세액은 다음 계산식에 따라 계산한 금액으로 한다.

「지방세법」 제112조 제1항 제1호에 따라 주택분 재산세로 부과된 세액의 합계액	×	(법 제8조 제1항에 따른 주택분 종합부동산세의 과세표준 × 「지방세법 시행령」 제109조 제2호에 따른 공정시장가액비율) 「지방세법」 제111조 제1항 제3호에 따른 표준세율 / 주택을 합산하여 주택분 재산세 표준세율로 계산한 재산세 상당액

정답 10 ③

11 종합부동산세법령상 종합부동산세의 부과 · 징수에 관한 내용으로 틀린 것은? 제34회

완성 기출

① 관할 세무서장은 납부하여야 할 종합부동산세의 세액을 결정하여 해당 연도 12월 1일부터 12월 15일까지 부과 · 징수한다.

② 종합부동산세를 신고납부방식으로 납부하고자 하는 납세의무자는 종합부동산세의 과세표준과 세액을 관할세무서장이 결정하기 전인 해당 연도 11월 16일부터 11월 30일까지 관할세무서장에게 신고하여야 한다.

③ 관할 세무서장은 종합부동산세로 납부하여야 할 세액이 250만원을 초과하는 경우에는 대통령령으로 정하는 바에 따라 그 세액의 일부를 납부기한이 지난 날부터 6개월 이내에 분납하게 할 수 있다.

④ 관할 세무서장은 납세의무자가 과세기준일 현재 1세대 1주택자가 아닌 경우 주택분 종합부동산세액의 납부유예를 허가할 수 없다.

⑤ 관할 세무서장은 주택분 종합부동산세액의 납부가 유예된 납세의무자가 해당 주택을 타인에게 양도하거나 증여하는 경우에는 그 납부유예 허가를 취소하여야 한다.

키워드 종합부동산세 부과·징수

난이도

해설 종합부동산세를 신고납부방식으로 납부하고자 하는 납세의무자는 종합부동산세의 과세표준과 세액을 해당 연도 12월 1일부터 12월 15일까지 대통령령으로 정하는 바에 따라 관할 세무서장에게 신고하여야 한다. 이 경우 관할 세무서장의 결정은 없었던 것으로 본다(종합부동산세법 제16조 제3항).

정답 11 ②

THEME □1회독 □2회독

11 종합소득세

| THEME 키워드 |

과세소득의 구분, 부동산과 관련된 사업소득, 부동산임대사업소득, 간주임대료, 주택임대에 따른 종합소득세, 주택임대 비과세대상

기본으로 알아야 하는 **대표기출**

> 기출분석

- **기출회차:** 제31회
- **키워드:** 부동산과 관련된 사업소득
- **난이도:**

「소득세법」상 거주자의 부동산과 관련된 사업소득에 관한 설명으로 옳은 것은?

① 국외에 소재하는 주택의 임대소득은 주택 수에 관계없이 과세하지 아니한다.

②「공익사업을 위한 토지 등의 취득 및 보상에 관한 법률」에 따른 공익사업과 관련하여 지역권을 대여함으로써 발생하는 소득은 부동산업에서 발생하는 소득으로 한다.

③ 부동산임대업에서 발생하는 사업소득의 납세지는 부동산 소재지로 한다.

④ 국내에 소재하는 논·밭을 작물 생산에 이용하게 함으로써 발생하는 사업소득은 소득세를 과세하지 아니한다.

⑤ 주거용 건물 임대업에서 발생한 결손금은 종합소득 과세표준을 계산할 때 공제하지 아니한다.

> 함정을 피하는 TIP

- 부동산임대에 따른 종합소득세에 대해 숙지해야 한다.

해설

① 국외에 소재하는 주택의 임대소득은 주택 수와 관계없이 과세한다.

② 공익사업과 관련하여 지역권을 대여함으로써 발생하는 소득은 기타소득이다.

③ 거주자의 부동산임대업에서 발생하는 사업소득의 납세지는 주소지이다.

⑤ 주거용 건물 임대업에서 발생한 결손금은 종합소득 과세표준을 계산할 때 공제한다.

정답 ④

단단하게 정리하는 **핵심이론**

PART 03

01 소득세의 개요

소득세는 개인이 얻은 소득에 대하여 그 개인에게 부과되는 조세이다. 소득세는 법인소득세와 개인소득세로 나누어지는데, 법인소득세를 '법인세'로, 개인소득세를 '소득세'로 부르고 있다. 우리나라 현행 소득세의 특징은 다음과 같다.

1 소득세의 특징

(1) 개인별 과세

우리나라 「소득세법」은 개인별 과세를 원칙으로 하고 있다.

(2) 열거주의

현행 「소득세법」은 과세소득을 이자소득, 배당소득, 사업소득, 근로소득, 연금소득, 기타소득, 퇴직소득, 양도소득의 8가지로 구분하여 제한적으로 열거하고 있다.

(3) 신고납세주의

소득세는 신고납세제도를 취하고 있다. 납세의무자가 해당 과세기간의 다음 연도 5월 1일부터 5월 31일까지 과세표준확정신고를 함으로써 소득세의 납세의무가 확정된다.

2 과세방식

(1) 원칙 – 종합과세

종합과세란 소득의 종류에 관계없이 일정한 기간(통상 1월 1일부터 12월 31일까지)을 단위로 합산하여 과세하는 방식을 말한다. 현행 「소득세법」은 이자소득, 배당소득, 사업소득, 근로소득, 연금소득, 기타소득은 합산하여 과세하는 종합과세방식을 택하고 있다.

(2) 예외 – 분류과세와 분리과세

① **분류과세**: 퇴직소득, 양도소득은 다른 소득과 합산하지 않고 별도로 분류과세한다.

② **분리과세**: 이자소득, 배당소득, 근로소득, 연금소득, 기타소득 중 일부에 대해서는 종합과세하지 않고 원천징수로 납세의무를 종결하거나 주택임대소득 중 법정요건을 충족한 경우에는 다른 종합과세대상소득과 합산하지 않고 별도로 신고납부하는 분리과세방식을 택하고 있다.

└ 주택임대를 통한 총수입금액이 2천만원 이하인 경우

3 납세의무자

(1) 거주자와 비거주자

소득세의 납세의무자는 과세소득을 얻은 개인으로, 이는 다음과 같이 거주자와 비거주자로 구분된다.

구분	개념	납세의무의 범위
거주자	국내에 주소를 두거나 183일 이상 거소를 둔 개인	국내원천소득과 국외원천소득 모두에 대해 납세의무를 진다(무제한납세의무).
비거주자	거주자가 아닌 개인	국내원천소득에 대해서만 납세의무를 진다(제한납세의무).

종중이 대표적인 사례이다.

(2) 법인이 아닌 단체

법인이 아닌 단체도 「소득세법」에 따라 소득세를 납부할 의무를 진다. 이러한 법인이 아닌 단체에 대한 소득세 과세방법은 다음과 같다.

① 구성원 간 이익의 분배비율이 정해져 있고 해당 구성원별로 이익분배비율이 확인되는 경우 해당 단체의 각 구성원별로 소득세 또는 법인세를 납부할 의무를 진다.

② 위 ① 이외의 경우: 해당 단체를 1거주자(또는 1비거주자)로 보아 「소득세법」을 적용한다.

4 과세기간과 납세지

(1) 과세기간

구분	과세기간
일반적인 경우	1월 1일 ~ 12월 31일
거주자가 사망한 경우	1월 1일 ~ 사망일
거주자가 출국하여 비거주자가 되는 경우	1월 1일 ~ 출국한 날

(2) 납세지

① 거주자: 주소지(주소지가 없는 경우 거소지)

② 비거주자: 국내사업장의 소재지. 다만, 국내사업장이 둘 이상 있는 경우에는 주된 국내사업장의 소재지로 하고, 국내사업장이 없는 경우에는 국내원천소득이 발생하는 장소

02 부동산임대소득

1 정의

부동산임대업에서 발생하는 소득은 해당 과세기간에 부동산을 대여함으로써 발생한 다음의 소득을 말한다.

(1) 부동산(미등기 포함) 또는 부동산상의 권리를 대여함

① 토지나 건물 등의 부동산을 대여하고 얻은 소득과 전세권 등 부동산상의 권리의 대여로 인하여 발생하는 소득을 말한다.

② 다만, 「공익사업을 위한 토지 등의 취득 및 보상에 관한 법률」에 따른 공익사업과 관련하여 지역권·지상권(지하 또는 공중에 설정된 권리 포함)을 설정하거나 대여함으로써 발생하는 소득은 기타소득으로 과세한다.

(2) 공장재단 또는 광업재단을 대여함

(3) 광업권자, 조광권자 또는 덕대가 채굴시설과 함께 광산을 대여함

참고

기타 부동산임대업의 범위

1. 자기소유의 부동산을 타인의 담보물로 사용하게 하고 그 사용대가를 받는 것
2. 광고용으로 토지, 가옥의 옥상 또는 측면을 사용하게 하고 받는 대가
3. 부동산매매업 또는 건설업자가 판매를 목적으로 취득한 토지 등의 부동산을 일시적으로 대여하고 얻은 소득

2 부동산임대업의 소득금액 계산

부동산임대업의 소득금액 = 총수입금액(임대료, 관리비, 간주임대료, 보험차익) − 필요경비

(1) 총수입금액

① 임대료

㉠ 해당 과세기간에 수입하였거나 수입할 금액의 합계액으로 한다.

㉡ 부동산을 임대하거나 지역권을 설정 또는 대여하고 미리 받은 임대료(선세금)에 대한 수입금액은 다음과 같이 계산한다.

선세금의 총수입금액 = 선세금 × 각 과세기간의 해당 월수 / 계약기간의 월수

② 관리비

㉠ 임차인으로부터 임대료 이외의 유지비나 관리비 명목으로 징수한 금액은 총수입금액에 포함한다.

㉡ 단, 관리비 중 전기료, 수도료 등의 공공요금의 명목으로 징수한 금액이 포함되어 있는 경우에는 공공요금 납입액을 초과하는 금액만 총수입금액에 포함한다.

③ 간주임대료

㉠ 거주자가 부동산 또는 그 부동산상의 권리 등을 대여하고 보증금·전세금 또는 이와 유사한 성질의 금액을 받은 경우에는 법령에 따라 계산한 금액을 사업소득금액을 계산할 때에 총수입금액에 산입한다.

㉡ **주택임대소득의 총수입금액 계산 시 간주임대료 특례**: 주택을 대여하고 보증금등을 받은 경우에는 3주택[주거의 용도로만 쓰이는 면적이 1호(戸) 또는 1세대당 $40m^2$ 이하인 주택으로서 해당 과세기간의 기준시가가 2억원 이하인 주택은 2026년 12월 31일까지는 주택 수에 포함하지 아니한다] 이상을 소유하고 해당 주택의 보증금등의 합계액이 3억원을 초과하는 경우에만 총수입금액에 산입한다.

㉢ 이중과세 방지를 위해 간주임대료 계산 시 법정산식에 의해 계산된 금액에서 임대사업부분에서 발생한 수입이자, 할인료 및 배당금(비치·기장한 장부나 증빙서류에 의하여 당해 임대보증금등으로 취득한 것이 확인되는 금융자산에서 발생한 것에 한한다)을 차감한다.

④ **보험차익**: 사업과 관련하여 해당 사업용 자산의 손실로 취득하는 보험차익은 총수입금액에 포함한다.

(2) 필요경비

① 사업소득금액을 계산할 때 필요경비에 산입할 금액은 해당 과세기간의 총수입금액에 대응하는 비용으로서 일반적으로 용인되는 통상적인 것의 합계액으로 한다.

② 해당 과세기간 전의 총수입금액에 대응하는 비용으로서 그 과세기간에 확정된 것에 대해서는 그 과세기간 전에 필요경비로 계상하지 아니한 것만 그 과세기간의 필요경비로 본다.

3 부동산임대업에 대한 소득의 수입시기

(1) 계약 또는 관습에 따라 지급일이 정해진 것: 그 정해진 날

(2) 계약 또는 관습에 따라 지급일이 정해지지 않은 것: 그 지급을 받은 날

4 비과세 부동산임대소득

(1) 논밭의 임대소득

논·밭을 작물 생산에 이용하게 함으로써 발생하는 소득

(2) 주택임대소득에 대한 비과세

1개의 주택을 소유하는 자의 주택임대소득은 비과세한다. 다만, 기준시가 12억원을 초과하는 주택 및 국외에 소재하는 주택의 임대소득은 주택의 수에 관계없이 과세한다.

① 주택 수의 계산

㉠ 다가구주택은 1개의 주택으로 보되, 구분 등기된 경우에는 각각을 1개의 주택으로 계산한다.

㉡ 공동소유하는 주택은 지분이 가장 큰 사람의 소유로 계산(지분이 가장 큰 사람이 2명 이상인 경우로서 그들이 합의하여 그들 중 1명을 해당 주택 임대수입의 귀속자로 정한 경우에는 그의 소유로 계산한다). 다만, 다음 어느 하나에 해당하는 사람은 공동소유의 주택을 소유하는 것으로 계산되지 않는 경우라도 그의 소유로 계산한다.

- 해당 공동소유하는 주택을 임대해 얻은 본인의 수입금액이 연간 6백만원 이상인 사람
- 해당 공동소유하는 주택의 기준시가가 12억원을 초과하는 경우로서 그 주택의 지분을 100분의 30 초과 보유하는 사람

㉢ 임차 또는 전세받은 주택을 전대하거나 전전세하는 경우에는 당해 임차 또는 전세받은 주택을 임차인 또는 전세받은 자의 주택으로 계산한다.

㉣ 본인과 배우자가 각각 주택을 소유하는 경우에는 이를 합산한다. 다만, 위 ㉡에 따라 공동소유의 주택 하나에 대해 본인과 배우자가 각각 소유하는 주택으로 계산되는 경우에는 다음에 따라 본인과 배우자 중 1명이 소유하는 주택으로 보아 합산한다.

- 본인과 배우자 중 지분이 더 큰 사람의 소유로 계산
- 본인과 배우자의 지분이 같은 경우로서 그들 중 1명을 해당 주택 임대수입의 귀속자로 합의해 정하는 경우에는 그의 소유로 계산

② 주택임대소득에 대한 소득세 과세체계

과세기간의 종료일 또는 양도일 현재 기준시가 12억원 초과주택

소유주택 수(부부합산)	임대료	간주임대료
1주택	비과세 (고가주택 또는 국외주택은 과세)	과세 제외
2주택	과세	과세 제외
3주택 이상	과세	보증금 등의 합계액이 3억원 초과 시 3억원 초과분 과세

⚠ 간주임대료 계산에 있어 소형주택(전용면적 $40m^2$ 이하 + 기준시가 2억원 이하)은 2026.12.31.까지 3주택 이상 요건 판단 시 주택 수에 포함하지 아니한다.

5 주택임대소득에 대한 분리과세

(1) 분리과세 주택임대소득

해당 과세기간에 주거용 건물 임대업에서 발생한 수입금액의 합계액이 2천만원 이하인 자의 주택임대소득은 분리과세할 수 있다.

(2) 분리과세 주택임대소득에 대한 사업소득금액의 계산

① **등록임대주택이 아닌 경우**: 분리과세 주택임대소득에 대한 사업소득금액은 총수입금액에서 필요경비(총수입금액의 100분의 50)를 차감한 금액으로 하되, 분리과세 주택임대소득을 제외한 해당 과세기간의 종합소득금액이 2천만원 이하인 경우에는 추가로 200만원을 차감한 금액으로 한다.

㉠ 분리과세 주택임대소득을 제외한 해당 과세기간의 종합소득금액이 2천만원 초과인 경우
- 주택임대사업소득금액 = 주택임대총수입금액 – (주택임대총수입금액 × 50%)
- 분리과세산출세액 = 주택임대사업소득금액 × 14%

㉡ 분리과세 주택임대소득을 제외한 해당 과세기간의 종합소득금액이 2천만원 이하인 경우
- 주택임대사업소득금액 = 주택임대총수입금액 – (주택임대총수입금액 × 50%) – 200만원
- 분리과세산출세액 = 주택임대사업소득금액 × 14%

② **등록임대주택인 경우**: 등록임대주택을 임대하는 경우에는 해당 임대사업에서 발생한 사업소득금액은 총수입금액에서 필요경비(총수입금액의 100분의 60)를 차감한 금액으로 하되, 분리과세 주택임대소득을 제외한 해당 과세기간의 종합소득금액이 2천만원 이하인 경우에는 추가로 400만원을 차감한 금액으로 한다.

㉠ 분리과세 주택임대소득을 제외한 해당 과세기간의 종합소득금액이 2천만원 초과인 경우
- 주택임대사업소득금액 = 주택임대총수입금액 – (주택임대총수입금액 × 60%)
- 분리과세산출세액 = 주택임대사업소득금액 × 14%

㉡ 분리과세 주택임대소득을 제외한 해당 과세기간의 종합소득금액이 2천만원 이하인 경우
- 주택임대사업소득금액 = 주택임대총수입금액 – (주택임대총수입금액 × 60%) – 400만원
- 분리과세산출세액 = 주택임대사업소득금액 × 14%

6 결손금 및 이월결손금

(1) 사업자가 비치·기록한 장부에 의하여 해당 과세기간의 사업소득금액을 계산할 때 발생한 결손금은 그 과세기간의 종합소득과세표준을 계산할 때 근로소득금액·연금소득금액·기타소득금액·이자소득금액·배당소득금액에서 순서대로 공제한다(소득세법 제45조 제1항).

(2) 위 (1)에도 불구하고 다음 어느 하나에 해당하는 사업(부동산임대업)에서 발생한 결손금은 종합소득과세표준을 계산할 때 공제하지 아니한다. 다만, 주거용 건물 임대업의 경우에는 그러하지 아니하다.

> ① 부동산 또는 부동산상의 권리를 대여하는 사업
> ② 공장재단 또는 광업재단을 대여하는 사업
> ③ 채굴에 관한 권리를 대여하는 사업으로서 대통령령으로 정하는 사업

기본문제와 완성문제로 **단단기출**

01 기본 기출

「소득세법」상 국내에 소재한 주택을 임대한 경우 발생하는 소득에 관한 설명으로 틀린 것은? (단, 아래의 주택은 상시 주거용으로 사용하고 있음) 제25회 수정

① 주택 1채만을 소유한 거주자가 과세기간 종료일 현재 기준시가 13억원인 해당 주택을 전세금을 받고 임대하여 얻은 소득에 대해서는 소득세가 과세되지 아니한다.

② 주택 2채를 소유한 거주자가 1채는 월세계약으로 나머지 1채는 전세계약의 형태로 임대한 경우, 월세계약에 의하여 받은 임대료에 대해서만 소득세가 과세된다.

③ 거주자의 보유주택 수를 계산함에 있어서 다가구주택은 1개의 주택으로 보되, 구분 등기된 경우에는 각각을 1개의 주택으로 계산한다.

④ 주택의 임대로 인하여 얻은 과세대상 소득은 사업소득으로서 해당 거주자의 종합소득금액에 합산된다.

⑤ 주택을 임대하여 얻은 소득은 거주자가 사업자등록을 한 경우에 한하여 소득세 납세의무가 있다.

키워드 과세소득의 구분

난이도

해설 주택을 임대하여 얻은 소득은 사업자등록 여부와 관계없이 소득세 납세의무가 있다.

정답 01 ⑤

02 「소득세법」상 거주자의 부동산임대업에서 발생하는 소득에 관한 설명으로 옳은 것은?

기본 기출

제23회 수정

① 「공익사업을 위한 토지 등의 취득 및 보상에 관한 법률」에 따른 공익사업과 관련하여 지역권을 대여함으로써 발생하는 소득은 사업소득이다.

② 「공익사업을 위한 토지 등의 취득 및 보상에 관한 법률」에 따른 공익사업과 관련하여 지상권을 대여함으로써 발생하는 소득은 사업소득이다.

③ 미등기부동산을 임대하고 그 대가를 받는 것은 사업소득이 아니다.

④ 자기소유의 부동산을 타인의 담보로 사용하게 하고 그 사용대가를 받는 것은 사업소득이다.

⑤ 국외 소재 주택을 임대하고 그 대가를 받는 것은 사업소득이 아니다.

키워드 과세소득의 구분

난이도

해설 ① 「공익사업을 위한 토지 등의 취득 및 보상에 관한 법률」에 따른 공익사업과 관련하여 지역권을 대여함으로써 발생하는 소득은 기타소득이다.
② 「공익사업을 위한 토지 등의 취득 및 보상에 관한 법률」에 따른 공익사업과 관련하여 지상권을 대여함으로써 발생하는 소득은 기타소득이다.
③ 미등기부동산을 임대하고 대가를 받는 것은 사업소득이다.
⑤ 국외 소재 주택을 임대하고 그 대가를 받는 것은 사업소득이다.

정답 02 ④

03 「소득세법」상 거주자의 부동산임대와 관련하여 발생한 소득에 관한 설명으로 틀린 것은?

기본 기출

제24회 수정

① 국외에 소재하는 1주택 임대소득이 2천만원이라면 과세된다.

② 3주택(법령에 따른 소형주택이 아님)을 소유하는 자가 받은 보증금의 합계액이 2억원인 경우 법령으로 정하는 바에 따라 계산한 간주임대료를 사업소득 총수입금액에 산입한다.

③ 2주택(법령에 따른 소형주택이 아님)과 2개의 상업용 건물을 소유하는 자가 보증금을 받은 경우 2개의 상업용 건물에 대하여만 법령으로 정하는 바에 따라 계산한 간주임대료를 사업소득 총수입금액에 산입한다.

④ 주택임대소득이 과세되는 고가주택은 과세기간 종료일 현재 기준시가 12억원을 초과하는 주택을 말한다.

⑤ 사업자가 부동산을 임대하고 임대료 외에 전기료, 수도료 등 공공요금의 명목으로 지급받은 금액이 공공요금의 납부액을 초과할 때 그 초과하는 금액은 사업소득 총수입금액에 산입한다.

키워드 부동산임대사업소득

난이도

해설 3주택(부부합산) 이상을 소유하는 자가 받은 보증금의 합계액이 3억원 초과한 경우 법령으로 정하는 바에 따라 계산한 간주임대료를 사업소득 총수입금액에 산입한다. 다만, 법령이 정한 소형주택은 주택의 수에 포함하지 아니한다.

정답 03 ②

04 「소득세법」상 부동산임대업에서 발생한 소득에 관한 설명으로 틀린 것은? 제33회

① 해당 과세기간의 주거용 건물 임대업을 제외한 부동산임대업에서 발생한 결손금은 그 과세기간의 종합소득과세표준을 계산할 때 공제하지 않는다.

② 사업소득에 부동산임대업에서 발생한 소득이 포함되어 있는 사업자는 그 소득별로 구분하여 회계처리하여야 한다.

③ 3주택(주택 수에 포함되지 않는 주택 제외) 이상을 소유한 거주자가 주택과 주택부수토지를 임대(주택부수토지만 임대하는 경우 제외)한 경우에는 법령으로 정하는 바에 따라 계산한 금액(간주임대료)을 총수입금액에 산입한다.

④ 간주임대료 계산 시 3주택 이상 여부 판정에 있어 주택 수에 포함되지 않는 주택이란 주거의 용도로만 쓰이는 면적이 1호 또는 1세대당 $40m^2$ 이하인 주택으로서 해당 과세기간의 기준시가가 2억원 이하인 주택을 말한다.

⑤ 해당 과세기간에 분리과세 주택임대소득이 있는 거주자(종합소득과세표준이 없거나 결손금이 있는 거주자 포함)는 그 종합소득 과세표준을 그 과세기간의 다음 연도 5월 1일부터 5월 31일까지 신고하여야 한다.

키워드 부동산임대사업소득

난이도

해설 ③ 거주자가 부동산 또는 그 부동산상의 권리 등을 대여하고 보증금 · 전세금 또는 이와 유사한 성질의 금액(보증금 등)을 받은 경우에는 대통령령으로 정하는 바에 따라 계산한 금액을 사업소득금액을 계산할 때에 총수입금액에 산입(算入)한다. 다만, 주택을 대여하고 보증금 등을 받은 경우에는 3주택[주거의 용도로만 쓰이는 면적이 1호(戶) 또는 1세대당 $40m^2$ 이하인 주택으로서 해당 과세기간의 기준시가가 2억원 이하인 주택은 2026년 12월 31일까지는 주택 수에 포함하지 아니한다] 이상을 소유하고 해당 주택의 보증금등의 합계액이 3억원을 초과하는 경우를 말한다(소득세법 제25조 제1항).

① 부동산임대업에서 발생한 결손금은 종합소득 과세표준을 계산할 때 공제하지 아니한다. 다만, 주거용 건물 임대업의 경우에는 그러하지 아니하다(소득세법 제45조).

② 부동산임대업(주거용건물임대업 제외)에서 발생한 결손금은 종합소득과세표준을 계산할 때 공제할 수 없으며 다음 과세기간으로 이월한다. 따라서 사업소득에 부동산임대업에서 발생한 소득이 포함되어 있는 사업자는 그 소득별로 구분하여 회계처리하여야 하며 부동산임대업에서 발생한 이월결손금은 부동산임대업의 소득금액에서 공제한다(소득세법 제45조).

⑤ 해당 과세기간에 분리과세 주택임대소득이 있는 거주자(종합소득과세표준이 없거나 결손금이 있는 거주자 포함)는 그 종합소득 과세표준을 그 과세기간의 다음 연도 5월 1일부터 5월 31일까지 신고하여야 한다(소득세법 제70조 제2항).

정답 04 ③

05 완성 기출

「소득세법」상 거주자가 국내 소재 부동산 등을 임대하여 발생하는 소득에 관한 설명으로 틀린 것은? 제28회 수정

① 지상권의 대여로 인한 소득은 부동산임대업에서 발생한 소득에 포함된다.
② 부동산임대업에서 발생한 소득은 사업소득에 해당한다.
③ 주거용 건물 임대업에서 발생한 결손금은 종합소득 과세표준을 계산할 때 공제한다.
④ 부부가 각각 주택을 1채씩 보유한 상태에서 그중 1주택을 임대하고 연간 1,800만원의 임대료를 받았을 경우 주택임대에 따른 소득세가 분리과세될 수 있다.
⑤ 임대보증금의 간주임대료를 계산하는 과정에서 금융수익을 차감할 때 그 금융수익은 수입이자와 할인료, 수입배당금, 유가증권처분이익으로 한다.

키워드 간주임대료

난이도

해설 임대보증금의 간주임대료를 계산하는 과정에서 금융수익을 차감할 때 그 금융수익은 수입이자와 할인료, 수입배당금으로 한다.

정답 05 ⑤

06 완성 기출

주택임대사업자인 거주자 甲의 국내주택 임대현황(A, B, C 각 주택의 임대기간: 2023.1.1.~2023.12.31.)**을 참고하여 계산한 주택임대에 따른 2023년 귀속 사업소득의 총수입금액은?** (단, 법령에 따른 적격증명서류를 수취 · 보관하고 있고, 기획재정부령으로 정하는 이자율은 연 4%로 가정하며 주어진 조건 이외에는 고려하지 않음) 제34회

구분(주거전용면적)	보증금	월세[1]	기준시가
A주택($85m^2$)	3억원	5십만원	5억원
B주택($40m^2$)	1억원	–	2억원
C주택($109m^2$)	5억원	1백만원	7억원

* 월세는 매월 수령하기로 약정한 금액임

① 0원
② 16,800,000원
③ 18,000,000원
④ 32,400,000원
⑤ 54,000,000원

키워드 〉 주택임대에 따른 종합소득세

난이도 〉

해설 〉 소형주택은 주택수에서 제외하기 때문에 2주택자이다. 따라서 임대료부분에 대해서만 총수입금액에 산입한다.
그러므로 총수입금액 = 150만원 x 12개월 = 18,000,000원이 된다.

보충 〉 1. 총수입금액의 계산: 거주자의 각 소득에 대한 총수입금액(총급여액과 총연금액을 포함한다)은 해당 과세기간에 수입하였거나 수입할 금액의 합계액으로 한다(소득세법 제24조 제1항).
2. 총수입금액 계산의 특례: 거주자가 부동산 또는 그 부동산상의 권리 등을 대여하고 보증금 · 전세금 또는 이와 유사한 성질의 금액(이하 '보증금 등'이라 한다)을 받은 경우에는 대통령령으로 정하는 바에 따라 계산한 금액을 사업소득금액을 계산할 때에 총수입금액에 산입(算入)한다. 다만, 주택을 대여하고 보증금등을 받은 경우에는 3주택[주거의 용도로만 쓰이는 면적이 1호(戶) 또는 1세대당 40제곱미터 이하인 주택으로서 해당 과세기간의 기준시가가 2억원 이하인 주택은 2023년 12월 31일까지는 주택 수에 포함하지 아니한다] 이상을 소유하고 해당 주택의 보증금등의 합계액이 3억원을 초과하는 경우를 말하며, 주택 수의 계산 그밖에 필요한 사항은 대통령령으로 정한다(소득세법 제25조 제1항).

정답 06 ③

07 완성 기출

「소득세법」상 거주자의 주택임대소득의 비과세 및 총수입금액에 관한 설명으로 옳은 것은? (단, 주택은 상시 주거용으로 사업을 위한 주거용이 아님) 제22회 수정

① 임대하는 국내 소재 1주택의 비과세 여부 판단 시 가액은 「소득세법」상 기준시가 9억원을 기준으로 판단한다.

② 5억원인 국외 소재 1주택을 임대하는 경우에는 비과세된다.

③ 본인과 배우자가 각각 국내 소재 주택을 소유한 경우, 이를 합산하지 아니하고 각 거주자별 소유주택을 기준으로 주택임대소득 비과세대상인 1주택 여부를 판단한다.

④ 국내 소재 3주택(소형주택은 아님)을 소유한 자가 받은 주택임대보증금의 합계액이 4억원인 경우, 그 보증금에 대하여 법령에서 정한 산식으로 계산한 금액을 총수입금액에 산입한다.

⑤ 과세기간 종료일 현재 소유중인 국내 소재 주택에 대한 주택임대소득의 비과세 여부 판단 시 기준시가는 과세기간 개시일을 기준으로 한다.

키워드 주택임대 비과세대상

난이도

해설 ① 임대하는 국내 소재 1주택의 비과세 여부 판단 시 가액은 「소득세법」상 기준시가 12억원을 기준으로 판단한다.

② 국외 소재 주택을 임대하는 경우에는 주택의 수에 관계없이 과세한다.

③ 본인과 배우자가 각각 국내 소재 주택을 소유한 경우, 이를 합산하여 주택임대소득 비과세대상인 1주택 여부를 판단한다.

⑤ 과세기간 종료일 현재 소유중인 국내 소재 주택에 대한 주택임대소득의 비과세 여부 판단 시 기준시가는 과세기간 종료일 또는 해당 주택의 양도일을 기준으로 한다.

정답 07 ④

THEME

□1회독 □2회독

12 양도소득세 과세대상 및 양도의 개념

| THEME 키워드 |

양도소득세 과세대상, 양도의 개념, 양도의 종류

기본으로 알아야 하는 대표기출

기출분석
- **기출회차:** 제28회
- **키워드:** 양도의 개념
- **난이도:**

「소득세법」상 양도에 해당하는 것은? (단, 거주자의 국내자산으로 가정함)

①「도시개발법」이나 그 밖의 법률에 따른 환지처분으로 지목이 변경되는 경우
② 부담부증여 시 그 증여가액 중 채무액에 해당하는 부분을 제외한 부분
③「소득세법 시행령」 제151조 제1항에 따른 양도담보계약을 체결한 후 채무불이행으로 인하여 당해 자산을 변제에 충당한 때
④ 매매원인무효의 소에 의하여 그 매매사실이 원인무효로 판시되어 소유권이 환원되는 경우
⑤ 본인 소유 자산을 경매로 인하여 본인이 재취득한 경우

해설

양도담보는 양도에 해당하지 않지만, 변제에 충당 시 양도에 해당한다.
① 양도가 아니지만, 청산금을 수령하는 경우는 양도에 해당한다.
② 부담부증여 시 그 증여가액 중 채무액에 해당하는 부분은 양도에 해당한다.
④ 매매원인무효의 소에 의하여 그 매매사실이 원인무효로 판시되어 소유권이 환원되는 경우는 양도가 아니다.
⑤ 본인 소유 자산이 경매로 인해 소유권변동 시에는 양도에 해당하지만, 자기가 경락받은 경우는 양도에 해당하지 아니한다.

정답 ③

함정을 피하는 TIP
- 양도에 속하는 것과 그렇지 않은 것을 구분해야 한다.

단단하게 정리하는 **핵심이론**

01 양도소득세의 의의 및 과세대상

1 의의

양도소득이란 개인이 해당 과세기간에 일정한 자산의 양도로 발생하는 소득을 말한다. 즉, 양도소득세는 개인이 사업성 없이 토지, 건물 등의 소유권을 유상으로 이전함에 따라 발생하는 소득을 관할 세무서에 신고, 납부하는 국세이다. 다만, 사업성이 있는 경우에는 사업소득에 해당되어 종합소득세로 과세된다.

2 과세대상

구분	과세대상 자산
부동산 및 이에 준하는 자산	① 토지와 건물 ② 부동산에 관한 권리 ㉠ 지상권, 전세권, 등기된 부동산임차권 ㉡ 부동산을 취득할 수 있는 권리(분양권, 입주권 등) ③ 기타자산 ㉠ 영업권, 이축권(사업용자산과 함께 양도하는 것에 한한다) ㉡ 특정시설물이용권(골프회원권 등) ㉢ 특정주식 ㉣ 특정업종 영위 부동산과다보유법인의 주식
주식	① 주권상장법인의주식, 비상장법인 주식 ② 외국법인이 발행, 외국에 있는 시장에 상장된 주식
파생상품	파생상품 등의 거래 또는 행위로 발생하는 소득
신탁수익권	신탁의 이익을 받을 권리(수익증권 및 투자신탁의 수익권 등은 제외한다)

(1) 토지와 건물

토지란 「공간정보의 구축 및 관리 등에 관한 법률」에 따라 지적공부(地籍公簿)에 등록하여야 할 지목에 해당하는 것을 말하며, 건물에는 건물에 부속된 시설물과 구축물을 포함한다.

(2) 부동산에 관한 권리

① 부동산을 이용할 수 있는 권리

㉠ 지상권

㉡ 전세권

㉢ 등기된 부동산임차권

② **부동산을 취득할 수 있는 권리**: 부동산의 취득시기가 도래하기 전에 해당 부동산을 취득할 수 있는 권리를 말하며, 다음과 같다.

㉠ 건물이 완성되는 때 해당 건물과 그 부수토지를 취득할 수 있는 권리(아파트 분양권 등)

㉡ 지방자치단체, 한국토지주택공사가 발행하는 토지상환채권, 한국토지주택공사가 발행하는 주택상환채권

㉢ 부동산매매계약을 체결한 자가 계약금만 지급한 상태에서 양도하는 권리

(3) 기타자산

① **영업권**: 사업에 사용하는 자산(토지, 건물 및 부동산에 관한 권리)과 함께 양도하는 영업권을 말한다. 즉, 영업권만을 별도로 양도하여 발생한 소득은 기타소득으로 과세한다.

② **이축권**: 토지, 건물과 함께 양도하는 이축(移築)을 할 수 있는 권리를 말한다. 다만, 이축권을 별도로 평가하여 신고하는 경우 이축권을 양도하고 받은 대가는 기타소득으로 과세한다.

③ **특정시설물 이용권**

㉠ 특정시설물의 이용권·회원권, 그 밖에 그 명칭과 관계없이 시설물을 배타적으로 이용하거나 일반이용자보다 유리한 조건으로 이용할 수 있도록 약정한 단체의 구성원이 된 자에게 부여되는 시설물 이용권을 말한다(골프회원권, 콘도미니엄 회원권, 종합체육시설회원권 등).

㉡ 또한 법인의 주식 등을 소유하는 것만으로 시설물을 배타적으로 이용하거나 일반이용자보다 유리한 조건으로 시설물 이용권을 부여받게 되는 경우 그 주식 등을 포함한다.

④ **특정 주식**: 다음 요건을 모두 충족한 것을 말한다.

구분	요건
부동산 등의 비율이 50% 이상인 법인	해당 법인의 자산총액 중 토지, 건물 및 부동산에 관한 권리의 가액과 해당 법인이 보유한 다른 부동산과다보유법인의 주식가액의 합계액이 차지하는 비율이 100분의 50 이상인 법인
과점주주	법인의 주주 1인 및 기타주주가 소유하고 있는 주식 등의 합계액이 해당 법인의 주식 등의 합계액의 100분의 50을 초과하는 경우 그 주주 1인 및 기타주주
양도요건	과점주주가 해당 법인의 주식 등의 100분의 50 이상을 과점주주 외의 자에게 양도한 주식 등 중에서 양도하는 날(여러 번에 걸쳐 양도하는 경우에는 그 양도로 양도한 주식 등이 전체 주식 등의 100분의 50 이상이 된 날)부터 소급해 3년 내에 해당 법인의 과점주주 간에 해당 법인의 주식 등을 양도한 경우

⑤ **특정 업종 영위 부동산 과다보유법인의 주식:** 다음 요건을 모두 충족하는 법인의 주식(출자지분 포함)을 말한다. 이 경우는 단 1주를 양도해도 기타자산에 해당한다.

구분	요건
부동산 등의 비율	해당 법인의 자산총액 중 토지, 건물 및 부동산에 관한 권리의 가액과 해당 법인이 보유한 다른 부동산과다보유법인의 주식가액의 합계액이 차지하는 비율이 80% 이상인 법인
업종기준	골프장업·스키장업 등 체육시설업, 「관광진흥법」에 따른 관광 사업 중 휴양시설관련업 및 부동산업·부동산개발업으로서 기획재정부령으로 정하는 사업을 하는 법인

(4) 주식

① 주권상장법인의 주식 등으로서 대주주가 양도하는 주식 및 증권시장에서의 거래에 의하지 아니하고 양도하는 주식 등

② 주권비상장법인의 주식 등

③ 외국법인이 발행하였거나 외국에 있는 시장에 상장된 주식 등

(5) 파생상품 등

(6) 신탁수익권(신탁의 이익을 받을 권리)

02 양도의 개념과 범위

1 양도의 개념

양도란 자산에 대한 등기 또는 등록과 관계없이 매도, 교환, 법인에 대한 현물출자 등을 통하여 그 자산을 유상으로 사실상 이전하는 것을 말한다.

(1) 자산의 유상 이전

매매, 교환, 법인에 대한 현물출자뿐만 아니라 대물변제, 부담부증여 시 수증자가 부담하는 채무액, 수용 등이 대표적인 사례이다.

(2) 자산의 사실상 이전

등기, 등록과 관계없이 그 자산이 사실상 이전되면 양도로 본다.

참고

부담부증여

1. 부담부증여 시 증여자의 채무를 수증자가 인수하는 경우 증여가액 중 수증자가 부담하는 채무액 해당하는 부분을 양도로 본다.
2. 배우자 간 또는 직계존비속 간의 부담부증여 시에는 채무액에 해당하는 부분을 수증자에게 인수되지 않은 것으로 추정하여 양도로 보지 않는다.
3. 다만, 해당 채무액이 국가 및 지방자치단체에 대한 채무 등 법령에 정하는 바에 의하여 채무인수를 객관적으로 증명하는 경우에는 양도로 본다.

구분	증여가액 중 채무인수액	채무인수액 이외 부분
일반적인 경우	유상거래(증여자 양도소득세)	무상거래(수증자 증여세)
배우자, 직계존비속 간	• 원칙: 무상거래 추정(수증자 증여세) • 예외: 채무인수 증명 시 유상거래 인정(증여자 양도소득세)	무상거래(수증자 증여세)

2 양도로 보지 않는 경우

(1) 환지처분, 보류지 충당

권리면적의 감소로 청산금을 수령하는 경우에는 양도로 본다.

「도시개발법」이나 그 밖의 법률에 따른 환지처분으로 지목 또는 지번이 변경되거나 보류지(保留地)로 충당되는 경우 양도로 보지 아니한다.

(2) 지적경계선 변경을 위한 토지의 교환

토지의 경계를 변경하기 위하여 「공간정보의 구축 및 관리 등에 관한 법률」에 따른 토지의 분할 등 다음의 요건을 모두 충족하는 경우에는 양도로 보지 아니한다.

① 토지 이용상 불합리한 지상경계를 합리적으로 바꾸기 위하여 「공간정보의 구축 및 관리 등에 관한 법률」이나 그 밖의 법률에 따라 토지를 분할하여 교환할 것

② ①에 따라 분할된 토지의 전체 면적이 분할 전 토지의 전체 면적의 100분의 20을 초과하지 아니할 것

(3) 신탁재산의 이전

위탁자와 수탁자 간 신임관계에 기하여 위탁자의 자산에 신탁이 설정되고 그 신탁재산의 소유권이 수탁자에게 이전된 경우로서 위탁자가 신탁 설정을 해지하거나 신탁의 수익자를 변경할 수 있는 등 신탁재산을 실질적으로 지배하고 소유하는 것으로 볼 수 있는 경우에는 양도로 보지 아니한다.

(4) 양도담보

양도담보 시 소유권이전은 채권을 담보하기 위한 형식에 불과하기에 양도로 보지 아니한다. 다만, 채무불이행으로 인하여 당해 자산을 변제에 충당한 때에는 그 때에 이를 양도한 것으로 본다.

(5) 배우자 또는 직계존비속에게 양도하는 경우

배우자 또는 직계존비속에게 과세대상자산을 양도한 경우에는 그 자산에 대해서는 증여한 것으로 추정한다. 다만, 그 대가를 지출한 사실이 입증되는 등의 경우에는 양도로 본다.

참고

대가를 지출한 사실이 입증되는 경우

1. 법원의 결정으로 경매절차에 의하여 처분된 경우
2. 파산선고로 처분된 때
3. 「국세징수법」에 의해 공매된 때
4. 「자본시장과 금융투자업에 관한 법률」에 따른 증권시장을 통하여 유가증권이 처분된 경우
5. **배우자 등에게 대가를 받고 양도한 사실이 명백히 인정되는 경우로서 대통령령으로 정하는 경우**
   ① 권리의 이전이나 행사에 등기 또는 등록을 요하는 재산을 서로 교환한 경우
   ② 당해 재산의 취득을 위하여 이미 과세(비과세 또는 감면받은 경우 포함)받았거나 신고한 소득금액 또는 상속 또는 수증재산의 가액으로 그 대가를 지급한 사실이 입증되는 경우
   ③ 당해 재산의 취득을 위하여 소유재산을 처분한 금액으로 그 대가를 지급한 사실이 입증되는 경우

(6) 소유권의 환원

① 법원의 확정판결에 의하여 신탁해지를 원인으로 소유권 이전등기를 하는 경우에는 양도로 보지 아니한다.

② 매매원인 무효의 소에 의하여 그 매매사실이 원인무효로 판시되어 환원될 경우에는 양도로 보지 아니한다.

(7) 공유물의 분할

① 공동소유의 토지를 소유지분별로 단순히 분할하는 경우에는 양도로 보지 아니한다.

② 다만, 공동소유의 토지를 소유지분별로 분할하면서 그 공유지분의 감소의 대가를 받은 경우에는 양도로 본다.

(8) 기타 양도로 보지 않는 경우

① 혼인 중에 형성된 부부공동재산을 「민법」에 따라 재산분할하는 경우 양도로 보지 아니한다.

② 경매, 공매로 인하여 소유권이 이전되는 경우에는 양도로 보지만 자기가 재취득하는 경우에는 양도로 보지 아니한다.

③ 합자회사에 토지를 현물출자하였다가 퇴사하면서 그대로 찾아가지고 나온 경우에는 양도로 보지 아니한다.

01 「소득세법」상 거주자의 양도소득세 과세대상이 아닌 것은? 제24회

기본 기출

① 사업용건물과 함께 영업권의 양도
②「도시개발법」이나 그 밖의 법률에 따른 환지처분으로 지목 또는 지번의 변경
③ 등기된 부동산임차권의 양도
④ 지상권의 양도
⑤ 개인의 토지를 법인에 현물출자

키워드 양도소득세 과세대상

난이도

해설 「도시개발법」이나 그 밖의 법률에 따른 환지처분으로 지목 또는 지번의 변경은 양도에 해당하지 아니한다. 다만, 권리면적의 감소로 청산금을 수령하는 경우에는 양도에 해당한다.

02 「소득세법」상 거주자의 양도소득세 과세대상에 관한 설명으로 틀린 것은? (단, 양도자산은 국내자산임) 제28회

기본 기출

① 무상이전에 따라 자산의 소유권이 변경된 경우에는 과세대상이 되지 아니한다.
② 부동산에 관한 권리 중 지상권의 양도는 과세대상이다.
③ 사업용 건물과 함께 양도하는 영업권은 과세대상이다.
④ 법인의 주식을 소유하는 것만으로 시설물을 배타적으로 이용하게 되는 경우 그 주식의 양도는 과세대상이다.
⑤ 등기되지 않은 부동산임차권의 양도는 과세대상이다.

키워드 양도소득세 과세대상

난이도

해설 국내자산의 경우 등기된 부동산임차권만 과세대상이다.

정답 01 ② 02 ⑤

03 기본 기출

소득세법령상 거주자의 양도소득세 과세대상은 모두 몇 개인가? (단, 국내소재 자산을 양도한 경우임) 제34회

> • 전세권
> • 등기되지 않은 부동산임차권
> • 사업에 사용하는 토지 및 건물과 함께 양도하는 영업권
> • 토지 및 건물과 함께 양도하는 「개발제한구역의 지정 및 관리에 관한 특별조치법」에 따른 이축권(해당 이축권의 가액을 대통령령으로 정하는 방법에 따라 별도로 평가하여 신고함)

① 0개 ② 1개 ③ 2개
④ 3개 ⑤ 4개

키워드 양도소득세 과세대상

난이도

해설 전세권과 사업에 사용하는 토지 및 건물과 함께 양도하는 영업권이 과세대상이며, 국내자산의 경우 등기되지 않은 부동산 임차권과 이축권의 가액을 별도로 평가하여 신고한 경우는 과세대상에 해당하지 아니한다 (소득세법 제94조).

04 기본 기출

「소득세법」상 양도에 해당하는 것으로 옳은 것은? 제26회

① 법원의 확정판결에 의하여 신탁해지를 원인으로 소유권 이전등기를 하는 경우
② 법원의 확정판결에 의한 이혼위자료로 배우자에게 토지의 소유권을 이전하는 경우
③ 공동소유의 토지를 공유자 지분 변경 없이 2개 이상의 공유토지로 분할하였다가 공동지분의 변경 없이 그 공유토지를 소유지분별로 단순히 재분할하는 경우
④ 본인 소유자산을 경매나 공매로 인하여 자기가 재취득하는 경우
⑤ 매매원인무효의 소에 의하여 그 매매사실이 원인무효로 판시되어 환원될 경우

키워드 양도의 종류

난이도

해설 ② 재산분할은 양도가 아니지만, 이혼위자료로 배우자에게 토지의 소유권을 이전하는 경우는 양도에 해당한다.
① 법원의 확정판결에 의하여 신탁해지를 원인으로 소유권 이전등기를 하는 경우는 양도가 아니다.
③ 공동소유의 토지를 공유자 지분 변경 없이 2개 이상의 공유토지로 분할하였다가 공동지분의 변경 없이 그 공유토지를 소유지분별로 단순히 재분할하는 경우는 양도가 아니다.
④ 본인 소유자산을 경매나 공매로 인하여 자기가 재취득하는 경우는 양도가 아니다.
⑤ 매매원인무효의 소에 의하여 그 매매사실이 원인무효로 판시되어 환원될 경우는 양도가 아니다.

정답 **03** ③ **04** ②

05 「소득세법」상 양도소득세 과세대상이 아닌 것은?

완성 기출 제23회

> ㉠「도시개발법」에 따라 토지의 일부가 보류지로 충당되는 경우
> ㉡ 지방자치단체가 발행하는 토지상환채권을 양도하는 경우
> ㉢ 이혼으로 인하여 혼인 중에 형성된 부부공동재산을「민법」제839조의2에 따라 재산분할한 경우
> ㉣ 개인이 토지를 법인에 현물출자하는 경우
> ㉤ 주거용 건물 건설업자가 당초부터 판매할 목적으로 신축한 다가구주택을 양도하는 경우

① ㉠, ㉡, ㉢
② ㉠, ㉢, ㉤
③ ㉡, ㉢, ㉣
④ ㉡, ㉣, ㉤
⑤ ㉢, ㉣, ㉤

키워드 양도소득세 과세대상

난이도

해설 ㉠「도시개발법」에 따라 토지의 일부가 보류지로 충당되는 경우는 양도가 아니다.
㉢ 이혼으로 인하여 혼인 중에 형성된 부부공동재산을「민법」제839조의2에 따라 재산분할한 경우는 양도로 보지 아니한다.
㉤ 주거용 건물 건설업자가 당초부터 판매할 목적으로 신축한 다가구주택을 양도하는 경우에는 주거용 건물개발 및 공급업을 영위하는 것으로 보아 양도소득세가 아닌 종합소득세(사업소득)로 과세된다.

정답 05 ②

THEME 13 □1회독 □2회독

양도 및 취득시기

| THEME 키워드 |
양도 또는 취득시기

기본으로 알아야 하는 **대표기출**

> 기출분석

- **기출회차:** 제25회
- **키워드:** 양도 또는 취득시기
- **난이도:**

「소득세법」상 양도차익 계산 시 취득 및 양도시기로 틀린 것은?

① 대금을 청산한 날이 분명하지 아니한 경우: 등기부·등록부 또는 명부 등에 기재된 등기·등록접수일 또는 명의개서일
② 증여에 의하여 취득한 자산: 증여를 받은 날
③「공익사업을 위한 토지 등의 취득 및 보상에 관한 법률」에 따라 공익사업을 위하여 수용되는 경우: 사업인정 고시일
④ 대금을 청산하기 전에 소유권이전등기(등록 및 명의개서 포함)를 한 경우: 등기부·등록부 또는 명부 등에 기재된 등기접수일
⑤ 상속에 의하여 취득한 자산: 상속개시일

해 설

「공익사업을 위한 토지 등의 취득 및 보상에 관한 법률」에 따라 공익사업을 위하여 수용되는 경우 대금을 청산한 날, 수용의 개시일 또는 소유권이전등기접수일 중 빠른 날이 양도 및 취득시기이다.

정답 ③

> 함정을 피하는 TIP

- 양도 및 취득시기에 대해 숙지해야 한다.

단단하게 정리하는 핵심이론

보유기간은 일반적으로 취득일부터 양도일까지를 말한다. 그런데 양도자산의 보유기간은 세율과 장기보유특별공제 등에 영향을 미치므로 납부해야 할 세액이 달라진다. 이에 양도시기 및 취득시기 판단은 매우 중요하다.

1 양도 또는 취득시기의 일반적인 경우

(1) 원칙 – 대금청산일

자산의 양도차익을 계산할 때 그 취득시기 및 양도시기는 해당 자산의 대금을 청산한 날로 한다. 이 경우 자산의 대금에는 해당 자산의 양도에 대한 양도소득세 및 양도소득세의 부가세액을 양수자가 부담하기로 약정한 경우에는 해당 양도소득세 및 양도소득세의 부가세액은 제외한다.

(2) 예외 – 등기·등록 접수일

① 대금을 청산한 날이 분명하지 아니한 경우에는 등기부·등록부 또는 명부 등에 기재된 등기·등록 접수일 또는 명의개서일

② 대금을 청산하기 전에 소유권 이전등기(등록 및 명의개서 포함)를 한 경우에는 등기부·등록부 또는 명부 등에 기재된 등기접수일

2 양도 또는 취득시기의 특수한 경우

(1) 장기할부조건의 경우

장기할부조건의 경우에는 소유권 이전등기(등록 및 명의개서 포함) 접수일·인도일 또는 사용수익일 중 빠른 날로 한다.

(2) 자가건설 건축물

① 허가를 받은 경우: 자기가 건설한 건축물에 있어서는 「건축법」에 따른 사용승인서 교부일로 한다. 다만, 사용승인서 교부일 전에 사실상 사용하거나 임시사용승인을 받은 경우에는 그 사실상의 사용일 또는 임시사용승인을 받은 날 중 빠른 날을 취득시기로 한다.

② 무허가건축물의 경우: 건축허가를 받지 아니하고 건축하는 건축물에 있어서는 그 사실상의 사용일을 취득시기로 한다.

(3) 상속 및 증여받은 자산

상속 또는 증여에 의하여 취득한 자산에 대하여는 그 상속이 개시된 날 또는 증여를 받은 날을 취득시기로 한다.

⚠ 취득세에 있어 증여받은 자산의 취득시기는 증여계약일이다(계약일 전 등기·등록 시에는 등기·등록일).

(4) 점유시효취득의 경우

「민법」에 의하여 부동산의 소유권을 취득하는 경우에는 당해 부동산의 점유를 개시한 날을 취득시기로 한다.

⚠ 취득세에 있어 「민법」에 의하여 점유시효취득한 자산의 취득시기는 등기·등록일이다.

(5) 수용의 경우

① 「공익사업을 위한 토지 등의 취득 및 보상에 관한 법률」이나 그 밖의 법률에 따라 공익사업을 위하여 수용되는 경우에는 대금을 청산한 날, 수용의 개시일 또는 소유권 이전등기접수일 중 빠른 날

② 소유권에 관한 소송으로 보상금이 공탁된 경우에는 소유권 관련 소송 판결 확정일로 한다.

(6) 대금청산 이후에 완성 또는 확정된 자산

완성 또는 확정되지 아니한 자산을 양도 또는 취득한 경우로서 해당 자산의 대금을 청산한 날까지 그 목적물이 완성 또는 확정되지 아니한 경우에는 그 목적물이 완성 또는 확정된 날로 한다. 이 경우 건설 중인 건물의 완성된 날에 관하여는 위 (2)를 준용한다.

(7) 환지처분으로 취득한 토지

① 「도시개발법」 또는 그 밖의 법률에 따른 환지처분으로 인하여 취득한 토지의 취득시기는 환지 전의 토지의 취득일을 취득시기로 한다.

② 교부받은 토지의 면적이 환지처분에 의한 권리면적보다 증가 또는 감소된 경우에는 그 증가 또는 감소된 면적의 토지에 대한 취득시기 또는 양도시기는 환지처분의 공고가 있은 날의 다음 날로 한다.

(8) 특정주식

기타자산에 속하는 특정주식의 양도시기는 주주 1인과 기타주주가 주식 등을 양도함으로써 해당 법인의 주식 등의 합계액의 100분의 50 이상이 양도되는 날로 한다. 이 경우 양도가액은 그들이 사실상 주식 등을 양도한 날의 양도가액에 의한다.

(9) 취득시기가 분명하지 아니한 경우

양도한 자산의 취득시기가 분명하지 아니한 경우에는 먼저 취득한 자산을 먼저 양도한 것으로 본다.

(10) 법원의 무효판결로 환원된 자산

법원의 무효판결로 환원된 자산은 당초취득일에 취득한 것으로 본다.

(11) 분양권 등의 취득 및 양도시기

부동산의 분양계약을 체결한 자가 해당 계약에 관한 모든 권리를 양도한 경우에는 그 권리에 대한 취득시기는 해당 부동산을 분양받을 수 있는 권리가 확정되는 날(아파트당첨권은 당첨일)이고 타인으로부터 그 권리를 인수받은 때에는 대금청산일이 취득시기가 된다.

(12) 의제취득시기(소득세법 시행령 제162조 제6항 · 제7항)

① 토지, 건물, 부동산에 관한 권리 및 기타자산: 1984년 12월 31일 이전에 취득한 것은 1985년 1월 1일에 취득한 것으로 본다.

② 주식 및 출자지분: 1985년 12월 31일 이전에 취득한 것은 1986년 1월 1일에 취득한 것으로 본다.

기본문제와 완성문제로 **단단기출**

01 「소득세법」상 양도소득세 과세대상 자산의 양도 또는 취득의 시기로 틀린 것은? 제32회

기본 기출

① 「도시개발법」에 따라 교부받은 토지의 면적이 환지처분에 의한 권리면적보다 증가 또는 감소된 경우: 환지처분의 공고가 있은 날

② 기획재정부령이 정하는 장기할부조건의 경우: 소유권 이전등기(등록 및 명의개서를 포함) 접수일 · 인도일 또는 사용수익일 중 빠른 날

③ 건축허가를 받지 않고 자기가 건설한 건축물의 경우: 그 사실상의 사용일

④ 「민법」 제245조 제1항의 규정에 의하여 부동산의 소유권을 취득하는 경우: 당해 부동산의 점유를 개시한 날

⑤ 대금을 청산한 날이 분명하지 아니한 경우: 등기부 · 등록부 또는 명부 등에 기재된 등기 · 등록 접수일 또는 명의개서일

키워드 양도 또는 취득시기

난이도

해설 「도시개발법」에 따라 교부받은 토지의 면적이 환지처분에 의한 권리면적보다 증가 또는 감소된 경우에는 환지처분의 공고가 있은 날의 다음 날이 양도 및 취득시기이다.

정답 01 ①

02 소득세법령상 양도소득세의 양도 또는 취득시기에 관한 내용으로 틀린 것은? 제34회

① 대금을 청산한 날이 분명하지 아니한 경우에는 등기부 · 등록부 또는 명부 등에 기재된 등기 · 등록접수일 또는 명의개서일

② 상속에 의하여 취득한 자산에 대하여는 그 상속이 개시된 날

③ 대금을 청산하기 전에 소유권이전등기를 한 경우에는 등기부에 기재된 등기접수일

④ 자기가 건설한 건축물로서 건축허가를 받지 아니하고 건축하는 건축물에 있어서는 그 사실상의 사용일

⑤ 완성되지 아니한 자산을 양도한 경우로서 해당 자산의 대금을 청산한 날까지 그 목적물이 완성되지 아니한 경우에는 해당 자산의 대금을 청산한 날

키워드 양도 또는 취득시기

난이도

해설 완성 또는 확정되지 아니한 자산을 양도 또는 취득한 경우로서 해당 자산의 대금을 청산한 날까지 그 목적물이 완성 또는 확정되지 아니한 경우에는 그 목적물이 완성 또는 확정된 날(소득세법 시행령 제162조 제1항 제8호)

03 「소득세법 시행령」 제162조에서 규정하는 양도 또는 취득의 시기에 관한 내용으로 틀린 것은? 제29회

완성 기출

① 제1항 제4호: 자기가 건설한 건축물에 있어서 건축허가를 받지 아니하고 건축하는 건축물은 추후 사용승인 또는 임시사용승인을 받는 날

② 제1항 제3호: 기획재정부령이 정하는 장기할부조건의 경우에는 소유권 이전등기(등록 및 명의개서를 포함) 접수일 · 인도일 또는 사용수익일 중 빠른 날

③ 제1항 제2호: 대금을 청산하기 전에 소유권 이전등기(등록 및 명의개서를 포함)를 한 경우에는 등기부 · 등록부 또는 명부 등에 기재된 등기접수일

④ 제1항 제5호: 상속에 의하여 취득한 자산에 대하여는 그 상속이 개시된 날

⑤ 제1항 제9호: 「도시개발법」에 따른 환지처분으로 교부받은 토지의 면적이 환지처분에 의한 권리면적보다 증가한 경우 그 증가된 면적의 토지에 대한 취득시기는 환지처분의 공고가 있은 날의 다음 날

키워드 양도 또는 취득시기

난이도

해설 자기가 건설한 건축물에 있어서 건축허가를 받지 아니하고 건축하는 건축물은 사실상 사용일을 양도 또는 취득의 시기로 한다.

정답 02 ⑤ 03 ①

THEME 14 □1회독 □2회독

비과세 양도소득

| THEME 키워드 |

양도소득세 비과세, 농지교환 시 비과세요건, 혼인 및 동거봉양으로 인한 2주택 비과세, 1세대 1주택 양도소득세 비과세, 비과세되는 주택의 부수토지

기본으로 알아야 하는 대표기출

> 기출분석

- **기출회차:** 제29회
- **키워드:** 혼인 및 동거봉양으로 인한 2주택 비과세
- **난이도:**

다음은 「소득세법 시행령」 제155조 '1세대 1주택의 특례'에 관한 조문의 내용이다. 괄호 안에 들어갈 법령상의 숫자를 순서대로 옳게 나열한 것은?

> • 1주택을 보유하는 자가 1주택을 보유하는 자와 혼인함으로써 1세대가 2주택을 보유하게 되는 경우 혼인한 날부터 ( )년 이내에 먼저 양도하는 주택은 이를 1세대 1주택으로 보아 제154조 제1항을 적용한다.
> • 1주택을 보유하고 1세대를 구성하는 자가 1주택을 보유하고 있는 ( )세 이상의 직계존속[배우자의 직계존속을 포함하며, 직계존속 중 어느 한 사람이 ( )세 미만인 경우를 포함]을 동거봉양하기 위하여 세대를 합침으로써 1세대가 2주택을 보유하게 되는 경우 합친 날부터 ( )년 이내에 먼저 양도하는 주택은 이를 1세대 1주택으로 보아 제154조 제1항을 적용한다.

① 3, 55, 55, 5　② 3, 60, 60, 5
③ 3, 60, 55, 10　④ 5, 55, 55, 10
⑤ 5, 60, 60, 10

해 설

- 1주택을 보유하는 자가 1주택을 보유하는 자와 혼인함으로써 1세대가 2주택을 보유하게 되는 경우 혼인한 날부터 5년 이내에 먼저 양도하는 주택은 이를 1세대 1주택으로 보아 비과세를 적용한다.
- 1주택을 보유하고 1세대를 구성하는 자가 1주택을 보유하고 있는 60세 이상의 직계존속(배우자의 직계존속을 포함하며, 직계존속 중 어느 한 사람이 60세 미만인 경우를 포함한다)을 동거봉양하기 위하여 세대를 합침으로써 1세대가 2주택을 보유하게 되는 경우 합친 날부터 10년 이내에 먼저 양도하는 주택은 이를 1세대 1주택으로 보아 비과세를 적용한다.

정답 ⑤

> 함정을 피하는 TIP

- 혼인은 5년, 동거봉양은 10년간 각각 1세대로 본다는 것을 알아두어야 한다.

단단하게 정리하는 **핵심이론**

1 개요

비과세 양도소득이란 양도를 통한 소득 중 정책 목적상 과세하지 않기로 정한 다음의 경우를 말하며, 이 경우 과세권자가 과세권을 포기한 것으로 과세표준 및 세액의 신고 또는 신청의 절차나 과세관청의 행정적 처분이 필요 없다.

① 파산선고에 의한 처분으로 발생하는 소득

② **농지의 교환 또는 분합(分合)으로 발생하는 소득으로 교환 또는 분합하는 쌍방 토지가액의 차액이 큰 편의 4분의 1 이하로 다음 중 어느 하나에 해당하는 경우**

㉠ 국가 또는 지방자치단체가 시행하는 사업으로 인하여 교환 또는 분합하는 농지

㉡ 국가 또는 지방자치단체가 소유하는 토지와 교환 또는 분합하는 농지

㉢ 경작상 필요에 의하여 교환하는 농지. 다만, 교환에 의하여 새로이 취득하는 농지를 3년 이상 농지소재지에 거주하면서 경작하는 경우에 한한다.

㉣ 「농어촌정비법」·「농지법」·「한국농어촌공사 및 농지관리기금법」 또는 「농업협동조합법」에 의하여 교환 또는 분합하는 농지

③ **다음 어느 하나에 해당하는 주택**(주택 및 이에 딸린 토지의 양도 당시 실지거래가액의 합계액이 12억원을 초과하는 고가주택 제외)**과 이에 딸린 토지로서 건물이 정착된 면적에 지역별로 대통령령으로 정하는 배율을 곱하여 산정한 면적 이내의 토지**(주택부수토지)**의 양도로 발생하는 소득**

㉠ 1세대가 1주택을 2년 이상 보유

㉡ 1세대가 1주택을 양도하기 전에 다른 주택을 대체취득하거나 상속, 동거봉양, 혼인 등으로 인하여 2주택 이상을 보유하는 경우

④ 「지적재조사에 관한 특별법」에 따른 경계의 확정으로 지적공부상의 면적이 감소되어 같은 법 제20조에 따라 지급받는 조정금

2 1세대 1주택 양도소득세 비과세

1세대 1주택(부수토지 포함)의 양도로 발생하는 소득은 양도소득세를 과세하지 않는다. 1세대 1주택이란 1세대가 양도일 현재 국내에 1주택을 보유하고 있는 경우로서 해당 주택의 보유기간이 2년 이상인 것(취득당시 조정대상지역에 있는 주택의 경우에는 해당 주택의 보유기간이 2년 이상이고 그 보유기간 중 거주기간이 2년 이상인 것)을 말한다.

(1) 1세대

1세대란 거주자 및 그 배우자(법률상 이혼을 하였으나 생계를 같이 하는 등 사실상 이혼한 것으로 보기 어려운 관계에 있는 사람 포함)가 그들과 같은 주소 또는 거소에서 생계를 같이 하는 자[거주자 및 그 배우자의 직계존비속(그 배우자를 포함) 및 형제자매를 말하며, 취학, 질병의 요양, 근무상 또는 사업상의 형편으로 본래의 주소 또는 거소에서 일시 퇴거한 사람을 포함한다]와 함께 구성하는 가족단위를 말한다. 다만, 다음의 경우에는 배우자가 없어도 1세대로 본다.

① 해당 거주자의 나이가 30세 이상인 경우
② 배우자가 사망하거나 이혼한 경우
③ 기준 중위소득의 100분의 40 수준 이상으로서 소유하고 있는 주택 또는 토지를 관리·유지하면서 독립된 생계를 유지할 수 있는 경우

(2) 1주택

① **주택의 개념**: 허가여부나 공부상의 용도구분에 관계없이 사실상 주거용으로 사용하는 건물을 말한다.

└ 공부상 주택이나 양도일 현재 음식점 등으로 이용 시 비과세적용대상이 아니다.

② **비과세되는 1주택**

㉠ 1세대 1주택으로서 양도소득세가 비과세되기 위해서는 1세대가 양도일 현재 국내에 1주택만을 보유하여야 한다.

㉡ 1주택 양도 시 비과세되는 범위에는 주택에 딸린 토지(주택의 부수토지)를 포함한다. 이때 비과세되는 면적은 다음과 같다.

- 「국토의 계획 및 이용에 관한 법률」 제6조 제1호에 따른 도시지역 내의 토지
  - 「수도권정비계획법」 제2조 제1호에 따른 수도권 내의 토지 중 주거지역·상업지역 및 공업지역 내의 토지: 3배
  - 수도권 내의 토지 중 녹지지역 내의 토지: 5배
  - 수도권 밖의 토지: 5배
- 그 밖의 토지: 10배

③ **다가구주택의 경우**: 1세대 1주택 비과세를 적용 시 다가구주택은 한 가구가 독립하여 거주할 수 있도록 구획된 부분을 각각 하나의 주택으로 본다. 다만, 해당 다가구주택을 구획된 부분별로 양도하지 아니하고 하나의 매매단위로 하여 양도하는 경우에는 그 전체를 하나의 주택으로 본다.

④ **겸용주택의 경우**: 1세대 1주택 비과세를 적용 시 하나의 건물이 주택과 주택 외의 부분으로 복합되어 있는 경우와 주택에 딸린 토지에 주택 외의 건물이 있는 경우에는 그 전부를 주택으로 본다. 다만, 주택의 연면적이 주택 외의 부분의 연면적보다 적거나 같을 때에는 주택 외의 부분은 주택으로 보지 아니한다.

구분	건물	부수토지
주택면적 > 주택 외의 면적	전부 주택으로 본다.	전부를 주택의 부수토지로 본다.
주택면적 ≤ 주택 외의 면적	주택 외의 부분은 주택으로 보지 않는다.	전체 토지면적을 건물면적비율로 안분계산하여 주택 부수토지를 계산한다.

PART 03

이렇게 계산된 주택 부수토지 중 위 ②의 ㉡의 비과세면적을 초과하는 토지부분은 비과세를 적용하지 아니한다.

⑤ **고가주택의 경우:** 고가주택의 양도에 대해서는 비과세가 적용되지 아니한다.

㉠ 고가주택이란 주택 및 이에 딸린 토지의 양도 당시 실지거래가액의 합계액이 12억원을 초과하는 것을 말한다.

㉡ 겸용주택의 경우에는 주택으로 보는 부분(부수토지 포함)에 해당하는 실지거래가액을 포함하여 고가주택 여부를 판정한다.

㉢ 단독주택으로 보는 다가구주택의 경우에는 그 전체를 하나의 주택으로 보아 고가주택 여부를 판정한다.

참 고

겸용주택의 구분방법

1. 고가주택이 아닌 경우

구분	건물
주택면적 > 주택 이외 면적	전부 주택으로 본다.
주택면적 ≤ 주택 이외 면적	주택 부분만 주택으로 본다.

2. 고가주택인 경우: 각각의 용도로 본다.

3. 비과세대상이 아닌 경우: 1세대 1주택 비과세대상이 아닌 겸용주택의 경우에는 특정부분의 크기에 관계없이 각각의 용도로 한다.

⑥ **공동소유의 경우:** 공동 소유자 각자가 그 주택을 소유한 것으로 본다. 단, 동일 세대원 간의 공동소유 시에는 1주택으로 본다.

⑦ **공동상속주택의 경우:** 상속지분이 가장 큰 상속인의 소유로 본다. 다만, 상속지분이 가장 큰 상속인이 2명 이상인 경우에는 당해 주택에 거주하는 자, 최연장자 순으로 공동상속주택을 소유한 것으로 본다.

⑧ 1세대 1주택 비과세규정을 적용할 때 2개 이상의 주택을 같은 날 양도하는 경우에는 해당 거주자가 선택하는 순서에 따라 주택을 양도한 것으로 본다.

(3) 2년 이상 보유 요건(취득당시 조정대상지역은 2년 이상 거주)

① 양도소득세가 비과세되는 1세대 1주택은 그 보유기간이 2년 이상인 경우에 적용한다.

② 취득당시에 조정대상지역에 있는 주택의 경우에는 해당 주택의 보유기간이 2년 이상이고 그 보유기간 중 거주기간이 2년 이상인 경우에 적용한다.

③ 보유기간 및 거주기간의 계산

㉠ 보유기간은 해당 주택의 취득일부터 양도일까지로 한다.

㉡ 거주기간은 주민등록표 등본에 따른 전입일부터 전출일까지의 기간으로 한다. 다만, 다음의 기간은 통산하여 계산한다.

> • 거주하거나 보유하는 중에 소실·무너짐·노후 등으로 인하여 멸실되어 재건축한 주택인 경우에는 그 멸실된 주택과 재건축한 주택에 대한 거주기간 및 보유기간
> • 비거주자가 해당 주택을 3년 이상 계속 보유하고 그 주택에서 거주한 상태로 거주자로 전환된 경우에는 해당 주택에 대한 거주기간 및 보유기간
> • 상속받은 주택으로서 상속인과 피상속인이 상속개시 당시 동일세대인 경우에는 상속개시 전에 상속인과 피상속인이 동일세대로서 거주하고 보유한 기간

④ 보유기간 및 거주기간의 제한을 받지 않는 경우: 1세대가 양도일 현재 국내에 1주택을 보유하고 있는 경우로서 ㉠부터 ㉢까지의 어느 하나에 해당하는 경우에는 그 보유기간 및 거주기간의 제한을 받지 않는다.

㉠ 「민간임대주택에 관한 특별법」에 따른 민간건설임대주택이나 「공공주택 특별법」에 따른 공공건설임대주택 또는 공공매입임대주택을 취득하여 양도하는 경우로서 해당 임대주택의 임차일부터 양도일까지의 기간 중 세대전원이 거주(기획재정부령으로 정하는 취학, 근무상의 형편, 질병의 요양, 그 밖에 부득이한 사유로 세대의 구성원 중 일부가 거주하지 못하는 경우를 포함한다) 한 기간이 5년 이상인 경우

㉡ 다음의 어느 하나에 해당하는 경우. 이 경우 ⓐ에 있어서는 그 양도일 또는 수용일부터 5년 이내에 양도하는 그 잔존주택 및 그 부수토지를 포함하는 것으로 한다.

> ⓐ 주택 및 그 부수토지(사업인정 고시일 전에 취득한 주택 및 그 부수토지에 한한다)의 전부 또는 일부가 「공익사업을 위한 토지 등의 취득 및 보상에 관한 법률」에 의한 협의매수·수용 및 그 밖의 법률에 의하여 수용되는 경우
> ⓑ 「해외이주법」에 따른 해외이주로 세대전원이 출국하는 경우. 다만, 출국일 현재 1주택을 보유하고 있는 경우로서 출국일부터 2년 이내에 양도하는 경우에 한한다.
> ⓒ 1년 이상 계속하여 국외거주를 필요로 하는 취학 또는 근무상의 형편으로 세대전원이 출국 하는 경우. 다만, 출국일 현재 1주택을 보유하고 있는 경우로서 출국일부터 2년 이내에 양도하는 경우에 한한다.

㉢ 1년 이상 거주한 주택을 기획재정부령으로 정하는 취학, 근무상의 형편, 질병의 요양, 그 밖에 부득이한 사유로 양도하는 경우

⑤ **거주기간의 제한을 받지 않는 경우:** 거주자가 조정대상지역의 공고가 있은 날 이전에 매매계약을 체결하고 계약금을 지급한 사실이 증빙서류에 의하여 확인되는 경우로서 해당 거주자가 속한 1세대가 계약금 지급일 현재 주택을 보유하지 아니하는 경우에는 거주기간의 제한을 받지 아니한다.

참고

상생임대주택에 대한 1세대 1주택의 특례

국내에 1주택을 소유한 1세대가 다음의 요건을 모두 갖춘 주택(상생임대주택)을 양도하는 경우에는 1세대 1주택 비과세규정을 적용할 때 거주기간의 제한을 받지 않는다.

1. 1세대가 주택을 취득한 후 해당 주택에 대하여 임차인과 체결한 직전 임대차계약(해당 주택의 취득으로 임대인의 지위가 승계된 경우의 임대차계약 제외) 대비 임대보증금 또는 임대료의 증가율이 100분의 5를 초과하지 않는 임대차계약(상생임대차계약)을 2021년 12월 20일부터 2024년 12월 31일까지의 기간 중에 체결(계약금을 지급받은 사실이 확인되는 경우로 한정한다)하고 상생임대차계약에 따라 임대한 기간이 2년 이상일 것
2. 위 1.에 따른 직전 임대차계약에 따라 임대한 기간이 1년 6개월 이상일 것

3 1세대 1주택의 비과세 특례

(1) 일시적 2주택에 대한 비과세 특례

국내에 1주택을 소유한 1세대가 그 주택(종전의 주택)을 양도하기 전에 다른 주택(신규 주택)을 취득(자기가 건설하여 취득한 경우를 포함한다)함으로써 일시적으로 2주택이 된 경우 종전의 주택을 취득한 날부터 1년 이상이 지난 후 신규 주택을 취득하고 신규 주택을 취득한 날부터 3년 이내에 종전의 주택을 양도하는 경우에는 이를 1세대 1주택으로 보아 비과세한다.

(2) 직계존속의 동거봉양을 위한 일시적 2주택

1주택을 보유하고 1세대를 구성하는 자가 1주택을 보유하고 있는 60세 이상의 직계존속을 동거봉양하기 위하여 세대를 합침으로써 1세대가 2주택을 보유하게 되는 경우 합친 날부터 10년 이내에 먼저 양도하는 주택은 이를 1세대 1주택으로 보아 비과세규정을 적용한다.

└ 이후 양도하는 주택도 요건충족 시 비과세를 적용한다.

(3) 혼인으로 인한 일시적 2주택

다음의 경우는 각각 혼인한 날부터 5년 이내에 먼저 양도하는 주택은 이를 1세대 1주택으로 보아 비과세규정을 적용한다.

└ 이후 양도하는 주택도 요건충족 시 비과세를 적용한다.

> ① 1주택을 보유하는 자가 1주택을 보유하는 자와 혼인함으로써 1세대가 2주택을 보유하게 되는 경우
> ② 1주택을 보유하고 있는 60세 이상의 직계존속을 동거봉양하는 무주택자가 1주택을 보유하는 자와 혼인함으로써 1세대가 2주택을 보유하게 되는 경우

(4) 상속주택으로 인한 1세대 2주택

상속받은 주택과 그 밖의 주택을 국내에 각각 1개씩 소유하고 있는 1세대가 일반주택을 양도하는 경우에는 국내에 1개의 주택을 소유하고 있는 것으로 보아 비과세규정을 적용한다.

(5) 문화재주택 및 농어촌주택으로 인한 1세대 2주택

지정문화재 및 국가등록문화재에 해당하는 주택 또는 농어촌주택과 그 밖의 주택(일반주택)을 국내에 각각 1개씩 소유하고 있는 1세대가 일반주택을 양도하는 경우에는 국내에 1개의 주택을 소유하고 있는 것으로 보아 비과세규정을 적용한다.

(6) 장기임대주택 등에 관한 특례

장기임대주택 또는 장기어린이집과 그 밖의 1주택을 국내에 소유하고 있는 1세대가 2년 이상 거주주택을 양도하는 경우(장기임대주택을 보유하고 있는 경우에는 생애 한 차례만 거주주택을 최초로 양도하는 경우에 한정한다)에는 국내에 1개의 주택을 소유하고 있는 것으로 보아 비과세규정을 적용한다.

4 조합원입주권 등에 대한 비과세 특례

(1) 1조합원입주권 양도 시 비과세

조합원입주권을 1개 보유한 1세대(도시 및 주거환경정비법에 따른 관리처분계획의 인가일 및 빈집 및 소규모주택 정비에 관한 특례법에 따른 사업시행계획인가일 현재 1세대 1주택 비과세요건을 충족하는 기존주택을 소유하는 세대)가 다음의 어느 하나의 요건을 충족하여 양도하는 경우 해당 조합원입주권을 양도하여 발생하는 소득. 다만, 해당 조합원입주권의 양도 당시 실지거래가액이 12억원을 초과하는 경우에는 양도소득세를 과세한다.

> ① 양도일 현재 다른 주택 또는 분양권을 보유하지 아니할 것
> ② 양도일 현재 1조합원입주권 외에 1주택을 보유한 경우(분양권을 보유하지 아니하는 경우로 한정한다)로서 해당 1주택을 취득한 날부터 3년 이내에 해당 조합원입주권을 양도할 것

(2) 1세대 1주택에 대한 비과세 배제

① 1세대가 주택(주택부수토지 포함)과 조합원입주권 또는 분양권을 보유하다가 그 주택을 양도하는 경우에는 비과세규정에도 불구하고 1세대 1주택 비과세규정을 적용하지 아니한다.

② 다만, 다음 중 어느 하나에 해당하는 경우에는 1세대 1주택으로 보아 비과세규정을 적용한다.

㉠ 국내에 1주택을 소유한 1세대가 그 주택(종전주택)을 양도하기 전에 조합원입주권(또는 분양권)을 취득함으로써 일시적으로 1주택과 1조합원입주권(또는 1분양권)을 소유하게 된 경우 종전주택을 취득한 날부터 1년 이상이 지난 후에 조합원입주권(또는 분양권)을 취득하고 그 조합원입주권(또는 분양권)을 취득한 날부터 3년 이내에 종전주택을 양도하는 경우

㉡ 국내에 1주택을 소유한 1세대가 그 주택(종전주택)을 양도하기 전에 조합원입주권(또는 분양권)을 취득함으로써 일시적으로 1주택과 1조합원입주권(또는 1분양권)을 소유하게 된 경우 종전주택을 취득한 날부터 1년이 지난 후에 조합원입주권(또는 분양권)을 취득하고 그 조합원입주권(또는 분양권)을 취득한 날부터 3년이 지나 종전주택을 양도하는 경우로서 다음의 요건을 모두 갖춘 경우

- 재개발사업, 재건축사업 또는 소규모재건축사업등의 관리처분계획 등에 따라 취득하는 주택이 완성(또는 분양권에 따라 취득하는 주택이 완성)된 후 3년 이내에 그 주택으로 세대전원이 이사(취학, 근무상의 형편, 질병의 요양 그 밖의 부득이한 사유로 세대의 구성원 중 일부가 이사하지 못하는 경우 포함)하여 1년 이상 계속하여 거주할 것
- 재개발사업, 재건축사업 또는 소규모재건축사업등의 관리처분계획 등에 따라 취득하는 주택(또는 분양권에 따라 취득하는 주택)이 완성되기 전 또는 완성된 후 3년 이내에 종전의 주택을 양도할 것

01 기본 기출

소득세법령상 거주자의 양도소득세 비과세에 관한 설명으로 틀린 것은? (단, 국내소재 자산을 양도한 경우임) 제34회

① 파산선고에 의한 처분으로 발생하는 소득은 비과세된다.

②「지적재조사에 관한 특별법」에 따른 경계의 확정으로 지적공부상의 면적이 감소되어 같은 법에 따라 지급받는 조정금은 비과세된다.

③ 건설사업자가「도시개발법」에 따라 공사용역 대가로 취득한 체비지를 토지구획환지처분공고 전에 양도하는 토지는 양도소득세 비과세가 배제되는 미등기양도자산에 해당하지 않는다.

④「도시개발법」에 따른 도시개발사업이 종료되지 아니하여 토지 취득등기를 하지 아니하고 양도하는 토지는 양도소득세 비과세가 배제되는 미등기양도자산에 해당하지 않는다.

⑤ 국가가 소유하는 토지와 분합하는 농지로서 분합하는 쌍방 토지가액의 차액이 가액이 큰 편의 4분의 1을 초과하는 경우 분합으로 발생하는 소득은 비과세된다.

키워드 양도소득세 비과세

난이도

해설 법 제89조 제1항 제2호에서 '대통령령으로 정하는 경우'란 다음의 어느 하나에 해당하는 농지(제4항 어느 하나에 해당하는 농지는 제외한다)를 교환 또는 분합하는 경우로서 교환 또는 분합하는 쌍방 토지가액의 차액이 가액이 큰편의 4분의 1 이하인 경우를 말한다(소득세법 시행령 제153조 제1항).

1. 국가 또는 지방자치단체가 시행하는 사업으로 인하여 교환 또는 분합하는 농지
2. 국가 또는 지방자치단체가 소유하는 토지와 교환 또는 분합하는 농지
3. 경작상 필요에 의하여 교환하는 농지. 다만, 교환에 의하여 새로이 취득하는 농지를 3년 이상 농지소재지에 거주하면서 경작하는 경우에 한한다.
4. 「농어촌정비법」·「농지법」·「한국농어촌공사 및 농지관리기금법」 또는 「농업협동조합법」에 의하여 교환 또는 분합하는 농지

정답 01 ⑤

02 「소득세법」상 거주자의 양도소득세 비과세에 관한 설명으로 옳은 것은? 제27회 수정

① 국내에 1주택만을 보유하고 있는 1세대가 해외이주로 세대전원이 출국하는 경우 출국일부터 3년이 되는 날 해당 주택을 양도하면 비과세된다.

② 법원의 결정에 의하여 양도 당시 취득에 관한 등기가 불가능한 미등기주택은 양도소득세 비과세가 배제되는 미등기양도자산에 해당하지 않는다.

③ 직장의 변경으로 세대전원이 다른 시로 주거를 이전하는 경우 6개월간 거주한 1주택을 양도하면 비과세된다.

④ 양도 당시 실지거래가액이 13억원인 1세대 1주택의 양도로 발생하는 양도차익 전부가 비과세된다.

⑤ 농지를 교환할 때 쌍방 토지가액의 차액이 가액이 큰 편의 3분의 1인 경우 발생하는 소득은 비과세된다.

키워드 양도소득세 비과세

난이도

해설 ① 국내에 1주택만을 보유하고 있는 1세대가 해외이주로 세대전원이 출국하는 경우 출국일부터 2년 이내에 해당 주택을 양도하면 비과세된다.
③ 직장의 변경으로 세대전원이 다른 시로 주거를 이전하는 경우 1년 이상 거주한 1주택을 양도하면 비과세된다.
④ 양도가액 12억원 초과 부분의 양도차익은 과세한다.
⑤ 농지를 교환할 때 쌍방 토지가액의 차액이 가액이 큰 편의 4분의 1 이하인 경우 발생하는 소득은 비과세된다.

정답 02 ②

03 「소득세법」상 농지교환으로 인한 양도소득세와 관련하여 (   )에 들어갈 내용으로 옳은 것은?

기본 기출

제20회

경작상의 필요에 의하여 농지를 교환하는 경우, 교환에 의하여 새로이 취득하는 농지를 (㉠) 이상 농지소재지에 거주하면서 경작하는 경우[새로운 농지의 취득 후 (㉡) 이내에 법령에 따라 수용 등이 되는 경우를 포함]로서 교환하는 쌍방 토지가액의 차액이 큰 편의 (㉢) 이하이면 농지의 교환으로 인하여 발생하는 소득에 대한 양도소득세를 비과세한다.

	㉠	㉡	㉢
①	3년	2년	3분의 1
②	2년	3년	4분의 1
③	3년	1년	2분의 1
④	3년	3년	4분의 1
⑤	2년	2년	2분의 1

키워드 농지교환 시 비과세요건

난이도

해설 경작상의 필요에 의하여 농지를 교환하는 경우, 교환에 의하여 새로이 취득하는 농지를 '3년' 이상 농지소재지에 거주하면서 경작하는 경우[새로운 농지의 취득 후 '3년' 이내에 법령에 따라 수용 등이 되는 경우를 포함]로서 교환하는 쌍방 토지가액의 차액이 큰 편의 '4분의 1' 이하이면 농지의 교환으로 인하여 발생하는 소득에 대한 양도소득세를 비과세한다.

정답 03 ④

PART 03

04 기본 기출

「소득세법 시행령」 제155조 '1세대 1주택의 특례'에 관한 조문의 내용이다. (　　)에 들어갈 숫자로 옳은 것은? 제33회

> • 영농의 목적으로 취득한 귀농주택으로서 수도권 밖의 지역 중 면 지역에 소재하는 주택과 일반주택을 국내에 각각 1개씩 소유하고 있는 1세대가 귀농주택을 취득한 날부터 (㉠)년 이내에 일반주택을 양도하는 경우에는 국내에 1개의 주택을 소유하고 있는 것으로 보아 제154조 제1항을 적용한다.
> • 취학 등 부득이한 사유로 취득한 수도권 밖에 소재하는 주택과 일반주택을 국내에 각각 1개씩 소유하고 있는 1세대가 부득이한 사유가 해소된 날부터 (㉡)년 이내에 일반주택을 양도하는 경우에는 국내에 1개의 주택을 소유하고 있는 것으로 보아 제154조 제1항을 적용한다.
> • 1주택을 보유하는 자가 1주택을 보유하는 자와 혼인함으로써 1세대가 2주택을 보유하게 되는 경우 혼인한 날부터 (㉢)년 이내에 먼저 양도하는 주택은 이를 1세대 1주택으로 보아 제154조 제1항을 적용한다.

	㉠	㉡	㉢
①	2	2	5
②	2	3	10
③	3	2	5
④	5	3	5
⑤	5	3	10

키워드 1세대 1주택 양도소득세 비과세

난이도

해설
• 영농의 목적으로 취득한 귀농주택으로서 수도권 밖의 지역 중 면지역에 소재하는 주택과 일반주택을 국내에 각각 1개씩 소유하고 있는 1세대가 귀농주택을 취득한 날부터 '5년' 이내에 일반주택을 양도하는 경우에는 국내에 1개의 주택을 소유하고 있는 것으로 보아 제154조 제1항을 적용한다(소득세법 시행령 제155조 제7항).
• 취학 등 부득이한 사유로 취득한 수도권 밖에 소재하는 주택과 일반주택을 국내에 각각 1개씩 소유하고 있는 1세대가 부득이한 사유가 해소된 날부터 '3년' 이내에 일반주택을 양도하는 경우에는 국내에 1개의 주택을 소유하고 있는 것으로 보아 제154조 제1항을 적용한다(소득세법 시행령 제155조 제8항).
• 1주택을 보유하는 자가 1주택을 보유하는 자와 혼인함으로써 1세대가 2주택을 보유하게 되는 경우 혼인한 날부터 '5년' 이내에 먼저 양도하는 주택은 이를 1세대 1주택으로 보아 제154조 제1항을 적용한다(소득세법 시행령 제155조 제5항).

정답 04 ④

05 완성 기출

1세대 1주택 비과세요건을 충족하는 거주자 甲이 다음과 같은 단층 겸용주택(주택은 국내 상시 주거용이며, 도시지역 내 녹지지역에 존재)을 11억원에 양도하였을 경우 양도소득세가 과세되는 건물면적과 토지면적으로 옳은 것은? (단, 주어진 조건 외에는 고려하지 않음) 제26회 수정

- 건물: 주택 $80m^2$, 상가 $120m^2$
- 토지: 건물 부수토지 $800m^2$

① 건물 $120m^2$, 토지 $320m^2$

② 건물 $120m^2$, 토지 $400m^2$

③ 건물 $120m^2$, 토지 $480m^2$

④ 건물 $200m^2$, 토지 $400m^2$

⑤ 건물 $200m^2$, 토지 $480m^2$

키워드 비과세되는 주택의 부수토지

난이도

해설 주택의 면적이 주택 외 면적보다 적으므로 주택부분만 비과세를 적용한다.
주택 부수토지의 면적은 $800m^2 \times 80m^2 / 200m^2 = 320m^2$이고,
상가 부수토지의 면적은 $800m^2 \times 120m^2 / 200m^2 = 480m^2$이다.
도시지역 내 녹지지역은 바닥면적의 5배까지 비과세를 적용하므로 비과세 한도($80m^2 \times 5 = 400m^2$)를 초과하지 아니한다.
이에 주택 $80m^2$와 부수토지 $320m^2$는 비과세, 상가 $120m^2$와 부수토지 $480m^2$는 과세된다.

정답 05 ③

PART 03

06 완성 기출

「소득세법」상 1세대 1주택(고가주택 제외) 비과세규정에 관한 설명으로 옳지 않은 것은?

제24회 수정

① 1세대 1주택 비과세규정을 적용하는 경우 부부가 각각 세대를 달리 구성하는 경우에도 동일한 세대로 본다.

② 「해외이주법」에 따른 해외이주로 세대전원이 출국하는 경우 출국일 현재 1주택을 보유하고 있고 출국일로부터 2년 이내에 해당 주택을 양도하는 경우 보유기간 요건을 충족하지 않더라도 비과세한다.

③ 1주택을 보유하는 자가 1주택을 보유하는 자와 혼인함으로써 1세대가 2주택을 보유하게 되는 경우 혼인한 날부터 5년 이내에 먼저 양도하는 주택(보유기간 4년)은 비과세한다.

④ 「건축법 시행령」 [별표 1] 제1호 다목에 해당하는 다가구주택은 해당 다가구주택을 구획된 부분별로 분양하지 아니하고 하나의 매매단위로 하여 양도하는 경우 그 구획된 부분을 각각 하나의 주택으로 본다.

⑤ 양도일 현재 「민간임대주택에 관한 특별법」에 의한 민간건설임대주택 1주택만을 보유하는 1세대는 해당 건설임대주택의 임차일부터 해당 주택의 양도일까지의 거주기간이 5년 이상인 경우 보유기간 요건을 충족하지 않더라도 비과세한다.

키워드 〉 1세대 1주택 양도소득세 비과세

난이도 〉

해설 〉 「건축법 시행령」 [별표 1] 제1호 다목에 해당하는 다가구주택은 해당 다가구주택을 구획된 부분별로 분양하지 아니하고 하나의 매매단위로 하여 양도하는 경우 이를 하나의 주택으로 본다.

정답 06 ④

THEME □1회독 □2회독

15 양도소득세 과세표준과 세율

| THEME 키워드 |

양도소득세 과세표준, 양도소득세 과세표준의 계산, 양도차익 계산, 양도소득세 필요경비, 장기보유특별공제, 부당행위 계산부인, 1세대 1주택 양도소득세, 부담부증여 시 양도차익 계산특례, 이월과세, 양도소득세 세율

기본으로 알아야 하는 대표기출

> 기출분석
- 기출회차: 제29회 수정
- 키워드: 양도소득세 과세표준
- 난이도:

「소득세법」상 거주자의 양도소득 과세표준 계산에 관한 설명으로 옳은 것은?

① 양도소득금액을 계산할 때 부동산을 취득할 수 있는 권리에서 발생한 양도차손은 토지에서 발생한 양도소득금액에서 공제할 수 없다.

② 양도차익을 실지거래가액에 의하는 경우 양도가액에서 공제할 취득가액은 그 자산에 대한 감가상각비로서 각 과세기간의 사업소득금액을 계산하는 경우 필요경비에 산입한 금액이 있을 때에는 이를 공제하지 않은 금액으로 한다.

③ 양도소득에 대한 과세표준은 종합소득 및 퇴직소득에 대한 과세표준과 구분하여 계산한다.

④ 1세대 1주택 비과세요건을 충족하는 고가주택의 양도가액이 15억원이고 양도차익이 5억원인 경우 양도소득세가 과세되는 양도차익은 3억원이다.

⑤ 2024년 4월 1일에 지출한 자본적 지출액은 그 지출에 관한 증명서류를 수취·보관하지 않고 실제 지출사실이 금융거래 증명서류에 의하여 확인되지 않는 경우에도 양도차익 계산 시 양도가액에서 공제할 수 있다.

해설

① 양도차손이 발생한 경우에는 소득별로 해당 자산에서 발생한 양도소득금액에서 그 양도차손을 공제한다.
② 양도가액에서 공제할 취득가액은 그 자산에 대한 감가상각비로서 각 과세기간의 사업소득금액을 계산하는 경우 필요경비에 산입한 금액이 있을 때에는 이를 공제한 금액으로 한다(기준시가 제외).
④ 과세되는 양도차익은 5억원 × (15억원 − 12억원) / 15억원 = 1억원이다.
⑤ 자본적 지출액은 그 지출에 관한 증명서류를 수취·보관하거나 실제 지출사실이 금융거래 증명서류에 의하여 확인되는 경우 양도차익 계산 시 양도가액에서 공제할 수 있다.

정답 ③

> 함정을 피하는 TIP
- 양도소득세 계산구조에 대해 숙지해야 한다.

단단하게 정리하는 핵심이론

01 양도소득 과세표준의 계산

양도가액	
− 필요경비	취득가액 + 기타필요경비(자본적 지출액 + 양도비용)
= 양도차익	
− 장기보유특별공제	국내소재 등기된 3년 이상 보유한 토지, 건물 및 조합원입주권
= 양도소득금액	
− 양도소득기본공제	소득별로 연 250만원 한도, 미등기자산 제외
= 과세표준	
× 세율	초과누진세율(6~45% 등), 비례세율(70%, 60%, 50%, 40% 등)
= 산출세액	
− 세액공제액	
− 감면세액	
= 결정세액	
+ 가산세	신고불성실가산세, 납부지연가산세 등
= 총결정세액	
− 기납부세액	
납부세액	

1 양도차익 산정기준

양도차익을 계산할 때 양도가액을 실지거래가액(매매사례가액·감정가액이 적용되는 경우 그 매매사례가액·감정가액 등을 포함한다)에 따를 때에는 취득가액도 실지거래가액(매매사례가액·감정가액·환산 취득가액이 적용되는 경우 그 매매사례가액·감정가액·환산취득가액 등을 포함한다)에 따르고, 양도가액을 기준시가에 따를 때에는 취득가액도 기준시가에 따른다.

(1) 원칙 – 실지거래가액

양도소득세가 과세되는 자산의 양도가액 또는 취득가액은 그 자산의 양도 또는 취득당시 실지거래가액에 따른다.

(2) 예외 – 추계가액

장부, 매매계약서, 영수증 그 밖의 증명서류에 의하여 해당 자산의 양도 또는 취득당시의 실지거래가액을 인정 또는 확인할 수 없는 경우에는 양도가액 또는 취득가액을 매매사례가액, 감정가액, 환산취득가액 또는 기준시가 등의 순서로 산정할 수 있다.

⚠ 환산취득가액은 있지만, 환산양도가액이라는 것은 없다.

참 고

추계가액

1. **매매사례가액:** 양도일 또는 취득일 전후 각 3개월 이내에 해당 자산(주권상장법인의 주식 등은 제외한다)과 동일성 또는 유사성이 있는 자산의 매매사례가 있는 경우 그 가액
2. **감정가액:** 양도일 또는 취득일 전후 각 3개월 이내에 해당 자산(주식 등을 제외한다)에 대하여 둘 이상의 감정평가법인 등이 평가한 것으로서 신빙성이 있는 것으로 인정되는 감정가액(감정평가기준일이 양도일 또는 취득일 전후 각 3개월 이내인 것에 한정)이 있는 경우에는 그 감정가액의 평균액을 말한다.
3. **환산취득가액(토지·건물 및 부동산을 취득할 수 있는 권리에 대해 적용)**

   환산취득가액 = 양도당시의 실지거래가액, 매매사례가액, 감정가액 × 취득당시의 기준시가/양도당시의 기준시가

4. **기준시가:** 국세 부과 시 법의 규정에 따라 산정한 가액으로 양도가액 또는 취득가액 계산에 있어 기준이 되는 금액

(3) 토지와 건물을 함께 취득하거나 양도한 경우

양도가액 또는 취득가액을 실지거래가액에 따라 산정하는 경우로서 토지와 건물 등을 함께 취득하거나 양도한 경우에는 이를 각각 구분하여 기장하되 토지와 건물 등의 가액 구분이 불분명할 때에는 취득 또는 양도당시의 기준시가 등을 고려하여 대통령령으로 정하는 바에 따라 안분계산(按分計算)한다. 이 경우 공통되는 취득가액과 양도비용은 해당 자산의 가액에 비례하여 안분계산한다.

⚠ 토지와 건물 등을 함께 취득하거나 양도한 경우로서 그 토지와 건물 등을 구분기장한 가액이 안분계산한 가액과 100분의 30 이상 차이가 있는 경우에는 토지와 건물 등의 가액 구분이 불분명한 때로 본다.

2 양도차익의 계산

(1) 개요

양도가액	
− 필요경비	취득가액 + 기타의 필요경비(자본적 지출액 + 양도비용)
= 양도차익	양도자산별로 계산한다.

① 필요경비는 다음과 같이 계산한다.

구분	취득가액	기타의 필요경비
실지거래가액에 의한 경우	실지거래가액	실지 자본적 지출액, 양도비용
추계방법에 의한 경우	매매사례가액, 감정가액, 환산취득가액, 기준시가	개산공제 (계산을 간소화하기 위하여 비율에 따라 어림잡아 계산하는 제도)

② 실지거래가액을 확인할 수 없는 경우에만 매매사례가액, 감정가액 또는 환산취득가액을 적용한다.

③ 기타 필요경비에 대한 개산공제액은 다음과 같다.

> ㉠ **토지, 건물**: 취득당시의 기준시가 × 100분의 3(미등기 양도자산의 경우에는 1,000분의 3)
> ㉡ **지상권, 전세권, 등기된 임차권**: 취득당시의 기준시가 × 100분의 7(미등기 제외)
> ㉢ **부동산을 취득할 수 있는 권리, 기타자산, 주식 등**: 취득당시의 기준시가 × 100분의 1

④ 취득가액을 환산취득가액으로 하는 경우 다음 중 큰 금액을 필요경비로 할 수 있다.

> ㉠ 환산취득가액과 개산공제액의 합계
> ㉡ 실제 지출된 자본적 지출액과 양도비용

핵심단단 양도차익 계산구조

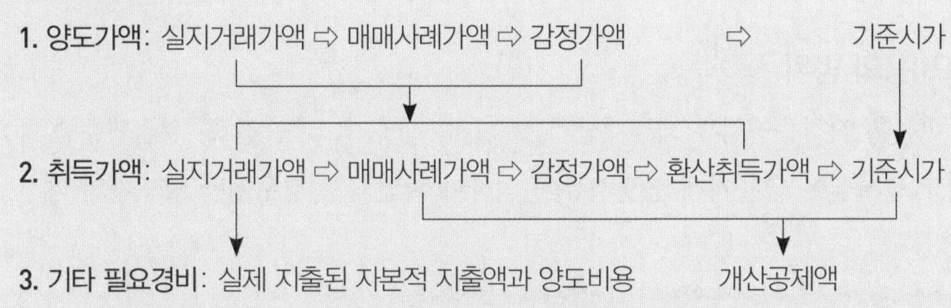

❶ 양도가액을 우선 결정하고 취득가액, 기타 필요경비 순으로 결정한다.

❷ 먼저 있는 가액부터 적용한다(즉, 실지거래가액이 확인되는데 매매사례가액을 적용할 수 없다).

❸ 취득가액을 실지거래가액으로 적용하는 경우에만 기타 필요경비를 실제 지출된 금액으로 적용할 수 있다(나머지 경우에는 전부 개산공제액을 적용한다).

(2) 취득가액(실지거래가액)의 범위

① 취득가액에 포함되는 항목

취득가액에 포함되는 항목	비고
㉠ 취득부대비용(현재가치할인차금 포함) • 취득세, 등록면허세 등 기타 부대비용 • 자기가 행한 제조, 생산 또는 건설에 의하여 취득한 자산은 원재료비, 노무비, 운임, 하역비, 보험료 등 기타 부대비용의 합 • 부가가치세	• 취득세, 등록면허세 등은 납부영수증이 없는 경우에도 필요경비로 공제한다. • 부당행위 계산에 따른 시가초과액은 제외한다. • 매입세액 공제나 환급을 받은 부가가치세는 제외한다.
㉡ 당사자 약정에 따른 대금지급방법에 따라 취득원가에 이자상당액을 가산하여 거래가액을 확정하는 경우 해당 이자상당액	당초약정에 따른 거래가액의 지급기일의 지연으로 추가 발생하는 이자상당액은 제외한다.
㉢ 취득에 관한 쟁송이 있는 자산에 대해서 그 소유권 등을 확보하기 위하여 직접 소요된 소송비용, 화해비용 등의 금액	그 지출한 연도의 각 소득금액을 계산할 때 필요경비에 산입된 것은 제외한다.

⚠ 양수자가 부담하기로 한 양도소득세 등을 그대로 납부하였다면 매도인의 양도가액 및 양수인의 취득가액에 이를 포함한다.

② 현재가치할인차금

㉠ 사업자가 현재가치할인차금을 계상한 경우에는 그 현재가치할인차금은 취득가액에 포함한다.

㉡ 단, 양도자산의 보유기간 중에 그 현재가치할인차금의 상각액을 각 연도의 사업소득금액 계산 시 필요경비로 산입하였거나 산입할 금액이 있는 때에는 그 금액을 취득가액에서 공제한다.

③ 감가상각비: 양도자산 보유기간에 그 자산에 대한 감가상각비로서 각 과세기간의 사업소득금액을 계산하는 경우 필요경비에 산입하였거나 산입할 금액이 있을 때에는 그 금액을 공제한 금액을 그 취득가액으로 한다.

(3) 자본적 지출액과 양도비용의 범위

자본적 지출액 및 양도비용은 적격증명서류(세금계산서, 계산서, 신용카드매출전표, 현금영수증 등)를 수취, 보관하거나 실제 지출사실이 금융거래 증명서류에 의하여 확인되는 경우에만 양도차익 계산 시 필요경비로 공제할 수 있다.

└ 대출금이자, 상속세 및 증여세, 재산세, 종합부동산세, 수익적 지출(현상유지를 위한 지출) 등은 필요경비로 인정되지 아니한다.

자본적 지출액	양도비용
① 내용연수를 연장시키거나 해당 자산의 가치를 현실적으로 증가시키기 위해 지출한 다음의 수선비 ㉠ 본래의 용도를 변경하기 위한 개조 ㉡ 엘리베이터 또는 냉난방장치의 설치 ㉢ 빌딩 등의 피난시설 등의 설치 ㉣ 재해 등으로 인하여 건물·기계·설비 등이 멸실 또는 훼손되어 당해 자산의 본래 용도로의 이용가치가 없는 것의 복구 ② 양도자산의 용도변경·개량 또는 이용편의를 위하여 지출한 비용(재해·노후화 등 부득이한 사유로 인하여 건물을 재건축한 경우 그 철거비용을 포함한다) ③ 법령에 따른 개발부담금 및 재건축부담금	① 자산을 양도하기 위하여 직접 지출한 비용으로서 다음의 비용 ㉠ 「증권거래세법」에 따라 납부한 증권거래세 ㉡ 양도소득세과세표준 신고서 작성비용 및 계약서 작성비용 ㉢ 공증비용, 인지대 및 소개비 ㉣ 매매계약에 따른 인도의무를 이행하기 위하여 양도자가 지출하는 명도비용 ② 자산을 취득함에 있어서 법령 등의 규정에 따라 매입한 국민주택채권 및 토지개발채권을 만기 전에 양도함으로써 발생하는 매각차손. 이 경우 금융기관 외의 자에게 양도한 경우에는 동일한 날에 금융기관에 양도하였을 경우 발생하는 매각차손을 한도로 한다.

3 장기보유특별공제

(1) 공제대상 자산

장기보유 특별공제는 다음의 자산에 대해 적용한다.

① 토지 및 건물로서 보유기간이 3년 이상인 것. 다만, 미등기양도자산과 조정대상지역 내 주택으로 다음 어느 하나에 해당하는 주택은 제외한다.

> ㉠ 1세대 2주택 이상에 해당하는 주택
> ㉡ 1세대가 1주택과 조합원입주권(또는 분양권)을 그 수의 합이 2 이상인 경우의 해당 주택(다만, 중과 제외하는 장기임대주택 등의 경우는 제외한다)

참 고

조정대상지역 내 다주택자에 대한 중과배제

2022.5.10. ~ 2024.5.9.까지 조정대상지역 내 주택양도 시 주택 수 2 이상 등의 경우 중과세율적용 및 장기보유특별공제 배제규정은 적용하지 않는다. 즉, 일반적인 세율 적용과 3년 이상 보유 시 장기보유특별공제(100분의 30 한도)를 적용한다.

② 부동산을 취득할 수 있는 권리 중 조합원입주권(조합원으로부터 취득한 것은 제외한다)

(2) 공제액의 계산

① 일반적인 경우

장기보유특별공제액 = 양도차익 × 보유기간별 공제율

보유기간	공제율
3년 이상 4년 미만	100분의 6
4년 이상 5년 미만	100분의 8
5년 이상 6년 미만	100분의 10
6년 이상 7년 미만	100분의 12
7년 이상 8년 미만	100분의 14
8년 이상 9년 미만	100분의 16
9년 이상 10년 미만	100분의 18
10년 이상 11년 미만	100분의 20
11년 이상 12년 미만	100분의 22
12년 이상 13년 미만	100분의 24
13년 이상 14년 미만	100분의 26
14년 이상 15년 미만	100분의 28
15년 이상	100분의 30

㉠ 보유기간은 그 자산의 취득일부터 양도일까지로 한다.

㉡ 다만, 다음의 경우에는 다음에 규정한 날을 취득일로 보아 보유기간을 계산한다.

- 배우자, 직계존비속 간 증여재산에 대해 이월과세를 적용받는 경우에는 증여한 배우자 또는 직계존비속이 해당 자산을 취득한 날
- 가업상속공제가 적용된 비율에 해당하는 자산의 경우에는 피상속인이 해당 자산을 취득한 날

② 조합원입주권을 양도하는 경우: 「도시 및 주거환경정비법」에 따른 관리처분계획인가전 양도차익으로 한정한다. 또한 장기보유특별공제액을 공제하는 경우의 보유기간은 기존건물과 그 부수토지의 취득일부터 관리처분계획 등 인가일까지의 기간으로 한다.

③ 1세대 1주택의 경우

㉠ 1세대 1주택 비과세요건을 갖춘 고가주택의 장기보유특별공제액은 다음과 같이 계산한 금액으로 한다.

장기보유특별공제액 = 1세대 1주택의 양도차익 × (보유기간별 공제율 + 거주기간별 공제율)

보유기간	공제율	거주기간	공제율
3년 이상 4년 미만	100분의 12	2년 이상 3년 미만 (보유기간 3년 이상에 한정)	100분의 8
		3년 이상 4년 미만	100분의 12
4년 이상 5년 미만	100분의 16	4년 이상 5년 미만	100분의 16
5년 이상 6년 미만	100분의 20	5년 이상 6년 미만	100분의 20
6년 이상 7년 미만	100분의 24	6년 이상 7년 미만	100분의 24
7년 이상 8년 미만	100분의 28	7년 이상 8년 미만	100분의 28
8년 이상 9년 미만	100분의 32	8년 이상 9년 미만	100분의 32
9년 이상 10년 미만	100분의 36	9년 이상 10년 미만	100분의 36
10년 이상	100분의 40	10년 이상	100분의 40

㉡ 1세대 1주택에 대한 장기보유특별공제를 적용할 때 1세대주택이란 세대가 양도일 현재 국내에 주택을 보유하고 보유기간 중 거주기간이 2년 이상인 것을 말한다.

⚠ 1세대 1주택 비과세요건을 충족한 고가주택으로 3년 이상 보유하였으나 보유기간 중 2년 이상 거주를 하지 아니하였다면 일반공제율(최대 100분의 30 한도)을 적용한다.

4 양도소득기본공제

(1) 개요

양도소득이 있는 거주자에 대해서는 다음의 소득별로 해당 과세기간의 양도소득금액에서 각각 연 250만원을 공제한다.

양도소득금액 − 양도소득기본공제	소득별로 연 250만원 한도
= 과세표준	

① 토지, 건물, 부동산에 관한 권리 및 기타 자산의 양도소득금액(미등기 양도소득금액 제외)
② 주식 및 출자지분의 양도로 인하여 발생하는 양도소득금액
③ 파생상품 관련 양도소득금액
④ 신탁수익권의 양도소득금액

(2) 공제방법

① 양도소득금액에 법률에 따른 감면소득금액이 있는 경우에는 그 감면소득금액 외의 양도소득금액에서 먼저 공제한다.

② 감면소득금액 외의 양도소득금액 중에서는 해당 과세기간에 먼저 양도한 자산의 양도소득금액에서부터 순서대로 공제한다.

핵심단단 **장기보유특별공제와 양도소득기본공제의 비교**

구분	장기보유특별공제	양도소득기본공제
대상	토지, 건물, 조합원입주권	모든 자산 (단, 자산별이 아닌 소득별로 공제)
보유기간	3년 이상	불문
공제율/공제금액	보유기간 × 2%(30% 한도) (단, 1세대 1주택으로 일정한 요건 충족 시 최대 80%)	소득별로 연 250만원
미등기 양도자산	공제 불가	공제 불가
국외 양도자산	공제 불가	공제 가능

02 양도소득금액 계산의 특례

1 양도차손의 공제

(1) 양도소득금액의 구분 계산

양도소득금액은 다음의 소득별로 구분하여 계산한다. 이 경우 소득금액을 계산할 때 발생하는 결손금은 다른 소득금액과 합산하지 아니한다.

① 토지, 건물, 부동산에 관한 권리 및 기타 자산의 양도소득금액
② 주식 및 출자지분의 양도로 인하여 발생하는 양도소득금액
③ 파생상품 관련 양도소득금액
④ 신탁수익권의 양도소득금액

(2) 양도차손의 통산

양도소득금액을 계산할 때 양도차손이 발생한 자산이 있는 경우에는 같은 소득 내에서 해당 자산 외의 다른 자산에서 발생한 양도소득금액에서 그 양도차손을 공제한다.

(3) 공제 후 남은 결손금

① 양도차손 공제 후 남은 결손금은 다른 소득금액에서 공제받을 수 없다.

② 예를 들어, 토지, 건물, 부동산에 관한 권리 및 기타 자산의 양도소득금액에서 발생한 결손금은 신탁수익권의 양도소득금액에서 공제할 수 없다.

③ 차기 이후 과세기간의 양도소득금액에서 이월공제도 받을 수 없다.

2 고가주택 등의 양도소득금액 계산의 특례

(1) 고가주택의 범위

① 고가주택이란 주택 및 이에 딸린 토지의 양도 당시의 실지거래가액의 합계액이 12억원을 초과하는 것을 말한다.

② 다가구주택의 경우에는 그 전체를 하나의 주택으로 보아 고가주택 여부를 판단한다.

③ 겸용주택 양도 시 주택부분만 주택으로 보아 고가주택 여부를 판정한다.

(2) 양도차익 및 장기보유특별공제 계산 특례

1세대 1주택 비과세요건을 충족한 비과세대상에서 제외되는 고가주택(이에 딸린 토지를 포함한다) 및 조합원입주권에 해당하는 자산의 양도차익 및 장기보유특별공제액은 다음에 따라 계산한 금액으로 한다.

① 고가주택에 해당하는 자산에 적용할 양도차익

$$\text{법 제95조 제1항에 따른 양도차익} \times \frac{\text{양도가액} - \text{12억원}}{\text{양도가액}}$$

② 고가주택에 해당하는 자산에 적용할 장기보유특별공제액

$$\text{법 제95조 제2항에 따른 장기보유특별공제액} \times \frac{\text{양도가액} - \text{12억원}}{\text{양도가액}}$$

3 부담부증여의 경우 양도가액과 취득가액

(1) 개요

부담부증여에 있어 증여자의 채무를 수증자가 인수하는 경우 증여가액 중 그 채무액에 해당하는 부분은 양도로 본다. 이 경우 양도로 보는 부분에 대한 양도차익을 계산할 때 그 양도가액 및 취득가액은 다음과 같이 계산한다.

(2) 양도가액 및 취득가액

① 양도가액

$$양도가액 = A \times \frac{B}{C}$$

A: 「상속세 및 증여세법」 제60조부터 제66조까지의 규정에 따라 평가한 가액
B: 채무액
C: 증여가액

② 취득가액

$$취득가액 = A \times \frac{B}{C}$$

A: 「소득세법」 제97조 제1항 제1호에 따른 가액(제2호에 따른 양도가액을 상속세 및 증여세법 제61조 제1항 · 제2항 · 제5항 및 제66조에 따라 기준시가로 산정한 경우에는 취득가액도 기준시가로 산정한다)
B: 채무액
C: 증여가액

참고

양도소득세 과세대상에 해당하는 자산과 해당하지 아니하는 자산을 함께 부담부증여하는 경우로서 증여자의 채무를 수증자가 인수하는 경우 채무액은 다음과 같이 계산한다.

$$채무액 = A \times \frac{B}{C}$$

A: 총채무액
B: 양도소득세 과세대상 자산가액
C: 총증여 자산가액

4 배우자, 직계존비속 간 증여재산에 대한 이월과세

(1) 개요

거주자가 양도일부터 소급하여 10년 이내에 그 배우자(양도당시 혼인관계가 소멸된 경우를 포함한다) 또는 직계존비속으로부터 증여받은 토지, 건물 등의 자산의 양도차익을 계산할 때 양도가액에서 공제할 취득가액은 그 배우자 또는 직계존비속의 취득당시를 기준으로 계산한다.

(2) 내용

① 적용요건: 배우자 또는 직계존비속으로부터 증여받은 자산을 수증일부터 10년(등기부에 기재된 기간) 이내에 제3자에게 양도하여야 한다.

② **적용대상**: 토지, 건물 또는 부동산을 취득할 수 있는 권리(건물이 완성되는 때에 그 건물과 이에 딸린 토지를 취득할 수 있는 권리를 포함한다), 시설물 이용권, 회원권을 양도한 경우에 한한다.

③ **이월과세 적용 시 변동사항**

㉠ **납세의무자**: 납세의무자는 변동이 없다. 즉, 증여받은 배우자 또는 직계존비속이다.

㉡ **기납부증여세**: 거주자가 증여받은 자산에 대하여 납부하였거나 납부할 증여세 상당액이 있는 경우에는 필요경비에 산입한다.

㉢ **양도차익 계산 시 취득가액**: 양도차익을 계산할 때 양도가액에서 공제할 취득가액은 그 배우자 또는 직계존비속의 취득당시의 금액(실지거래가액을 확인할 수 없는 경우에는 매매사례가액 등 추계가액 적용한다)으로 한다.

㉣ **보유기간**: 증여한 배우자 또는 직계존비속이 해당 자산을 취득한 날부터 양도일까지를 보유기간으로 한다.

④ **연대납세의무**: 증여자와 수증자의 연대납세의무는 없다.

⑤ **이월과세 배제**

㉠ 양도 당시 사망으로 인하여 혼인관계가 소멸된 경우

㉡ 사업인정 고시일부터 소급하여 2년 이전에 증여받은 경우로서 「공익사업을 위한 토지 등의 취득 및 보상에 관한 법률」이나 그 밖의 법률에 따라 협의매수 또는 수용된 경우

㉢ 이월과세규정을 적용했을 때 1세대 1주택 비과세 양도에 해당되는 경우[양도소득의 비과세대상에서 제외되는 고가주택(부수토지 포함)을 포함한다]

㉣ 이월과세규정을 적용하여 계산한 양도소득 결정세액이 이월과세규정을 적용하지 아니하고 계산한 양도소득 결정세액보다 적은 경우

5 부당행위 계산부인

(1) 증여 후 양도의 부인

① **개요**: 거주자가 특수관계인으로부터 증여받은 자산을 증여받은 날부터 10년 이내에 제3자에게 양도한 경우 일정한 요건 충족 시 증여자가 직접 제3자에게 양도한 것으로 본다.

② **요건**: 거주자가 특수관계인(이월과세규정을 적용받는 배우자 및 직계존비속의 경우 제외)에게 자산을 증여한 후 그 자산을 증여받은 자가 그 증여일부터 10년 이내에 다시 타인에게 양도한 경우로서 다음 ㉠에 따른 세액이 ㉡에 따른 세액보다 적은 경우 본 규정을 적용한다.

> ㉠ 증여받은 자의 증여세(상속세 및 증여세법에 따른 산출세액에서 공제·감면세액을 뺀 세액)와 양도소득세(이 법에 따른 산출세액에서 공제·감면세액을 뺀 결정세액)를 합한 세액
> ㉡ 증여자가 직접 양도하는 경우로 보아 계산한 양도소득세

③ 적용대상: 모든 양도소득세 과세대상자산에 적용한다.

④ 부당행위 계산부인규정 적용 시 변동사항

㉠ 납세의무자: 당초 증여자가 그 자산을 직접 양도한 것으로 본다. 다만, 양도소득이 해당 수증자에게 실질적으로 귀속된 경우에는 그러하지 아니하다.

㉡ 기납부증여세: 증여자에게 양도소득세가 과세되는 경우에는 당초 증여받은 자산에 대해서는 「상속세 및 증여세법」의 규정에도 불구하고 증여세를 부과하지 아니한다.

㉢ 양도차익 계산: 증여자가 직접 양도한 것으로 보기에 당연히 증여자의 취득가액을 양도가액에서 공제하며 보유기간도 증여자의 취득일부터 기산한다.

⑤ 연대납세의무: 증여자와 수증자는 연대납세의무가 있다.

(2) 저가양도, 고가취득

① 거주자가 특수관계인과의 거래로 인하여 그 소득에 대한 조세 부담을 부당하게 감소시킨 것으로 인정되는 경우(저가양도 또는 고가매입)에는 그 거주자의 행위 또는 계산과 관계없이 해당 과세기간의 소득금액을 계산할 수 있다. 즉, 거주자와 특수관계인과의 거래가액과 관계없이 양도가액 또는 취득가액을 시가에 의하여 계산한다.

② 위 ①에서 조세의 부담을 부당하게 감소시킨 것으로 인정되는 경우란 시가와 거래가액의 차액이 3억원 이상이거나 시가의 100분의 5에 상당하는 금액 이상인 경우를 말한다.

03 세율

1 개요

양도소득세 세율은 다음과 같다. 이 경우 하나의 자산이 둘 이상의 세율에 해당할 때에는 해당 세율을 적용하여 계산한 양도소득 산출세액 중 큰 것을 그 세액으로 한다.

(1) 부동산, 부동산에 관한 권리, 기타자산(주택, 조합원입주권, 분양권 제외)

대상자산	세율
미등기양도자산	100분의 70(70%)
1년 미만 보유	100분의 50(50%)
1년 이상 2년 미만 보유	100분의 40(40%)
2년 이상 보유(기본세율)	100분의 6～100분의 45(6～45%)
비사업용토지	100분의 16～100분의 55(16～55%)

(2) 주택, 조합원입주권

대상자산	세율
미등기양도자산	100분의 70(70%)
1년 미만 보유	100분의 70(70%)
1년 이상 2년 미만 보유	100분의 60(60%)
2년 이상 보유(기본세율)	100분의 6 ~ 100분의 45(6 ~ 45%)
조정대상지역 내 주택양도(2주택자)	100분의 26 ~ 100분의 65(26 ~ 65%)
조정대상지역 내 주택양도(3주택자 이상)	100분의 36 ~ 100분의 75(36 ~ 75%)

① 조정대상지역 내 주택양도 시 주택의 수 계산은 조합원입주권 또는 분양권을 포함하여 계산한다.

② 조정대상지역 주택양도 시 해당 주택 보유기간이 2년 미만인 경우에는 6 ~ 45%의 세율에 100분의 20(3주택 이상의 경우 100분의 30)을 더한 세율을 적용하여 계산한 양도소득 산출세액과 70%(1년 미만 보유) 또는 60%(2년 미만 보유)의 세율을 적용하여 계산한 양도소득 산출세액 중 큰 세액을 양도소득 산출세액으로 한다.

참 고

2년 이상 보유한 조정대상지역 내 주택 양도 시 다주택자에 대한 양도소득세 중과세율 한시적 배제

중과세율을 적용하지 않는 주택에 '보유기간이 2년(재개발사업, 재건축사업 또는 소규모재건축사업 등을 시행하는 정비사업조합의 조합원이 해당 조합에 기존건물과 그 부수토지를 제공하고 관리처분계획 등에 따라 취득한 신축 주택 및 그 부수토지를 양도하는 경우의 보유기간은 기존건물과 그 부수토지의 취득일부터 기산한다) 이상인 주택을 2024년 5월 9일까지 양도하는 경우 그 해당 주택'이라는 문구를 삽입함으로써 한시적으로 중과세율을 적용하지 아니한다(소득세법 시행령 제167조의10 제1항 제12호의2 및 제167조의3 제1항 제12호의2).

(3) 분양권

보유기간	세율
1년 미만 보유	100분의 70(70%)
1년 이상 보유	100분의 60(60%)

영업권, 이축권, 특정시설물이용권 등

(4) 기타자산

보유기간과 무관하게 100분의 6~100분의 45(6~45%)

(5) 초과누진세율

양도소득세 기본세율이란 다음의 8단계 초과누진세율을 말한다.

과세표준	세율
1,400만원 이하	과세표준의 6%
1,400만원 초과 5,000만원 이하	84만원 + 1,400만원을 초과하는 금액의 15%
5,000만원 초과 8,800만원 이하	624만원 + 5,000만원을 초과하는 금액의 24%
8,800만원 초과 1억 5천만원 이하	1,536만원 + 8,800만원을 초과하는 금액의 35%
1억 5천만원 초과 3억원 이하	3,706만원 + 1억 5천만원을 초과하는 금액의 38%
3억원 초과 5억원 이하	9,406만원 + 3억원을 초과하는 금액의 40%
5억원 초과 10억원 이하	1억 7,406만원 + 5억원을 초과하는 금액의 42%
10억원 초과	3억 8,406만원 + 10억원을 초과하는 금액의 45%

2 보유기간의 계산

세율 적용 시 보유기간은 해당 자산의 취득일부터 양도일까지로 한다. 다만, 다음 어느 하나에 해당하는 경우에는 각각 그 정한 날을 그 자산의 취득일로 본다.

① 상속받은 자산은 피상속인이 그 자산을 취득한 날
② 배우자 또는 직계존비속으로부터 증여받은 자산에 대해 이월과세규정 적용 시에는 증여자가 그 자산을 취득한 날

참 고

상속(가업상속 제외)받은 자산의 보유기간

세율 적용 시	장기보유특별공제 시
피상속인이 취득한 날부터 상속인이 양도한 날까지	상속개시일부터 상속인이 양도한 날까지

기본문제와 완성문제로 **단단기출**

PART 03

01 기본 기출

「소득세법」상 거주자가 국내에 있는 자산을 양도한 경우 양도소득 과세표준에 적용되는 세율로 틀린 것은? (단, 해당 자산은 2024년 10월 중에 양도한 것이며, 주어진 자산이나 조건 또는 보유기간 등 그 밖의 사항은 고려하지 않고 답지항의 세액이 누진세율에 의한 세액보다 큼) 제30회 수정

① 보유기간이 1년 이상 2년 미만인 등기된 상업용 건물: 100분의 40

② 보유기간이 1년 미만인 조합원입주권: 100분의 70

③ 거주자가 양도한 1년 미만 보유한 주택분양권: 100분의 50

④ 양도소득 과세표준이 1,200만원 이하인 등기된 비사업용 토지(지정지역에 있지 않음): 100분의 16

⑤ 미등기건물(미등기양도 제외 자산 아님): 100분의 70

키워드 양도소득세 세율

난이도

해설 거주자가 양도한 1년 미만 보유한 주택분양권: 100분의 70

정답 01 ③

02 기본 기출

소득세법령상 거주자의 양도소득과세표준에 적용되는 세율에 관한 내용으로 옳은 것은? (단, 국내 소재 자산을 2023년에 양도한 경우로서 주어진 자산 외에 다른 자산은 없으며, 비과세와 감면은 고려하지 않음) 제34회

① 보유기간이 6개월인 등기된 상가건물: 100분의 40

② 보유기간이 10개월인 「소득세법」에 따른 분양권: 100분의 70

③ 보유기간이 1년 6개월인 등기된 상가건물: 100분의 30

④ 보유기간이 1년 10개월인 「소득세법」에 따른 조합원입주권: 100분의 70

⑤ 보유기간이 2년 6개월인 「소득세법」에 따른 분양권: 100분의 50

키워드 양도소득세 세율

난이도

해설 ① 보유기간이 6개월인 등기된 상가건물: 100분의 50
③ 보유기간이 1년 6개월인 등기된 상가건물: 100분의 40과 기본세율(6%~45%) 중 산출세액이 큰 세율
④ 보유기간이 1년 10개월인 「소득세법」에 따른 조합원입주권: 100분의 60
⑤ 보유기간이 2년 6개월인 「소득세법」에 따른 분양권: 100분의 60

정답 02 ②

기본 기출

거주자 甲의 매매(양도일: 2024.5.1.)에 의한 등기된 토지 취득 및 양도에 관한 다음의 자료를 이용하여 양도소득세 과세표준을 계산하면? (단, 법령에 따른 적격증명서류를 수취 · 보관하고 있으며, 2024년도에 다른 양도거래는 없으며, 주어진 조건 이외에는 고려하지 않음) 제33회 수정

항목	기준시가	실지거래가액
양도가액	40,000,000원	67,000,000원
취득가액	35,000,000원	42,000,000원
추가사항	• 양도비용: 4,000,000원 • 보유기간: 2년	

① 18,500,000원
② 19,320,000원
③ 19,740,000원
④ 21,000,000원
⑤ 22,500,000원

키워드 양도소득세 과세표준

난이도

해설

양도가액	67,000,000원
(–) (취득가액)	(42,000,000원)
(–) (자본적 지출액 및 양도비용)	(4,000,000원)
= 양도차익	= 21,000,000원
(–) (장기보유특별공제)	0
= 양도소득금액	= 21,000,000원
(–) (양도소득기본공제)	(2,500,000원)
= 과세표준	= 18,500,000원

* 실지거래가액을 기준으로 양도차익을 산정하는 것이 원칙이다.
** 보유기간 3년 이상의 경우에만 장기보유특별공제를 적용한다.

정답 03 ①

04 「소득세법」상 거주자가 국내자산을 양도한 경우 양도소득의 필요경비에 관한 설명으로 옳은 것은?

제28회 수정

① 취득가액을 실지거래가액에 의하는 경우 당초 약정에 의한 지급기일의 지연으로 인하여 추가로 발생하는 이자상당액은 취득원가에 포함하지 아니한다.

② 취득가액을 실지거래가액에 의하는 경우 자본적 지출액도 실지로 지출된 가액에 의하므로 「소득세법」 제160조의2 제2항에 따른 적격증명서류를 수취 · 보관하지 않더라도 이를 필요경비로 인정한다.

③ 「소득세법」 제97조 제3항에 따른 취득가액을 계산할 때 감가상각비를 공제하는 것은 취득가액을 실지거래가액으로 하는 경우에만 적용하므로 취득가액을 환산취득가액으로 하는 때에는 적용하지 아니한다.

④ 토지를 취득함에 있어서 부수적으로 매입한 채권을 만기 전에 양도함으로써 발생하는 매각차손은 채권의 매매상대방과 관계없이 전액 양도비용으로 인정된다.

⑤ 취득세는 납부영수증이 없으면 필요경비로 인정되지 아니한다.

키워드 양도소득세 필요경비

난이도

해설 ② 자본적 지출액 및 양도비용은 적격증명서류(세금계산서, 계산서, 신용카드매출전표, 현금영수증 등)를 수취·보관하거나 실제 지출사실이 금융거래 증명서류에 의하여 확인되는 경우에만 양도차익 계산 시 필요경비로 공제할 수 있다.

③ 취득가액의 실지거래가액 여부와 관계없이 양도자산 보유기간에 그 자산에 대한 감가상각비로서 각 과세기간의 사업소득금액을 계산하는 경우 필요경비에 산입하였거나 산입할 금액이 있을 때에는 그 금액을 공제한 금액을 그 취득가액으로 한다(기준시가 제외).

④ 토지를 취득함에 있어서 부수적으로 매입한 채권을 만기 전에 양도함으로써 발생하는 매각차손은 금융기관 외의 자에게 양도한 경우에는 동일한 날에 금융기관에 양도하였을 경우 발생하는 매각차손을 한도로 양도비용으로 인정된다.

⑤ 취득세는 납부영수증이 없어도 필요경비로 인정된다.

정답 04 ①

05 

「소득세법」상 건물의 양도에 따른 장기보유특별공제에 관한 설명으로 틀린 것은? 제26회

① 100분의 70의 세율이 적용되는 미등기건물에 대해서는 장기보유특별공제를 적용하지 아니한다.

② 보유기간이 3년 이상인 등기된 상가건물은 장기보유특별공제가 적용된다.

③ 1세대 1주택 요건을 충족한 고가주택(보유기간 2년 6개월)이 과세되는 경우 장기보유특별공제가 적용된다.

④ 장기보유특별공제액은 건물의 양도차익에 보유기간별 공제율을 곱하여 계산한다.

⑤ 보유기간이 15년인 등기된 상가건물의 보유기간별 공제율은 100분의 30이다.

키워드 〉 장기보유특별공제

난이도 〉

해설 〉 장기보유특별공제는 3년 이상 보유한 등기된 국내소재 토지, 건물, 조합원입주권(조합원으로부터 취득한 것 제외)에 대해 적용한다.

06 기본 기출

거주자 甲은 2017.10.20. 취득한 토지(취득가액 1억원, 등기함)**를 동생인 거주자 乙**(특수관계인임)**에게 2020.10.1. 증여**(시가 3억원, 등기함)**하였다. 乙은 해당 토지를 2024.6.30. 특수관계가 없는 丙에게 양도**(양도가액 10억원)**하였다. 양도소득은 乙에게 실질적으로 귀속되지 아니하고, 乙의 증여세와 양도소득세를 합한 세액이 甲이 직접 양도하는 경우로 보아 계산한 양도소득세보다 적은 경우에 해당한다. 「소득세법」상 양도소득세 납세의무에 관한 설명으로 틀린 것은?** 제33회 수정

① 乙이 납부한 증여세는 양도차익 계산 시 필요경비에 산입한다.

② 양도차익 계산 시 취득가액은 甲의 취득 당시를 기준으로 한다.

③ 양도소득세에 대해서는 甲과 乙이 연대하여 납세의무를 진다.

④ 甲은 양도소득세 납세의무자이다.

⑤ 양도소득세 계산 시 보유기간은 甲의 취득일부터 乙의 양도일까지의 기간으로 한다.

키워드 〉 부당행위 계산부인

난이도 〉

해설 〉 乙이 납부한 증여세는 양도차익 계산 시 부과하지 아니한다(소득세법 제101조 제2항).

정답 05 ③ 06 ①

07 완성 기출

「소득세법」상 거주자의 국내 소재 1세대 1주택인 고가주택과 그 양도소득세에 관한 설명으로 틀린 것은? 제31회 수정

① 거주자가 2022년 취득 후 계속 거주한 법령에 따른 고가주택을 2024년 5월에 양도하는 경우 장기보유특별공제의 대상이 되지 않는다.

② '고가주택'이란 기준시가 12억원을 초과하는 주택을 말한다.

③ 법령에 따른 고가주택에 해당하는 자산의 장기보유특별공제액은 「소득세법」 제95조 제2항에 따른 장기보유특별공제액에 '양도가액에서 12억원을 차감한 금액이 양도가액에서 차지하는 비율'을 곱하여 산출한다.

④ 법령에 따른 고가주택에 해당하는 자산의 양도차익은 「소득세법」 제95조 제1항에 따른 양도차익에 '양도가액에서 12억원을 차감한 금액이 양도가액에서 차지하는 비율'을 곱하여 산출한다.

⑤ 「건축법 시행령」 [별표 1]에 의한 다가구주택을 구획된 부분별로 양도하지 아니하고 하나의 매매단위로 양도하여 단독주택으로 보는 다가구주택의 경우에는 그 전체를 하나의 주택으로 보아 법령에 따른 고가주택 여부를 판단한다.

키워드 1세대 1주택 양도소득세

난이도

해설 고가주택이란 주택 및 이에 딸린 토지의 양도당시의 실지거래가액이 12억원을 초과하는 것을 말한다.

정답 07 ②

08

소득세법령상 1세대 1주택자인 거주자 甲이 2023년 양도한 국내소재 A주택(조정대상지역이 아니며 등기됨)**에 대한 양도소득과세표준은?** (단, 2023년에 A주택 외 양도한 자산은 없으며, 법령에 따른 적격증명서류를 수취 · 보관하고 있고 주어진 조건 이외에는 고려하지 않음) 제34회

구분	기준시가	실지거래가액
양도 시	18억원	25억원
취득 시	13억 5천만원	19억 5천만원
추가 사항	• 양도비 및 자본적지출액: 5천만원 • 보유기간 및 거주기간: 각각 5년 • 장기보유특별공제율: 보유기간별 공제율과 거주기간별 공제율은 각각 20%	

① 153,500,000원
② 156,000,000원
③ 195,500,000원
④ 260,000,000원
⑤ 500,000,000원

키워드 양도소득 과세표준의 계산

난이도

해설 1. 실지거래가액이 주어졌으므로 실지거래가액에 의해 계산
2. 1세대 1주택인 고가주택에 해당되어 양도가액 중 12억원을 초과하는 부분에 대해서만 과세
3. 3년 이상 보유하고 보유기간 중 2년 이상 거주하였으므로 보유기간에 따른 공제율과 거주기간에 대한 공제율을 합산한 장기보유특별공제율을 적용한다.
4. 본건 외 2023년에 양도한 자산은 없으므로 양도소득기본공제는 250만원을 적용한다.

양도가액	25억원
(−) 취득가액	(19억 5천만원)
(−) 기타필요경비	(5천만원)
= 양도차익	= 5억원 ×(25억원 − 12억원) / 25억원=2.6억원
(−) 장기보유특별공제	2.6억원 × 40% = (104,000,000원)
= 양도소득금액	= 156,000,000원
(−) 양도소득기본공제	(2,500,000원)
= 양도소득 과세표준	= 153,500,000원

정답 08 ①

09 완성 기출

거주자 甲은 국내에 있는 양도소득세 과세대상 X토지를 2014년 시가 1억원에 매수하여 2024년 배우자 乙에게 증여하였다. X토지에는 甲의 금융기관 차입금 5천만원에 대한 저당권이 설정되어 있었으며 乙이 이를 인수한 사실은 채무부담계약서에 의하여 확인되었다. X토지의 증여가액과 증여 시 「상속세 및 증여세법」에 따라 평가한 가액(시가)은 각각 2억원이었다. 다음 중 틀린 것은?

제30회 수정

① 배우자 간 부담부증여로서 수증자에게 인수되지 아니한 것으로 추정되는 채무액은 부담부증여의 채무액에 해당하는 부분에서 제외한다.

② 乙이 인수한 채무 5천만원에 해당하는 부분은 양도로 본다.

③ 양도로 보는 부분의 취득가액은 2천 5백만원이다.

④ 양도로 보는 부분의 양도가액은 5천만원이다.

⑤ 甲이 X토지와 증여가액(시가) 2억원인 양도소득세 과세대상에 해당하지 않는 Y자산을 함께 乙에게 부담부증여하였다면 乙이 인수한 채무 5천만원에 해당하는 부분은 모두 X토지에 대한 양도로 본다.

키워드 부담부증여 시 양도차익 계산특례

난이도

해설 양도로 보는 채무액은 5천만원 × 2억원(양도소득세 과세대상 재산가액)/4억원(총 증여재산가액) = 2천 5백만원

정답 09 ⑤

10 완성 기출

다음은 거주자 甲의 상가건물 양도소득세 관련 자료이다. 이 경우 양도차익은? (단, 양도차익을 최소화하는 방향으로 필요경비를 선택하고, 부가가치세는 고려하지 않음) 제32회 수정

(1) 취득 및 양도 내역

구분	실지거래가액	기준시가	거래일자
양도당시	5억원	4억원	2024.4.30.
취득당시	확인 불가능	2억원	2022.3.7.

(2) 자본적 지출액 및 소개비: 2억 6천만원(세금계산서 수취함)
(3) 주어진 자료 외에는 고려하지 않는다.

① 2억원
② 2억 4천만원
③ 2억 4천 4백만원
④ 2억 5천만원
⑤ 2억 6천만원

키워드 양도차익 계산

난이도

해설 다음 중 양도차익이 적은 것을 선택한다.

1.

양도가액	5억원
(−) 환산취득가액	2억 5천만원(양도가액 5억원 × 2억원/4억원)
(−) 기타 필요경비	6백만원(취득 시 기준시가 2억원 × 3%)
= 양도차익	= 2억 4천 4백만원

2.

양도가액	5억원
(−) 취득가액	0
(−) 기타 필요경비	2억 6천만원
= 양도차익	= 2억 4천만원

정답 10 ②

11 「소득세법」상 배우자 간 증여재산의 이월과세에 관한 설명으로 옳은 것은? 제32회 수정

① 이월과세를 적용하는 경우 거주자가 배우자로부터 증여받은 자산에 대하여 납부한 증여세를 필요경비에 산입하지 아니한다.

② 이월과세를 적용받은 자산의 보유기간은 증여한 배우자가 그 자산을 증여한 날을 취득일로 본다.

③ 거주자가 양도일부터 소급하여 10년 이내에 그 배우자(양도 당시 사망으로 혼인관계가 소멸된 경우 포함)로부터 증여받은 토지를 양도할 경우에 이월과세를 적용한다.

④ 거주자가 사업인정고시일부터 소급하여 2년 이전에 배우자로부터 증여받은 경우로서 「공익사업을 위한 토지 등의 취득 및 보상에 관한 법률」에 따라 수용된 경우에는 이월과세를 적용하지 아니한다.

⑤ 이월과세를 적용하여 계산한 양도소득결정세액이 이월과세를 적용하지 않고 계산한 양도소득결정세액보다 적은 경우에 이월과세를 적용한다.

키워드 이월과세

난이도

해설 ① 이월과세를 적용하는 경우 거주자가 배우자로부터 증여받은 자산에 대하여 납부한 증여세를 필요경비에 산입한다.

② 이월과세를 적용받은 자산의 보유기간은 증여한 배우자가 그 자산을 취득한 날을 취득일로 본다.

③ 거주자가 양도일부터 소급하여 10년 이내에 그 배우자(양도 당시 사망으로 혼인관계가 소멸된 경우 제외)로부터 증여받은 토지를 양도할 경우에 이월과세를 적용한다.

⑤ 이월과세를 적용하여 계산한 양도소득결정세액이 이월과세를 적용하지 않고 계산한 양도소득 결정세액보다 적은 경우에 이월과세를 적용하지 아니한다.

정답 11 ④

THEME ——— □1회독 □2회독

16 미등기양도 및 납세절차, 국외자산 양도소득

| THEME 키워드 |

양도소득세, 양도소득세 납세절차, 국외자산의 양도소득세, 미등기양도 제외자산, 미등기양도 자산에 대한 제재, 거주자의 양도소득세

기본으로 알아야 하는 대표기출

> 기출분석
- 기출회차: 제29회
- 키워드: 양도소득세 납세절차
- 난이도:

「소득세법」상 거주자의 양도소득세 신고 및 납부에 관한 설명으로 옳은 것은?

① 토지 또는 건물을 양도한 경우에는 그 양도일이 속하는 분기의 말일부터 2개월 이내에 양도소득 과세표준을 신고해야 한다.

② 양도차익이 없거나 양도차손이 발생한 경우에는 양도소득 과세표준 예정신고 의무가 없다.

③ 건물을 신축하고 그 신축한 건물의 취득일부터 5년 이내에 해당 건물을 양도하는 경우로서 취득당시의 실지거래가액을 확인할 수 없어 환산가액을 그 취득가액으로 하는 경우에는 양도소득세 산출세액의 100분의 5에 해당하는 금액을 양도소득 결정세액에 더한다.

④ 양도소득 과세표준 예정신고 시에는 납부할 세액이 1천만원을 초과하더라도 그 납부할 세액의 일부를 분할납부할 수 없다.

⑤ 당해 연도에 누진세율의 적용대상 자산에 대한 예정신고를 2회 이상 한 자가 법령에 따라 이미 신고한 양도소득금액과 합산하여 신고하지 아니한 경우 양도소득세 확정신고를 해야 한다.

해 설

① 그 양도일이 속하는 달의 말일부터 2개월 이내에 양도소득 과세표준을 신고해야 한다.

② 양도차익이 없거나 양도차손이 발생한 경우에도 양도소득 과세표준 예정신고 의무가 있다.

③ 환산가액의 100분의 5에 해당하는 금액을 양도소득 결정세액에 더한다.

④ 양도소득 과세표준 예정신고 시에도 납부할 세액이 1천만원을 초과하는 경우 그 납부할 세액의 일부를 분할납부할 수 있다.

정답 ⑤

> 함정을 피하는 TIP
- 양도소득세 납세절차를 이해해야 한다.

단단하게 정리하는 **핵심이론**

01 미등기양도자산

1 미등기양도 시 불이익

미등기양도 시 다음과 같은 불이익이 있다.

① **높은 세율 적용**: 미등기 양도자산에 대해서는 100분의 70(70%)의 세율이 적용된다.
② **장기보유특별공제 및 양도소득기본공제 적용배제**:
③ **저율의 필요경비 개산공제 적용**: 양도차익을 추계방법에 의해 계산하는 경우 저율[취득당시 기준시가의 1,000분의 3(0.3%) 등]의 개산공제를 적용한다.
④ **비과세 및 감면 배제**: 「소득세법」상 비과세 및 「조세특례제한법」상 감면을 적용받을 수 없다.

2 미등기로 보지 않는 경우

다음에 해당하는 경우에는 미등기 양도로 보지 않아 위 1의 불이익을 적용하지 아니한다.

① 장기할부조건으로 취득한 자산으로서 그 계약조건에 의하여 양도 당시 그 자산의 취득에 관한 등기가 불가능한 자산
② 법률의 규정 또는 법원의 결정에 의하여 양도당시 그 자산의 취득에 관한 등기가 불가능한 자산
③ 농지의 교환 또는 분합으로 인하여 발생하는 소득에 대하여 비과세가 적용되는 농지, 8년 이상 자경 농지 및 농지대토에 대한 양도소득세 감면을 적용받는 토지
④ 1세대 1주택 비과세대상인 주택으로서 「건축법」에 따른 건축허가를 받지 아니하여 등기가 불가능한 자산
⑤ 「도시개발법」에 따른 도시개발사업이 종료되지 아니하여 토지 취득등기를 하지 아니하고 양도하는 토지
⑥ 건설사업자가 「도시개발법」에 따라 공사용역 대가로 취득한 체비지를 토지구획환지처분공고 전에 양도하는 토지

참 고

양도소득세 불이익규정

구분	미등기양도	비사업용토지	조정대상지역 내 주택 양도 (2주택자)	조정대상지역 내 주택 양도 (3주택 이상자)
세율	70%	기본세율 + 10% (16∼55%)	기본세율 + 20% (26∼65%)	기본세율 + 30% (36∼75%)
장기보유특별공제	배제	적용	배제	배제
양도소득기본공제	배제	적용	적용	적용

* 2022.5.10.∼2024.5.9.까지 조정대상지역 내 2년 이상 보유한 등기된 주택양도 시 다주택자의 경우 한시적으로 기본세율 적용 및 장기보유특별공제(최대 30%) 적용

02 납세절차

1 개요 및 납세지

(1) 개요

양도소득세는 납세의무자가 스스로 신고함으로써 확정된다. 물론 신고의무를 다하지 아니하거나 과소 신고한 경우에는 과세관청에서 결정 또는 경정을 하게 된다. 양도소득세는 확정신고뿐만 아니라 예정신고 제도를 두고 있다.

(2) 납세지

① 거주자의 소득세 납세지는 그 주소지로 한다. 다만, 주소지가 없는 경우에는 그 거소지로 한다.

② 비거주자의 소득세 납세지는 국내사업장의 소재지로 한다. 다만, 국내사업장이 둘 이상 있는 경우에는 주된 국내사업장의 소재지로 하고, 국내사업장이 없는 경우에는 국내원천소득이 발생하는 장소로 한다.

2 양도소득 과세표준의 예정신고 납부

(1) 예정신고의무자

양도소득세 과세대상 자산을 양도한 거주자는 양도소득과세표준을 납세지 관할 세무서장에게 신고하여야 한다(강제사항).

(2) 예정신고납부 기한

① 부동산 등을 양도한 경우: 그 양도일이 속하는 달의 말일부터 2개월. 다만, 「부동산 거래신고 등에 관한 법률」에 따른 토지거래계약에 관한 허가구역에 있는 토지를 양도할 때 토지거래계약허가를 받기 전에 대금을 청산한 경우에는 그 허가일(토지거래계약허가를 받기 전에 허가구역의 지정이 해제된 경우에는 그 해제일)이 속하는 달의 말일부터 2개월

② 부담부증여의 채무액에 해당하는 부분으로서 양도로 보는 경우에는 그 양도일이 속하는 달의 말일부터 3개월

③ 예정신고는 양도차익이 없거나 양도차손이 발생한 경우에도 적용한다.

3 양도소득 과세표준의 확정신고 납부

(1) 확정신고의무자

해당 과세기간의 양도소득금액이 있는 거주자는 양도소득과세표준을 납세지 관할 세무서장에게 신고하여야 한다.

(2) 확정신고납부기한

① 양도소득 과세표준을 그 과세기간의 다음 연도 5월 1일부터 5월 31일까지[토지거래계약에 관한 허가일(토지거래계약허가를 받기 전에 허가구역의 지정이 해제된 경우에는 그 해제일)이 속하는 과세기간의 다음 연도 5월 1일부터 5월 31일까지] 납세지 관할 세무서장에게 신고하여야 한다.

② 확정신고는 해당 과세기간의 과세표준이 없거나 결손금액이 있는 경우에도 적용한다.

③ 예정신고를 한 자는 해당 소득에 대한 확정신고를 하지 아니할 수 있다. 다만, 다음의 경우에는 그러하지 아니하다.

> ㉠ 당해 연도에 누진세율의 적용대상 자산에 대한 예정신고를 2회 이상 한 자가 이미 신고한 양도소득금액과 합산하여 신고하지 아니한 경우
> ㉡ 토지, 건물, 부동산에 관한 권리, 기타자산 및 신탁 수익권을 2회 이상 양도한 경우로서 양도소득기본공제 규정을 적용할 경우 당초 신고한 양도소득산출세액이 달라지는 경우
> ㉢ 주식 등을 2회 이상 양도한 경우로서 양도소득기본공제 규정을 적용할 경우 당초 신고한 양도소득산출세액이 달라지는 경우
> ㉣ 토지, 건물, 부동산에 관한 권리 및 기타자산을 둘 이상 양도한 경우로서 비교과세특례(소득세법 제104조 제5항)규정을 적용할 경우 당초 신고한 양도소득산출세액이 달라지는 경우

4 가산세

(1) 가산세 부과

양도소득세 납세의무자가 예정신고납부 또는 확정신고납부를 하지 않은 경우에는 다음의 가산세를 부과한다.

> ① **무신고 가산세**
> ㉠ **일반무신고가산세**: 무신고한 납부세액의 100분의 20에 상당하는 금액
> ㉡ **부정행위로 인한 무신고 가산세**: 무신고한 납부세액의 100분의 40에 상당하는 금액
> ② **과소신고(초과환급)가산세**
> ㉠ **일반과소신고(초과환급)가산세**: 과소신고납부세액등의 100분의 10에 상당하는 금액
> ㉡ **부정행위로 과소신고하거나 초과신고한 경우**: 과소신고납부세액등의 100분의 40
> ③ **납부지연가산세**: 1일당 10만분의 22

(2) 예정신고 불성실자의 확정신고기한 내 신고 시 가산세의 감면

무신고가산세 및 과소신고가산세의 100분의 50에 상당하는 금액을 감면한다.

(3) 감정가액 또는 환산취득가액 적용에 따른 가산세

① 거주자가 건물을 신축 또는 증축(증축의 경우 바닥면적 합계가 85m^2를 초과하는 경우에 한정한다)하고 그 건물의 취득일 또는 증축일부터 5년 이내에 해당 건물을 양도하는 경우로서 감정가액 또는 환산취득가액을 그 취득가액으로 하는 경우에는 해당 건물의 감정가액(증축의 경우 증축한 부분에

한정한다) 또는 환산취득가액(증축의 경우 증축한 부분에 한정한다)의 100분의 5에 해당하는 금액을 양도소득 결정세액에 더한다.

② 이는 양도소득 산출세액이 없는 경우에도 적용한다.

5 분할납부

(1) 개요

거주자로서 예정신고 또는 확정신고 시 납부할 세액이 각각 1천만원을 초과하는 자는 그 납부할 세액의 일부를 납부기한이 지난 후 2개월 이내에 분할납부할 수 있다.

(2) 분할납부할 수 있는 세액

① 납수할 세액이 2천만원 이하일 때: 1천만원을 초과하는 금액

② 납부할 세액이 2천만원 초과 시: 그 세액의 100분의 50 이하인 금액

(3) 분할납부 신청

납부할 세액의 일부를 분할납부하고자 하는 자는 양도소득과세표준 예정신고기한 또는 확정신고기한까지 신청하여야 한다.

핵심단단 **분할납부와 물납**

구분	분할납부	물납
재산세	① 납부할 세액 250만원 초과 시 납부기한까지 신청 ② **분할납부가능금액**(2개월 이내) ㉠ **500만원 이하**: 250만원 초과 금액 ㉡ **500만원 초과**: 100분의 50(50%) 이하의 금액	① 납부할 세액 1천만원 초과 시 납부기한 10일 전까지 신청 ② 관할 구역 내 부동산으로 신청 가능
종합부동산세	① 납부할 세액 250만원 초과 시 납부기한(신고납부기한)까지 신청 ② **분할납부가능금액**(6개월 이내) ㉠ **500만원 이하**: 250만원 초과 금액 ㉡ **500만원 초과**: 100분의 50(50%) 이하의 금액	불가
양도소득세	① 납부할 세액 1천만원 초과 시 예정 및 확정신고납부기한까지 신청 ② **분할납부가능금액**(2개월 이내) ㉠ **2천만원 이하**: 1천만원 초과 금액 ㉡ **2천만원 초과**: 100분의 50(50%) 이하의 금액	불가

6 부가세

(1) 납부 시 부가세

양도소득세 납부세액에 부과되는 조세는 없다. 그러나 지방소득세를 별도로 신고납부하여야 한다.

└ 지방소득세의 납세지는 주소지 관할 지방자치단체이다.

(2) 감면 시 부가세

양도소득세를 감면하는 경우 그 감면세액의 100분의 20에 해당하는 농어촌특별세를 부과한다.

03 국외자산에 대한 양도소득세

1 납세의무자 및 과세범위

(1) 납세의무자

국외자산 양도소득세의 납세의무자는 해당 자산의 양도일까지 계속 5년 이상 국내에 주소 또는 거소를 둔 거주자만 해당한다.

(2) 과세범위

국외에 있는 자산의 양도에 대한 양도소득은 해당 과세기간에 국외에 있는 자산을 양도함으로써 발생하는 다음의 소득으로 한다. 다만, 다음에 따른 소득이 국외에서 외화를 차입하여 취득한 자산을 양도하여 발생하는 소득으로서 환율변동으로 인하여 외화차입금으로부터 발생하는 환차익을 포함하고 있는 경우에는 해당 환차익을 양도소득의 범위에서 제외한다.

① 토지 또는 건물의 양도로 발생하는 소득

② 다음 어느 하나에 해당하는 부동산에 관한 권리의 양도로 발생하는 소득

㉠ 부동산을 취득할 수 있는 권리(건물이 완성되는 때에 그 건물과 이에 딸린 토지를 취득할 수 있는 권리 포함)

㉡ 지상권

┌ 국내자산의 경우는 등기된 임차권에 한해 과세대상이지만, 국외자산은 등기여부와 관계없이 과세대상이다.

㉢ 전세권과 부동산임차권

③ 그 밖의 기타자산 등(영업권, 이축권, 특정시설물이용권 등)**의 양도로 발생하는 소득**

2 국외자산 양도차익의 계산

(1) 국외자산 양도가액과 취득가액의 산정방법

① 국외자산의 양도가액과 취득가액은 그 자산의 양도당시의 실지거래가액으로 한다.

② 다만, 양도 또는 취득당시의 실지거래가액을 확인할 수 없는 경우에는 양도자산이 소재하는 국가의 양도 또는 취득당시 현황을 반영한 시가에 따르되, 시가를 산정하기 어려울 때에는 보충적 평가방법에 따른다.

(2) 국외자산 양도소득의 필요경비 계산

국외자산의 양도에 대한 양도차익을 계산할 때 양도가액에서 공제하는 필요경비는 다음의 금액을 합한 것으로 한다.

① 취득가액
- ㉠ 해당 자산의 취득에 든 실지거래가액
- ㉡ 다만, 취득당시의 실지거래가액을 확인할 수 없는 경우에는 양도자산이 소재하는 국가의 취득당시의 현황을 반영한 시가에 따르되, 시가를 산정하기 어려울 때에는 그 자산의 종류, 규모, 거래상황 등을 고려하여 법령으로 정하는 방법에 따라 취득가액을 산정한다.

② 법령으로 정하는 자본적 지출액

③ 법령으로 정하는 양도비

(3) 양도차익의 원화환산

양도차익을 계산함에 있어서는 양도가액 및 필요경비를 수령하거나 지출한 날 현재 「외국환거래법」에 의한 기준환율 또는 재정환율에 의하여 계산한다.

3 과세표준 및 세액의 계산

(1) 계산구조

계산구조	비고
양도가액	
− 취득가액	
− 기타필요경비 (자본적 지출액, 양도비용)	필요경비 개산공제 배제
= 양도차익	환율변동으로 인한 환차익 제외
−	장기보유특별공제 배제
= 양도소득금액	
− 양도소득기본공제	무조건 연 250만원 공제
= 과세표준	

(2) 장기보유특별공제 및 양도소득기본공제

① **장기보유특별공제:** 국외자산 양도 시 장기보유특별공제는 적용하지 아니한다.

② **양도소득기본공제:** 국외자산의 양도에 대한 양도소득이 있는 거주자에 대해서는 해당 과세기간의 양도소득금액에서 연 250만원을 공제한다.

(3) 세율

기본세율 100분의 6～100분의 45(6～45%)(중과세율 없음)

4 이중과세 조정

국외자산의 양도소득에 대하여 해당 외국에서 과세를 하는 경우로서 그 양도소득에 대하여 국외자산 양도소득에 대한 세액(국외자산 양도소득세액)을 납부하였거나 납부할 것이 있을 때에는 외국납부세액의 세액공제방법과 필요경비 산입방법 중 하나를 선택할 수 있다.

5 납세절차

국내자산 양도에 적용되는 규정을 준용한다(예정신고납부, 확정신고납부 및 결정, 경정 등).

6 준용규정

국외자산의 양도에 대한 양도소득세의 과세에 관하여는 양도소득세의 일반적인 규정들을 준용한다.

준용하는 규정	준용하지 않는 규정
① 비과세양도소득	① 양도의 정의
② 양도 또는 취득시기	② 미등기양도자산에 대한 비과세 배제
③ 양도소득의 부당행위계산부인	③ 배우자, 직계존비속 간의 증여자산 이월과세
④ 감정가액, 환산취득가액 적용에 따른 가산세	④ 장기보유특별공제
⑤ 양도소득세의 분할납부	⑤ 기준시가의 산정

01 기본 기출

거주자 甲이 국외에 있는 양도소득세 과세대상 X토지를 양도함으로써 소득이 발생하였다. 다음 중 틀린 것은? (단, 해당 과세기간에 다른 자산의 양도는 없음) 제30회

① 甲이 X토지의 양도일까지 계속 5년 이상 국내에 주소 또는 거소를 둔 경우에만 해당 양도 소득에 대한 납세의무가 있다.

② 甲이 국외에서 외화를 차입하여 X토지를 취득한 경우 환율변동으로 인하여 외화차입금으로부터 발생한 환차익은 양도소득의 범위에서 제외한다.

③ X토지의 양도가액은 양도당시의 실지거래가액으로 하는 것이 원칙이다.

④ X토지에 대한 양도차익에서 장기보유특별공제액을 공제한다.

⑤ X토지에 대한 양도소득금액에서 양도소득 기본공제로 250만원을 공제할 수 있다.

키워드 〉 국외자산의 양도소득세

난이도 〉

해설 〉 국외자산 양도에 관한 양도소득세 계산 시 장기보유특별공제는 적용하지 아니한다.

02 기본 기출

「소득세법」상 미등기양도 제외자산을 모두 고른 것은? 제32회

> ㉠ 양도소득세 비과세요건을 충족한 1세대 1주택으로서 「건축법」에 따른 건축허가를 받지 아니하여 등기가 불가능한 자산
> ㉡ 법원의 결정에 의하여 양도 당시 그 자산의 취득에 관한 등기가 불가능한 자산
> ㉢ 「도시개발법」에 따른 도시개발사업이 종료되지 아니하여 토지 취득등기를 하지 아니하고 양도하는 토지

① ㉠ ② ㉡

③ ㉠, ㉡ ④ ㉡, ㉢

⑤ ㉠, ㉡, ㉢

키워드 〉 미등기양도 제외자산

난이도 〉

해설 〉 ㉠㉡㉢ 미등기양도 제외자산에 속한다.

정답 01 ④ 02 ⑤

03 기본 기출

「소득세법」상 과세표준에 70% 세율 적용 대상인 국내 미등기양도자산에 관한 설명으로 옳은 것은? 제29회 수정

① 미등기양도자산도 양도소득에 대한 소득세의 비과세에 관한 규정을 적용할 수 있다.

② 건설업자가 「도시개발법」에 따라 공사용역 대가로 취득한 체비지를 토지구획환지처분공고 전에 양도하는 토지는 미등기양도자산에 해당하지 않는다.

③ 미등기양도자산의 양도소득금액 계산 시 양도소득 기본공제를 적용할 수 있다.

④ 미등기양도자산은 양도소득세 산출세액에 100분의 70을 곱한 금액을 양도소득 결정세액에 더한다.

⑤ 미등기양도자산의 양도소득금액 계산 시 장기보유특별공제를 적용할 수 있다.

키워드 미등기양도자산에 대한 제재

난이도

해설 ① 비과세 및 감면규정을 배제한다.
③ 양도소득기본공제를 적용하지 아니한다.
④ 가산세가 아닌 세율이 100분의 70이다.
⑤ 장기보유특별공제를 적용할 수 없다.

정답 03 ②

04 「소득세법」상 거주자의 양도소득 과세표준의 신고 및 납부에 관한 설명으로 옳은 것은? 제27회 수정

① 2024년 3월 21일에 주택을 양도하고 잔금을 청산한 경우 2024년 6월 30일에 예정신고할 수 있다.

② 확정신고납부 시 납부할 세액이 1천 6백만원인 경우 6백만원을 분납할 수 있다.

③ 예정신고납부 시 납부할 세액이 2천만원인 경우 분납할 수 없다.

④ 양도차손이 발생한 경우 예정신고하지 아니한다.

⑤ 예정신고하지 않은 거주자가 해당 과세기간의 과세표준이 없는 경우 확정신고하지 아니한다.

PART 03

키워드 양도소득세 납세절차

난이도

해설 ① 2024년 3월 21일에 주택을 양도하고 잔금을 청산한 경우 2024년 5월 31일에 예정신고할 수 있다.
③ 예정신고납부 시에도 납부할 세액이 1천만원 초과 시 분납할 수 있다.
④ 양도차손이 발생한 경우에도 예정신고를 하여야 한다.
⑤ 해당 과세기간의 과세표준이 없는 경우라도 예정신고하지 않았다면 확정신고를 하여야 한다.

정답 04 ②

05 기본 기출

「소득세법」상 거주자의 국내 토지에 대한 양도소득과세표준 및 세액의 신고 · 납부에 관한 설명으로 틀린 것은? 제31회

① 법령에 따른 부담부증여의 채무액에 해당하는 부분으로서 양도로 보는 경우 그 양도일이 속하는 달의 말일부터 3개월 이내에 양도소득과세표준을 납세지 관할 세무서장에게 신고하여야 한다.

② 예정신고납부를 하는 경우 예정신고 산출세액에서 감면세액을 빼고 수시부과세액이 있을 때에는 이를 공제하지 아니한 세액을 납부한다.

③ 예정신고납부할 세액이 2천만원을 초과하는 때에는 그 세액의 100분의 50 이하의 금액을 납부기한이 지난 후 2개월 이내에 분할납부할 수 있다.

④ 당해 연도에 누진세율의 적용대상 자산에 대한 예정신고를 2회 이상한 자가 법령에 따라 이미 신고한 양도소득금액과 합산하여 신고하지 아니한 경우에는 양도소득 과세표준의 확정신고를 하여야 한다.

⑤ 양도차익이 없거나 양도차손이 발생한 경우에도 양도소득 과세표준의 예정신고를 하여야 한다.

키워드 양도소득세 납세절차

난이도

해설 예정신고납부를 하는 경우 예정신고 산출세액에서 감면세액을 빼고 수시부과세액이 있을 때에는 이를 공제한 세액을 납부한다.

정답 05 ②

거주자 甲은 2015년에 국외에 1채의 주택을 미화 1십만 달러(취득자금 중 일부 외화 차입)**에 취득하였고, 2024년에 동주택을 미화 2십만달러에 양도하였다. 이 경우 「소득세법」상 설명으로 틀린 것은?** (단, 甲은 해당 자산의 양도일까지 계속 5년 이상 국내에 주소를 둠) 제32회 수정

① 甲의 국외주택에 대한 양도차익은 양도가액에서 취득가액과 필요경비 개산공제를 차감하여 계산한다.

② 甲의 국외주택 양도로 발생하는 소득이 환율변동으로 인하여 외화차입금으로부터 발생하는 환차익을 포함하고 있는 경우에는 해당 환차익을 양도소득의 범위에서 제외한다.

③ 甲의 국외주택 양도에 대해서는 해당 과세기간의 양도 소득금액에서 연 250만원을 공제한다.

④ 甲은 국외주택을 3년 이상 보유하였음에도 불구하고 장기보유특별공제액은 공제하지 아니한다.

⑤ 甲은 국외주택의 양도에 대하여 양도소득세의 납세의무가 있다.

키워드 국외자산의 양도소득세

난이도

해설 국외자산 양도차익계산 시 필요경비 개산공제는 적용하지 아니한다.

정답 06 ①

07 「소득세법」상 거주자의 양도소득세 신고납부에 관한 설명으로 옳은 것은? 제33회

① 건물을 신축하고 그 취득일부터 3년 이내에 양도하는 경우로서 감정가액을 취득가액으로 하는 경우에는 그 감정가액의 100분의 3에 해당하는 금액을 양도소득 결정세액에 가산한다.

② 공공사업의 시행자에게 수용되어 발생한 양도소득세액이 2천만원을 초과하는 경우 납세의무자는 물납을 신청할 수 있다.

③ 과세표준 예정신고와 함께 납부하는 때에는 산출세액에서 납부할 세액의 100분의 5에 상당하는 금액을 공제한다.

④ 예정신고납부할 세액이 1천 5백만원인 자는 그 세액의 100분의 50의 금액을 납부기한이 지난 후 2개월 이내에 분할납부할 수 있다.

⑤ 납세의무자가 법정신고기한까지 양도소득세의 과세표준신고를 하지 아니한 경우(부정행위로 인한 무신고는 제외)에는 그 무신고납부세액의 100분의 20을 곱한 금액을 가산세로 한다.

키워드 양도소득세 납세절차

난이도

해설 ⑤ 납세의무자가 법정신고기한까지 양도소득세의 과세표준신고를 하지 아니한 경우(부정행위로 인한 무신고는 제외한다)에는 그 무신고납부세액의 100분의 20을 곱한 금액을 가산세로 한다(국세기본법 제47조의2 제1항).

① 건물을 신축하고 그 취득일부터 5년 이내에 양도하는 경우로서 감정가액을 취득가액으로 하는 경우에는 그 감정가액의 100분의 5에 해당하는 금액을 양도소득 결정세액에 가산한다(소득세법 제114조의2).

② 양도소득세는 물납을 신청할 수 없다.

③ 양도소득세 예정신고 시 세액공제제도는 없다.

④ 납부할 세액이 2천만원 이하인 때에는 1천만원을 초과하는 금액을 분할납부할 수 있다(소득세법 시행령 제175조 제1호).

정답 07 ⑤

「소득세법」상 거주자(해당 국외자산 양도일까지 계속 5년 이상 국내에 주소를 두고 있음)**가 2024년에 양도한 국외자산의 양도소득세에 관한 설명으로 틀린 것은?** (단, 국외 외화차입에 의한 취득은 없음) 제31회 수정

① 국외에 있는 부동산에 관한 권리로서 미등기양도자산의 양도로 발생하는 소득은 양도소득의 범위에 포함된다.

② 국외토지의 양도에 대한 양도소득세를 계산하는 경우에는 장기보유특별공제액은 공제하지 아니한다.

③ 양도당시의 실지거래가액이 확인되더라도 외국정부의 평가가액을 양도가액으로 먼저 적용한다.

④ 해당 과세기간에 다른 자산의 양도가 없을 경우 국외토지의 양도에 대한 양도소득이 있는 거주자에 대해서는 해당 과세기간의 양도소득금액에서 연 250만원을 공제한다.

⑤ 국외토지의 양도소득에 대하여 해당 외국에서 과세를 하는 경우로서 법령이 정한 그 국외자산 양도소득세액을 납부하였거나 납부할 것이 있을 때에는 외국납부세액의 세액공제방법과 필요경비 산입방법 중 하나를 선택하여 적용할 수 있다.

키워드 〉 국외자산의 양도소득세

난이도 〉

해설 〉 양도당시의 실지거래가액을 우선하여 적용한다.

PART 03

정답 08 ③

09 완성 기출

「소득세법」상 거주자의 양도소득세에 관한 설명으로 틀린 것은? (단, 국내 소재 부동산의 양도임)

제28회

① 같은 해에 여러 개의 자산(모두 등기됨)을 양도한 경우 양도소득기본공제는 해당 과세기간에 먼저 양도한 자산의 양도소득금액에서부터 순서대로 공제한다. 단, 감면소득금액은 없다.

②「소득세법」 제104조 제3항에 따른 미등기양도자산에 대하여는 장기보유특별공제를 적용하지 아니한다.

③「소득세법」 제97조의2 제1항에 따라 이월과세를 적용받는 경우 장기보유특별공제의 보유기간은 증여자가 해당 자산을 취득한 날부터 기산한다.

④ A법인과 특수관계에 있는 주주가 시가 3억원(법인세법 제52조에 따른 시가임)의 토지를 A법인에게 5억원에 양도한 경우 양도가액은 3억원으로 본다. 단, A법인은 이 거래에 대하여 세법에 따른 처리를 적절하게 하였다.

⑤ 특수관계인 간의 거래가 아닌 경우로서 취득가액인 실지거래가액을 인정 또는 확인할 수 없어 그 가액을 추계결정 또는 경정하는 경우에는 매매사례가액, 감정가액, 기준시가의 순서에 따라 적용한 가액에 의한다.

키워드 거주자의 양도소득세

난이도

해설 취득가액인 실지거래가액을 인정 또는 확인할 수 없어 그 가액을 추계결정 또는 경정하는 경우에는 '매매사례가액 ⇨ 감정가액 ⇨ 환산취득가액 ⇨ 기준시가'의 순서에 따라 적용한 가액에 의한다.

정답 09 ⑤

10 완성 기출

「소득세법」상 거주자가 2024년에 국내소재 부동산을 양도한 경우, 양도소득세에 관한 설명으로 틀린 것은? (단, 해당 주택은 조정대상지역 안의 주택은 아님) 제23회 수정

① 1세대 2주택을 3년 이상 보유한 자가 등기된 주택을 양도한 경우 장기보유특별공제를 적용받을 수 있다.

② 1세대 1주택에 대한 비과세규정을 적용함에 있어 하나의 건물이 주택과 주택 외의 부분으로 복합되어 있는 경우 주택의 연면적이 주택 외의 연면적보다 클 때에는 그 전부를 주택으로 본다. 단, 법령이 정한 고가주택은 아니다.

③ 증여자인 매형의 채무를 수증자가 인수하는 부담부증여인 경우에는 증여가액 중 그 채무액에 상당하는 부분은 그 자산이 유상으로 사실상 이전되는 것으로 본다.

④ 2024년에 양도한 토지에서 발생한 양도차손은 5년 이내에 양도하는 토지의 양도소득금액에서 이월하여 공제받을 수 있다.

⑤ 1세대 1주택인 고가주택을 양도한 경우, 양도가액 중 12억원을 초과하는 부분의 양도차익에 대해서는 양도소득세가 과세된다.

키워드 양도소득세

난이도

해설 양도한 토지에서 발생한 양도차손은 해당 연도에 발생한 부동산 관련 자산의 양도소득금액에서 공제할 수 있으며, 다음 연도에 이월하여 공제할 수 없다.

정답 10 ④

2023년 제34회

최신 기출문제

제34회 시험분석

제34회 기출문제는 제33회에 이어 조세총론 파트가 상당히 어렵게 출제가 되었으며 계산문제도 2문제 출제되었습니다. 그 외의 문제는 제33회에 비해 평이하게 출제되었으며 조세총론, 취득세, 등록면허세, 재산세, 종합부동산세 부분에서 각 2문제씩, 종합소득세 1문제, 양도소득세 5문제 출제되었습니다. 최근 들어 취득세, 재산세 부분의 출제비중은 낮아지고 있으며 등록면허세, 종합부동산세 부분의 출제비중이 높아지고 있습니다. 또한 3~4년에 한 번씩 출제되던 종합소득세 부분도 2년 연속 출제되었습니다.

2023년 제34회 최신 기출문제

01 국세기본법령상 국세의 부과제척기간에 관한 설명으로 옳은 것은?

① 납세자가 「조세범 처벌법」에 따른 사기나 그 밖의 부정한 행위로 종합소득세를 포탈하는 경우(역외거래 제외) 그 국세를 부과할 수 있는 날부터 15년을 부과제척기간으로 한다.

② 지방국세청장은 「행정소송법」에 따른 소송에 대한 판결이 확정된 경우 그 판결이 확정된 날부터 2년이 지나기 전까지 경정이나 그 밖에 필요한 처분을 할 수 있다.

③ 세무서장은 「감사원법」에 따른 심사청구에 대한 결정에 의하여 명의대여 사실이 확인되는 경우에는 당초의 부과처분을 취소하고 그 결정이 확정된 날부터 1년 이내에 실제로 사업을 경영한 자에게 경정이나 그 밖에 필요한 처분을 할 수 있다.

④ 종합부동산세의 경우 부과제척기간의 기산일은 과세표준과 세액에 대한 신고기한의 다음 날이다.

⑤ 납세자가 법정신고기한까지 과세표준신고서를 제출하지 아니한 경우(역외거래 제외)에는 해당 국세를 부과할 수 있는 날부터 10년을 부과제척기간으로 한다.

키워드 부과제척기간

난이도

해설 ① 납세자가 「조세범 처벌법」에 따른 사기나 그 밖의 부정한 행위로 종합소득세를 포탈하는 경우(역외거래 제외) 그 국세를 부과할 수 있는 날부터 10년을 부과제척기간으로 한다.

② 지방국세청장은 「행정소송법」에 따른 소송에 대한 판결이 확정된 경우 그 판결이 확정된 날부터 1년이 지나기 전까지 경정이나 그 밖에 필요한 처분을 할 수 있다.

④ 종합부동산세의 경우 부과제척기간의 기산일은 납세의무가 성립한 날(과세기준일인 6월 1일)이다.

⑤ 납세자가 법정신고기한까지 과세표준신고서를 제출하지 아니한 경우(역외거래 제외)에는 해당 국세를 부과할 수 있는 날부터 7년을 부과제척기간으로 한다.

정답 01 ③

02 국세 및 지방세의 연대납세의무에 관한 설명으로 옳은 것은?

① 공동주택의 공유물에 관계되는 지방자치단체의 징수금은 공유자가 연대하여 납부할 의무를 진다.

② 공동으로 소유한 자산에 대한 양도소득금액을 계산하는 경우에는 해당 자산을 공동으로 소유하는 공유자가 그 양도소득세를 연대하여 납부할 의무를 진다.

③ 공동사업에 관한 소득금액을 계산하는 경우(주된 공동사업자에게 합산과세되는 경우 제외)에는 해당 공동사업자가 그 종합소득세를 연대하여 납부할 의무를 진다.

④ 상속으로 인하여 단독주택을 상속인이 공동으로 취득하는 경우에는 상속인 각자가 상속받는 취득물건을 취득한 것으로 보고, 공동상속인이 그 취득세를 연대하여 납부할 의무를 진다.

⑤ 어느 연대납세의무자에 대하여 소멸시효가 완성된 때에도 다른 연대납세의무자의 납세의무에는 영향을 미치지 아니한다.

키워드 연대납세의무

난이도

해설 ① 공유물(공동주택의 공유물은 제외한다), 공동사업 또는 그 공동사업에 속하는 재산에 관계되는 지방자치단체의 징수금은 공유자 또는 공동사업자가 연대하여 납부할 의무를 진다(지방세기본법 제44조 제1항).

② 공동으로 소유한 자산에 대한 양도소득금액을 계산하는 경우에는 해당 자산을 공동으로 소유하는 각 거주자가 납세의무를 진다(소득세법 제2조의2 제5항).

③ 공동사업에 관한 소득금액을 계산하는 경우에는 해당 공동사업자별로 납세의무를 진다. 다만, 주된 공동사업자에게 합산과세되는 경우 그 합산과세되는 소득금액에 대해서는 주된 공동사업자의 특수관계인은 손익분배비율에 해당하는 그의 소득금액을 한도로 주된 공동사업자와 연대하여 납세의무를 진다(소득세법 제2조의2 제1항).

⑤ 어느 연대채무자에 대하여 소멸시효가 완성한 때에는 그 부담부분에 한하여 다른 연대채무자도 의무를 면한다(지방세기본법 제44조 제5항, 민법 제421조).

정답 02 ④

03 지방세법령상 취득세에 관한 설명으로 틀린 것은?

① 건축물 중 조작 설비에 속하는 부분으로서 그 주체구조부와 하나가 되어 건축물로서의 효용가치를 이루고 있는 것에 대하여는 주체구조부 취득자 외의 자가 가설한 경우에도 주체구조부의 취득자가 함께 취득한 것으로 본다.

②「도시개발법」에 따른 환지방식에 의한 도시개발사업의 시행으로 토지의 지목이 사실상 변경됨으로써 그 가액이 증가한 경우에는 그 환지계획에 따라 공급되는 환지는 사업시행자가, 체비지 또는 보류지는 조합원이 각각 취득한 것으로 본다.

③ 경매를 통하여 배우자의 부동산을 취득하는 경우에는 유상으로 취득한 것으로 본다.

④ 형제자매인 증여자의 채무를 인수하는 부동산의 부담부증여의 경우에는 그 채무액에 상당하는 부분은 부동산을 유상으로 취득하는 것으로 본다.

⑤ 부동산의 승계취득은「민법」등 관계 법령에 따른 등기를 하지 아니한 경우라도 사실상 취득하면 취득한 것으로 보고 그 부동산의 양수인을 취득자로 한다.

키워드 납세의무자

난이도

해설 선박, 차량과 기계장비의 종류를 변경하거나 토지의 지목을 사실상 변경함으로써 그 가액이 증가한 경우에는 취득으로 본다. 이 경우「도시개발법」에 따른 도시개발사업(환지방식만 해당한다)의 시행으로 토지의 지목이 사실상 변경된 때에는 그 환지계획에 따라 공급되는 환지는 조합원이, 체비지 또는 보류지는 사업시행자가 각각 취득한 것으로 본다(지방세법 제7조 제4항).

정답 03 ②

04 지방세기본법령 및 지방세법령상 취득세 납세의무의 성립에 관한 설명으로 틀린 것은? 수정

① 상속으로 인한 취득의 경우에는 상속개시일이 납세의무의 성립시기이다.

② 부동산의 증여계약으로 인한 취득에 있어서 소유권이전등기를 하지 않고 계약일부터 60일 이내에 공증받은 공정증서로 계약이 해제된 사실이 입증되는 경우에는 취득한 것으로 보지 않는다.

③ 유상승계취득의 경우 사실상의 잔금지급일과 등기일 또는 등록일 중 빠른 날이 납세의무의 성립시기이다.

④ 「민법」에 따른 이혼시 재산분할로 인한 부동산 취득의 경우에는 취득물건의 등기일이 납세의무의 성립시기이다.

⑤ 「도시 및 주거환경정비법」에 따른 재건축조합이 재건축사업을 하면서 조합원으로부터 취득하는 토지 중 조합원에게 귀속되지 아니하는 토지를 취득하는 경우에는 같은 법에 따른 준공인가 고시일의 다음 날이 납세의무의 성립시기이다.

키워드 취득시기

난이도

해설 「도시 및 주거환경정비법」에 따른 재건축조합이 재건축사업을 하거나 「빈집 및 소규모주택 정비에 관한 특례법」에 따른 소규모재건축조합이 소규모재건축사업을 하면서 조합원으로부터 취득하는 토지 중 조합원에게 귀속되지 아니하는 토지를 취득하는 경우에는 「도시 및 주거환경정비법」 또는 「빈집 및 소규모주택 정비에 관한 특례법」에 따른 소유권이전 고시일의 다음 날에 그 토지를 취득한 것으로 본다(지방세법 시행령 제20조 제7항).

보충 취득세 납세의무의 성립시기는 과세물건을 취득하는 때이다(지방세기본법 제34조 제1항 제1호).

정답 04 ⑤

05 **종합부동산세법령상 주택의 과세표준 계산과 관련한 내용으로 틀린 것은?** (단, 2023년 납세의무 성립분임)

① 대통령령으로 정하는 1세대 1주택자(공동명의 1주택자 제외)의 경우 주택에 대한 종합부동산세의 과세표준은 납세의무자별로 주택의 공시가격을 합산한 금액에서 12억원을 공제한 금액에 100분의 60을 곱한 금액으로 한다. 다만, 그 금액이 영보다 작은 경우에는 영으로 본다.

② 대통령령으로 정하는 다가구 임대주택으로서 임대기간, 주택의 수, 가격, 규모 등을 고려하여 대통령령으로 정하는 주택은 과세표준 합산의 대상이 되는 주택의 범위에 포함되지 아니하는 것으로 본다.

③ 1주택(주택의 부속토지만을 소유한 경우는 제외)과 다른 주택의 부속토지(주택의 건물과 부속토지의 소유자가 다른 경우의 그 부속토지)를 함께 소유하고 있는 경우는 1세대 1주택자로 본다.

④ 혼인으로 인한 1세대 2주택의 경우 납세의무자가 해당 연도 9월 16일부터 9월 30일까지 관할 세무서장에게 합산배제를 신청하면 1세대 1주택자로 본다.

⑤ 2주택을 소유하여 1천분의 27의 세율이 적용되는 법인의 경우 주택에 대한 종합부동산세의 과세표준은 납세의무자별로 주택의 공시가격을 합산한 금액에서 0원을 공제한 금액에 100분의 60을 곱한 금액으로 한다. 다만, 그 금액이 영보다 작은 경우에는 영으로 본다.

키워드 주택분 종합소득세 과세표준

난이도

해설 ④ 혼인으로 인한 1세대 2주택의 경우 신청 시 1세대 1주택자로 보는 규정은 없다.
⑤ 「종합부동산세법」 제8조 제4항 제2호부터 제4호까지의 규정을 적용받으려는 납세의무자는 해당 연도 9월 16일부터 9월 30일까지 대통령령으로 정하는 바에 따라 관할세무서장에게 신청하여야 한다.

보충 다음의 어느 하나에 해당하는 경우에는 1세대 1주택자로 본다(종합부동산세법 제8조 제4항).

1. 1주택(주택의 부속토지만을 소유한 경우는 제외한다)과 다른 주택의 부속토지(주택의 건물과 부속토지의 소유자가 다른 경우의 그 부속토지를 말한다)를 함께 소유하고 있는 경우
2. 1세대 1주택자가 1주택을 양도하기 전에 다른 주택을 대체취득하여 일시적으로 2주택이 된 경우로서 대통령령으로 정하는 경우
3. 1주택과 상속받은 주택으로서 대통령령으로 정하는 주택을 함께 소유하고 있는 경우
4. 1주택과 주택 소재 지역, 주택 가액 등을 고려하여 대통령령으로 정하는 지방 저가주택을 함께 소유하고 있는 경우

정답 05 ④

06 종합부동산세법령상 종합부동산세의 부과 · 징수에 관한 내용으로 틀린 것은?

① 관할 세무서장은 납부하여야 할 종합부동산세의 세액을 결정하여 해당 연도 12월 1일부터 12월 15일까지 부과 · 징수한다.

② 종합부동산세를 신고납부방식으로 납부하고자 하는 납세의무자는 종합부동산세의 과세표준과 세액을 관할세무서장이 결정하기 전인 해당 연도 11월 16일부터 11월 30일까지 관할세무서장에게 신고하여야 한다.

③ 관할 세무서장은 종합부동산세로 납부하여야 할 세액이 250만원을 초과하는 경우에는 대통령령으로 정하는 바에 따라 그 세액의 일부를 납부기한이 지난 날부터 6개월 이내에 분납하게 할 수 있다.

④ 관할 세무서장은 납세의무자가 과세기준일 현재 1세대 1주택자가 아닌 경우 주택분 종합부동산세액의 납부유예를 허가할 수 없다.

⑤ 관할 세무서장은 주택분 종합부동산세액의 납부가 유예된 납세의무자가 해당 주택을 타인에게 양도하거나 증여하는 경우에는 그 납부유예 허가를 취소하여야 한다.

키워드 종합부동산세 부과 · 징수

난이도

해설 종합부동산세를 신고납부방식으로 납부하고자 하는 납세의무자는 종합부동산세의 과세표준과 세액을 해당 연도 12월 1일부터 12월 15일까지 대통령령으로 정하는 바에 따라 관할 세무서장에게 신고하여야 한다. 이 경우 관할 세무서장의 결정은 없었던 것으로 본다(종합부동산세법 제16조 제3항).

정답 06 ②

07 **지방세법령상 재산세의 표준세율에 관한 설명으로 틀린 것은?** (단, 지방세관계법령상 감면 및 특례는 고려하지 않음)

① 법령에서 정하는 고급선박 및 고급오락장용 건축물의 경우 고급선박의 표준세율이 고급오락장용 건축물의 표준세율보다 높다.

② 특별시 지역에서 「국토의 계획 및 이용에 관한 법률」과 그 밖의 관계 법령에 따라 지정된 주거지역 및 해당 지방자치단체의 조례로 정하는 지역의 대통령령으로 정하는 공장용 건축물의 표준세율은 과세표준의 1천분의 5이다.

③ 주택(법령으로 정하는 1세대 1주택 아님) 경우 표준세율은 최저 1천분의 1에서 최고 1천분의 4까지 4단계 초과누진세율로 적용한다.

④ 항공기의 표준세율은 1천분의 3으로 법령에서 정하는 고급선박을 제외한 그 밖의 선박의 표준세율과 동일하다.

⑤ 지방자치단체의 장은 특별한 재정수요나 재해 등의 발생으로 재산세의 세율 조정이 불가피하다고 인정되는 경우 조례로 정하는 바에 따라 표준세율의 100분의 50의 범위에서 가감할 수 있다. 다만, 가감한 세율은 해당 연도를 포함하여 3년간 적용한다.

키워드 재산세 세율

난이도

해설 ⑤ 지방자치단체의 장은 특별한 재정수요나 재해 등의 발생으로 재산세의 세율 조정이 불가피하다고 인정되는 경우 조례로 정하는 바에 따라 표준세율의 100분의 50의 범위에서 가감할 수 있다. 다만, 가감한 세율은 해당 연도에만 적용한다(지방세법 제111조).

① 고급선박: 1천분의 50
고급오락장용 건축물: 1천분의 40

④ 항공기 및 선박(고급선박 제외): 1천분의 3

정답 07 ⑤

08 지방세법령상 재산세의 부과 · 징수에 관한 설명으로 틀린 것은?

① 주택에 대한 재산세의 경우 해당 연도에 부과 · 징수할 세액의 2분의 1은 매년 7월 16일부터 7월 31일까지, 나머지 2분의 1은 9월 16일부터 9월 30일까지를 납기로 한다. 다만, 해당 연도에 부과할 세액이 20만원 이하인 경우에는 조례로 정하는 바에 따라 납기를 9월 16일부터 9월 30일까지로 하여 한꺼번에 부과 · 징수할 수 있다.

② 재산세는 관할 지방자치단체의 장이 세액을 산정하여 보통징수의 방법으로 부과 · 징수한다.

③ 재산세를 징수하려면 토지, 건축물, 주택, 선박 및 항공기로 구분한 납세고지서에 과세표준과 세액을 적어 늦어도 납기개시 5일 전까지 발급하여야 한다.

④ 재산세의 과세기준일은 매년 6월 1일로 한다.

⑤ 고지서 1장당 재산세로 징수할 세액이 2천원 미만인 경우에는 해당 재산세를 징수하지 아니한다.

키워드 재산세 부과 · 징수

난이도

해설 주택에 대한 재산세의 경우 해당 연도에 부과 · 징수할 세액의 2분의 1은 매년 7월 16일부터 7월 31일까지, 나머지 2분의 1은 9월 16일부터 9월 30일까지를 납기로 한다. 다만, 해당 연도에 부과할 세액이 20만원 이하인 경우에는 조례로 정하는 바에 따라 납기를 7월 16일부터 7월 31일까지로 하여 한꺼번에 부과 · 징수할 수 있다(지방세법 제115조 제1항 제3호).

정답 08 ①

09 **지방세법령상 등록에 대한 등록면허세가 비과세되는 경우로 틀린 것은?**

① 지방자치단체조합이 자기를 위하여 받는 등록

② 무덤과 이에 접속된 부속시설물의 부지로 사용되는 토지로서 지적공부상 지목이 묘지인 토지에 관한등기

③ 회사의 정리 또는 특별청산에 관하여 법원의 촉탁으로 인한 등기(법인의 자본금 또는 출자금의 납입, 증자 및 출자전환에 따른 등기 제외)

④ 대한민국 정부기관의 등록에 대하여 과세하는 외국정부의 등록

⑤ 등기 담당 공무원의 착오로 인한 주소 등의 단순한 표시변경 등기

키워드 등록면허세 비과세

난이도

해설 국가, 지방자치단체, 지방자치단체조합, 외국정부 및 주한국제기구가 자기를 위하여 받는 등록 또는 면허에 대하여는 등록면허세를 부과하지 아니한다. 다만, 대한민국 정부기관의 등록 또는 면허에 대하여 과세하는 외국정부의 등록 또는 면허의 경우에는 등록면허세를 부과한다(지방세법 제26조 제1항).

정답 09 ④

10 **지방세법령상 등록에 대한 등록면허세에 관한 설명으로 틀린 것은?** (단, 지방세관계법령상 감면 및 특례는 고려하지 않음)

① 같은 등록에 관계되는 재산이 둘 이상의 지방자치단체에 걸쳐 있어 등록면허세를 지방자치단체별로 부과할 수 없을 때에는 등록관청 소재지를 납세지로 한다.

② 지방자치단체의 장은 조례로 정하는 바에 따라 등록면허세의 세율을 부동산 등기에 따른 표준세율의 100분의 50의 범위에서 가감할 수 있다.

③ 주택의 토지와 건축물을 한꺼번에 평가하여 토지나 건축물에 대한 과세표준이 구분되지 아니하는 경우에는 한꺼번에 평가한 개별주택가격을 토지나 건축물의 가액비율로 나눈 금액을 각각 토지와 건축물의 과세표준으로 한다.

④ 부동산의 등록에 대한 등록면허세의 과세표준은 등록자가 신고한 당시의 가액으로 하고, 신고가 없거나 신고가액이 시가표준액보다 많은 경우에는 시가표준액으로 한다.

⑤ 채권자대위자는 납세의무자를 대위하여 부동산의 등기에 대한 등록면허세를 신고납부할 수 있다.

키워드 등록면허세 종합

난이도

해설 부동산의 등록에 대한 등록면허세의 과세표준은 조례로 정하는 바에 따라 등록자의 신고에 따른다. 다만, 신고가 없거나 신고가액이 시가표준액보다 적은 경우에는 시가표준액을 과세표준으로 한다(지방세법 제27조 제2항).

정답 10 ④

11 **주택임대사업자인 거주자 甲의 국내주택 임대현황**(A, B, C 각 주택의 임대기간: 2023.1.1.~2023.12.31.)**을 참고하여 계산한 주택임대에 따른 2023년 귀속 사업소득의 총수입금액은?** (단, 법령에 따른 적격증명서류를 수취 · 보관하고 있고, 기획재정부령으로 정하는 이자율은 연 4%로 가정하며 주어진 조건 이의에는 고려하지 않음)

구분(주거전용면적)	보증금	월세[1]	기준시가
A주택($85m^2$)	3억원	5십만원	5억원
B주택($40m^2$)	1억원	–	2억원
C주택($109m^2$)	5억원	1백만원	7억원

* 월세는 매월 수령하기로 약정한 금액임

① 0원

② 16,800,000원

③ 18,000,000원

④ 32,400,000원

⑤ 54,000,000원

키워드 주택임대에 따른 종합소득세

난이도

해설 소형주택은 주택수에서 제외하기 때문에 2주택자이다. 따라서 임대료부분에 대해서만 총수입금액에 산입한다.
그러므로 총수입금액 = 150만원 x 12개월 = 18,000,000원이 된다.

보충 1. 총수입금액의 계산: 거주자의 각 소득에 대한 총수입금액(총급여액과 총연금액을 포함한다)은 해당 과세기간에 수입하였거나 수입할 금액의 합계액으로 한다(소득세법 제24조 제1항).
2. 총수입금액 계산의 특례: 거주자가 부동산 또는 그 부동산상의 권리 등을 대여하고 보증금 · 전세금 또는 이와 유사한 성질의 금액(이하 '보증금 등'이라 한다)을 받은 경우에는 대통령령으로 정하는 바에 따라 계산한 금액을 사업소득금액을 계산할 때에 총수입금액에 산입(算入)한다. 다만, 주택을 대여하고 보증금등을 받은 경우에는 3주택[주거의 용도로만 쓰이는 면적이 1호(戶) 또는 1세대당 40제곱미터 이하인 주택으로서 해당 과세기간의 기준시가가 2억원 이하인 주택은 2023년 12월 31일까지는 주택 수에 포함하지 아니한다] 이상을 소유하고 해당 주택의 보증금등의 합계액이 3억원을 초과하는 경우를 말하며, 주택 수의 계산 그밖에 필요한 사항은 대통령령으로 정한다(소득세법 제25조 제1항).

정답 11 ③

12 소득세법령상 양도소득세의 양도 또는 취득시기에 관한 내용으로 틀린 것은?

① 대금을 청산한 날이 분명하지 아니한 경우에는 등기부 · 등록부 또는 명부 등에 기재된 등기 · 등록접수일 또는 명의개서일

② 상속에 의하여 취득한 자산에 대하여는 그 상속이 개시된 날

③ 대금을 청산하기 전에 소유권이전등기를 한 경우에는 등기부에 기재된 등기접수일

④ 자기가 건설한 건축물로서 건축허가를 받지 아니하고 건축하는 건축물에 있어서는 그 사실상의 사용일

⑤ 완성되지 아니한 자산을 양도한 경우로서 해당 자산의 대금을 청산한 날까지 그 목적물이 완성되지 아니한 경우에는 해당 자산의 대금을 청산한 날

키워드 양도 또는 취득시기

난이도

해설 완성 또는 확정되지 아니한 자산을 양도 또는 취득한 경우로서 해당 자산의 대금을 청산한 날까지 그 목적물이 완성 또는 확정되지 아니한 경우에는 그 목적물이 완성 또는 확정된 날(소득세법 시행령 제162조 제1항 제8호)

정답 12 ⑤

13 **소득세법령상 거주자의 양도소득과세표준에 적용되는 세율에 관한 내용으로 옳은 것은?** (단, 국내소재 자산을 2023년에 양도한 경우로서 주어진 자산 외에 다른 자산은 없으며, 비과세와 감면은 고려하지 않음)

① 보유기간이 6개월인 등기된 상가건물: 100분의 40

② 보유기간이 10개월인 「소득세법」에 따른 분양권: 100분의 70

③ 보유기간이 1년 6개월인 등기된 상가건물: 100분의 30

④ 보유기간이 1년 10개월인 「소득세법」에 따른 조합원입주권: 100분의 70

⑤ 보유기간이 2년 6개월인 「소득세법」에 따른 분양권: 100분의 50

키워드 양도소득세 세율

난이도

보충 ① 보유기간이 6개월인 등기된 상가건물: 100분의 50
③ 보유기간이 1년 6개월인 등기된 상가건물: 100분의 40과 기본세율(6%~45%) 중 산출세액이 큰 세율
④ 보유기간이 1년 10개월인 「소득세법」에 따른 조합원입주권: 100분의 60
⑤ 보유기간이 2년 6개월인 「소득세법」에 따른 분양권: 100분의 60

정답 13 ②

14 소득세법령상 거주자의 양도소득세 과세대상은 모두 몇 개인가? (단, 국내소재 자산을 양도한 경우임)

- 전세권
- 등기되지 않은 부동산임차권
- 사업에 사용하는 토지 및 건물과 함께 양도하는 영업권
- 토지 및 건물과 함께 양도하는 「개발제한구역의 지정 및 관리에 관한 특별조치법」에 따른 이축권(해당 이축권의 가액을 대통령령으로 정하는 방법에 따라 별도로 평가하여 신고함)

① 0개
② 1개
③ 2개
④ 3개
⑤ 4개

키워드 양도소득세 과세대상

난이도

해설 전세권과 사업에 사용하는 토지 및 건물과 함께 양도하는 영업권이 과세대상이며, 국내자산의 경우 등기되지 않은 부동산 임차권과 이축권의 가액을 별도로 평가하여 신고한 경우는 과세대상에 해당하지 아니한다(소득세법 제94조).

정답 14 ③

15 **소득세법령상 거주자의 양도소득세 비과세에 관한 설명으로 틀린 것은?** (단, 국내소재 자산을 양도한 경우임)

① 파산선고에 의한 처분으로 발생하는 소득은 비과세된다.

② 「지적재조사에 관한 특별법」에 따른 경계의 확정으로 지적공부상의 면적이 감소되어 같은 법에 따라 지급받는 조정금은 비과세된다.

③ 건설사업자가 「도시개발법」에 따라 공사용역 대가로 취득한 체비지를 토지구획환지처분공고 전에 양도하는 토지는 양도소득세 비과세가 배제되는 미등기양도자산에 해당하지 않는다.

④ 「도시개발법」에 따른 도시개발사업이 종료되지 아니하여 토지 취득등기를 하지 아니하고 양도하는 토지는 양도소득세 비과세가 배제되는 미등기양도자산에 해당하지 않는다.

⑤ 국가가 소유하는 토지와 분합하는 농지로서 분합하는 쌍방 토지가액의 차액이 가액이 큰 편의 4분의 1을 초과하는 경우 분합으로 발생하는 소득은 비과세된다.

키워드 양도소득세 비과세

난이도

해설 법 제89조 제1항 제2호에서 '대통령령으로 정하는 경우'란 다음의 어느 하나에 해당하는 농지(제4항 어느 하나에 해당하는 농지는 제외한다)를 교환 또는 분합하는 경우로서 교환 또는 분합하는 쌍방 토지가액의 차액이 가액이 큰편의 4분의 1 이하인 경우를 말한다(소득세법 시행령 제153조 제1항).

1. 국가 또는 지방자치단체가 시행하는 사업으로 인하여 교환 또는 분합하는 농지
2. 국가 또는 지방자치단체가 소유하는 토지와 교환 또는 분합하는 농지
3. 경작상 필요에 의하여 교환하는 농지. 다만, 교환에 의하여 새로이 취득하는 농지를 3년 이상 농지소재지에 거주하면서 경작하는 경우에 한한다.
4. 「농어촌정비법」·「농지법」·「한국농어촌공사 및 농지관리기금법」 또는 「농업협동조합법」에 의하여 교환 또는 분합하는 농지

정답 15 ⑤

16 **소득세법령상 1세대 1주택자인 거주자 甲이 2023년 양도한 국내소재 A주택**(조정대상지역이 아니며 등기됨)**에 대한 양도소득과세표준은?** (단, 2023년에 A주택 외 양도한 자산은 없으며, 법령에 따른 적격증명서류를 수취 · 보관하고 있고 주어진 조건 이외에는 고려하지 않음)

구분	기준시가	실지거래가액
양도 시	18억원	25억원
취득 시	13억 5천만원	19억 5천만원
추가 사항	• 양도비 및 자본적지출액: 5천만원 • 보유기간 및 거주기간: 각각 5년 • 장기보유특별공제율: 보유기간별 공제율과 거주기간별 공제율은 각각 20%	

① 153,500,000원
② 156,000,000원
③ 195,500,000원
④ 260,000,000원
⑤ 500,000,000원

키워드 양도소득 과세표준의 계산

난이도

해설 1. 실지거래가액이 주어졌으므로 실지거래가액에 의해 계산
2. 1세대 1주택인 고가주택에 해당되어 양도가액 중 12억원을 초과하는 부분에 대해서만 과세
3. 3년 이상 보유하고 보유기간 중 2년 이상 거주하였으므로 보유기간에 따른 공제율과 거주기간에 대한 공제율을 합산한 장기보유특별공제율을 적용한다.
4. 본건 외 2023년에 양도한 자산은 없으므로 양도소득기본공제는 250만원을 적용한다.

양도가액	25억원
취득가액	(19억 5천만원)
기타필요경비	(5천만원)
= 양도차익	= 5억원 ×(25억원 - 12억원) / 25억원=2.6억원
장기보유특별공제	2.6억원 × 40% = (104,000,000원)
= 양도소득금액	= 156,000,000원
양도소득기본공제	(2,500,000원)
= 양도소득 과세표준	= 153,500,000원

정답 16 ①

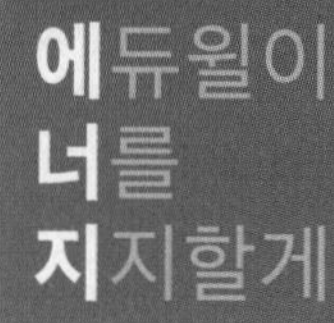
에듀윌이
너를
지지할게
ENERGY

내가 꿈을 이루면
나는 누군가의 꿈이 된다.

– 이도준

MEMO

2024 에듀윌 공인중개사 단단 2차 부동산세법

발 행 일	2024년 1월 7일 초판
편 저 자	한영규
펴 낸 이	양형남
펴 낸 곳	(주)에듀윌
등록번호	제25100-2002-000052호
주 소	08378 서울특별시 구로구 디지털로34길 55 코오롱싸이언스밸리 2차 3층

www.eduwill.net

대표전화 1600-6700

여러분의 작은 소리
에듀윌은 크게 듣겠습니다.

본 교재에 대한 여러분의 목소리를 들려주세요.
공부하시면서 어려웠던 점, 궁금한 점,
칭찬하고 싶은 점, 개선할 점, 어떤 것이라도 좋습니다.

에듀윌은 여러분께서 나누어 주신 의견을
통해 끊임없이 발전하고 있습니다.

에듀윌 도서몰 book.eduwill.net

- 부가학습자료 및 정오표: 에듀윌 도서몰 → 도서자료실
- 교재 문의: 에듀윌 도서몰 → 문의하기 → 교재(내용, 출간) / 주문 및 배송

에듀윌 직영학원에서 합격을 수강하세요

언제나 전문 학습 매니저와 상담이 가능한 안내데스크

고품질 영상 및 음향 장비를 갖춘 최고의 강의실

재충전을 위한 카페 분위기의 아늑한 휴게실

에듀윌의 상징 노란색의 환한 학원 입구

에듀윌 직영학원 대표전화

공인중개사 학원	02)815-0600	공무원 학원	02)6328-0600	편입 학원	02)6419-0600
주택관리사 학원	02)815-3388	경찰 학원	02)6332-0600	세무사·회계사 학원	02)6010-0600
전기기사 학원	02)6268-1400	소방 학원	02)6337-0600	취업아카데미	02)6486-0600
부동산아카데미	02)6736-0600				

공인중개사학원 바로가기

에듀윌 공인중개사 동문회 9가지 특권

1. 에듀윌 공인중개사 합격자 모임

2. 동문회 인맥북

믿고 의지할 수 있는 동문들을 한 손에!

3. 동문 중개업소 홍보물 지원

4. 동문회와 함께하는 사회공헌활동

5. 동문회 사이트

전국구 동문 인맥 네트워크!
dongmun.eduwill.net

6. 동문회 소식지 무료 구독

7. 최대 규모의 동문회 커뮤니티

8. 창업 사무소 지원 센터

상위1% 고소득을 위한 **동문회 전임 자문교수**

김진희 교수

우수 동문 선정 **부동산 사무소 언론홍보 지원**

업계 최고 전문가 초청 **성공특강**

9. 취업/창업 코칭 센터

합격 후 취업 성공 **부동산 중개법인 취업연계**

전국 인맥 네트워크 **동문선배 사무소 취업연계**

선배 동문 성공 노하우 **실무포럼**

※ 본 특권은 회원별로 상이하며, 예고 없이 변경될 수 있습니다.